PHOENIX

Modewelten von / Fashion Worlds of
Stephan Hann

herausgegeben von
Karl Borromäus Murr

MODEWELTEN VON
FASHION WORLDS OF

STEPHAN
HANN

PHOENIX

HIRMER

Stephan Hann hat über die Jahre eine einzigartige künstlerische Sprache entwickelt. Auch wenn seine Kunstwerke wie modische Kleider aussehen, sind sie nicht zum Tragen gedacht. Gleichwohl spielen sie mit dem Assoziationsreichtum der Haute Couture, mit der sie ihre präzise handwerkliche Fertigung gemein haben. Die eindringlichen Modewelten von Stephan Hann schöpfen mindestens aus zwei Quellen.

Zum einen begegnet eine ungemein sinnliche Experimentierfreude des Künstlers, aus verschiedensten Materialien, die meist nicht für die textile Fertigung gedacht sind, Modeobjekte zu kreieren, die durch ihre ungewöhnlichen Stoffkombinationen überraschen. Es sind all dies Materialien, die aus dem funktionalen oder ökonomischen Kreislauf des Lebens aussortiert worden sind: von Telefonbuchseiten über Tetra-Pak-Kartons bis hin zu Plastiktüten. Außer Funktion gesetzte Medien gehören gleichfalls zu den beliebten Werkstoffen des Künstlers wie Architekturpläne, Zelluloidfilme oder Videotape-Bänder. Wie ein Archäologe des Alltags spürt Hann den ungestillten Sehnsüchten des menschlichen Konsums nach, deckt materielle Bedürfnisse des gewohnten Lebens auf, schärft unseren Blick für die Ästhetik des Beiläufigen und führt dabei verschiedenste anthropologische Dimensionen des Textilen vor Augen. Immer wieder gelingt Hann die wundersame Verwandlung des Prosaischen des Alltags in das Poetische der Kunst. Im Ergebnis zeigt sich ein unerwartetes Spiel von Oberfläche und Tiefe, die Hann in dialektischer Manier aufeinander bezieht. Es wirkt, als ob der Künstler dem Philosophen Friedrich Nietzsche folgt, der in der Einleitung der „Fröhlichen Wissenschaft" schrieb: „Oh diese Griechen, sie verstanden sich darauf zu leben. Dazu tut Not, tapfer bei der Oberfläche, der Falte, der Haut stehen zu bleiben, den Schein anzubeten, an Formen, an Töne, an Worte, an den ganzen Olymp des Scheins zu glauben. Diese Griechen waren oberflächlich – aus Tiefe."

Zum anderen findet Hann eine unerschöpfliche Inspirationsquelle in seiner eigenen Lebensgeschichte, die dem Künstler eine außergewöhnliche Erinnerungsgabe beschert hat. Sämtliche Materialien, Dinge und Menschen, mit denen sich Hann umgibt und die er künstlerisch verarbeitet, sind Bestandteile eines komplexen Gewebes von Bedeutungen, von Sinnverschiebungen, von semantischen Wandlungsprozessen. Aufgewachsen direkt an der Berliner Mauer, großgeworden in einem Altersheim voller vitaler Lebensgeschichten, ausgebildet als Herrenmaßschneider, Modedesigner und Kostümbildner in Berlin, dann Jahre der beruflichen Tätigkeit in Paris und Wien bis zur Rückkehr in die Bundeshauptstadt – all diese biografischen Stationen mit ihren lichten ebenso wie mit ihren dunklen Momenten finden Eingang in Hanns Kunst. Ob nun in der erzählten Rede oder in der geformten Kunst – diese biografischen Erinnerungen tauchen immer als narrativierte Strukturen auf, die, solchermaßen verarbeitet, spielend Allgemeingültigkeit beanspruchen. Hanns erzählerisch-poetische Kunst nimmt die menschlichen Sinne unmittelbar in Beschlag. Diese Kunst zu entdecken, dazu lädt die Ausstellung unter dem Titel „Phoenix – Modewelten von Stephan Hann" ein.

Die Augsburger Ausstellung gibt Anlass, in vielerlei Richtung meinen fälligen Dank abzustatten. Die ersten Dankesworte gelten Stephan Hann selbst, der sich mit großer Offenheit auf die gemeinsame kuratorische Arbeit eingelassen hat. Viele neue Ideen, Werke und Geschichten sind in diesem Geiste entstanden, wofür ihm und seinem gesamten Team aller Dank gebührt. Zu diesem Team gehören Sebastian Schubert, Jan Apel, Eva Mosch, Anke Pfeiffer, Christel Schmidt-Federmann, Irene Packheiser, Kathrin Hoetzel, Gisela Pieczinski, Erika Seiffert, Marianne Jeske, Renate Dürrwächter, Max Schweizer, Edith Haase und Nikolas Thum. Der gelungene szenografische Entwurf geht auf Stephan Hann selbst und Sebastian Schubert zurück.

Aus dem tim ist vor allem Dr. Michaela Breil zu danken, die mit eindrucksvoller Tatkraft die Projektleitung gemeistert hat. Große Verdienste haben sich zudem Ernst Höntze, Ekaterina Richard, Barbara Kolb, Robert Allmann, Arthur Geh, Silvia Zerle, Dimitri Reich, Klemens Pfefferer, Jürgen Hefele, Katja Cox, Hannah Schell und Ludmila Gelwich erworben. Darüber hinaus danke ich herzlich Petra Murr und Monika Paintner. Dem Atelier Hackel danke ich sehr für die gestalterische und grafische Ausführungsplanung, die Hanns Kunst angemessen in Szene setzt. Wieland Müller-Haslinger hat mit seiner Lichtregie ebenso subtile wie markante Akzente gesetzt. Felix Weinold hat das überzeugende Layout des Katalogs verantwortet.

So bleibt mir nur noch zu hoffen, dass möglichst viele Besucherinnen und Besucher die Augsburger Ausstellung für sich entdecken.

Augsburg, März 2018
Karl Borromäus Murr

PREFACE

Over the years, Stephan Hann has developed a unique artistic language. Although his artworks look like fashionable clothing, they are not intended to be worn. Nevertheless, they play with the richness of association with the haute couture, with which they share their precisely hand-crafted production. Stephan Hann's striking fashion worlds are drawn from at least two sources.

Firstly, one encounters the artist's thoroughly sensual joy in experimenting with a wide range of materials which are mostly not intended to be used for textile production, creating fashion objects which surprise the observer with unusual combinations of materials. These are all materials which have been removed from the functional or economic cycles of life: from pages of telephone books to Tetra Pak cartons and plastic bags. Out-of-service media also count among the artist's favoured materials, such as architectural plans, celluloid films and videotape rolls. Like an archaeologist of day-to-day life, Hann traces the unfulfilled desires of human consumption, discovers the material needs of normal life, sharpens our view for the aesthetics of the miscellaneous, and thus demonstrates a variety of anthropological dimensions of the textile world. Hann is repeatedly successful in transporting the prosaic nature of daily life into the poetic sphere of art. The result is an unexpected interplay between superficiality and depth, which Hann relates to one another in a dialectic manner. It seems as though the artist is following the ideas of the philosopher Friedrich Nietzsche, who wrote in the introduction of Fröhliche Wissenschaft: "Oh, those Greeks! They understood how to live. What you need for that is to be brave and stop at the surface, the fold, the skin, to worship appearance, to believe in shapes, tones, words, the whole Olympus of appearance. Those Greeks were superficial – out of profundity!"

Secondly, Hann finds an inexhaustible source of inspiration in the story of his own life, which has provided him with an extraordinary gift of memory. All the materials, objects and people with which Hann surrounds himself and with which he works in his art are components of a complex web of meaning, transferrals of the senses and semantic transformation processes. A childhood spent directly alongside the Berlin Wall, raised in a retirement home full of vital life stories, trained as a men's tailor, fashion designer and costume designer in Berlin, then years of professional activity in Paris and Vienna until his return to the German capital – all these biographical stations with both their light and dark moments find their way into Hann's art. Whether as a story told in words or in the forms of his art – these biographical memories always appear as narrative structures which, worked in the way that they are, lay playful claim to general validity. Hann's narrative-poetic art directly captivates the human senses. The exhibition entitled "Phoenix – The Fashion Worlds of Stephan Hann" invites the observer to discover this realm of art.

The Augsburg exhibition provides me with the opportunity to express deserved thanks to many people. The first words of gratitude go to Stephan Hann himself, who entered into the cooperative curatorial work with great openness. Many new ideas, works and stories have been created in this spirit, for which thanks are due to him and his entire team. This team includes Sebastian Schubert, Jan Apel, Eva Mosch, Anke Pfeiffer, Christel Schmidt-Federmann, Irene Packeiser, Kathrin Hoetzel, Gisela Pieczinski, Erika Seiffert, Marianne Jeske, Renate Dürrwächter, Max Schweizer, Edith Haase and Nikolas Thum. The successful scenographic design was the work of Stephan Hann himself and Sebastian Schubert. From the tim staff, particular thanks go to Dr. Michaela Breil, who mastered the project management with impressive vigor. Many thanks are also due to Ernst Höntze, Ekaterina Richard, Barbara Kolb, Robert Allmann, Arthur Geh, Silvia Zerle, Dimitri Reich, Klemens Pfefferer, Jürgen Hefele, Katja Cox, Hannah Schell and Ludmila Gelwich for their excellent work. Furthermore, I would like to thank Petra Murr and Monika Paintner. I am very grateful to the Atelier Hackel for the design and graphic planning of the exhibition implementation that provided a worthy setting for Hann's art. Wieland Müller-Haslinger provided both subtle and striking accents with his lighting direction, while Felix Weinold was responsible for the excellent layout of the catalogue.

It remains then only for me to hope that as many visitors as possible discover the Augsburg exhibition for themselves.

Augsburg, March 2018
Karl Borromäus Murr

KARL BORROMÄUS MURR

PHOENIX —
STEPHAN HANNS MODEPOETIK
DES MATERIELLEN

Auch wenn viele der von Stephan Hann kreierten Modeobjekte tatsächlich tragbar sind, gehören sie doch ganz und gar in das Reich der Kunst. Mit seinen Modeobjekten hat der Berliner Künstler eine ganz eigene Formensprache entwickelt, die sich ästhetisch in vielerlei Hinsicht einzigartig ausnimmt. Hann geht dabei von einer Anthropologie des Textilen aus, das ein weltumspannendes Kulturphänomen menschlicher Zivilisation darstellt. Seit Jahrtausenden trägt der Mensch textile Kleidung, die ihn wärmt, schützt, schmückt und mit symbolischer Macht ausstattet. Über den funktionalen Zweck hinaus erscheint Kleidung so als Medium der Kommunikation, das unsere Sinne unmittelbar anspricht. Das Textile gehört mithin zum globalen Stoff- und Formenrepertoire, mit dem wir alltäglich umgehen und das wir unentwegt zu deuten gewohnt sind. Vor dem Hintergrund einer solchen Anthropologie des Textilen spielen Hanns Modeobjekte mit unseren eingeübten Sehgewohnheiten, die doch hinter jeder Kostümsilhouette auch ein tatsächliches Kleid vermuten. So verlocken diese Modeobjekte ihre Betrachter, in diese vermeintlichen Kleiderstücke hineinzuschlüpfen, womit sie aber gleichsam Kunstwerke anzögen.

„LOST AND FOUND"

Am Anfang der Kunst von Hann steht ein geradezu obsessives Sammeln von visuellen Eindrücken, Stoffen, Souvenirs, Erinnerungssplittern oder von kunsthand-werklichen Objekten. Kein Wunder, dass der Berliner Künstler auf den Flohmärkten dieser Welt zuhause ist. Gilt es, textile Spitze aus dem 18. Jahrhundert oder afrikanische Masken zu entdecken, leuchtet die sinnliche Qualität für einen gelernten Schneider und Modedesigner unmittelbar ein. Mehr noch bei Plastiktüten, Werbeplakaten oder Tetra-Pak-Kartons zeigt sich Hanns feines Gespür für die eindringliche Poesie von vergänglichen Materialien, für die Ästhetik des Alltags. Landen manche dieser Sammlerstücke auf seiner großzügigen Erinnerungswand in seiner Berliner Wohnung und regen dort zu neuen Kunstwerken an, so finden sich die umfangreichen Materialien und Stoffe auf zahlreiche Stauräume in der Bundeshauptstadt verteilt. Es wirkt geradezu, als ob Hann diesen im Alltag oft verwaisten Dingen bei sich eine neue Heimstatt gewährt – Dinge, die dem Künstler bisweilen regelrecht zustoßen. Zahlreiche Materialien, denen im ökonomischen Kreislauf des täglichen Lebens der Sinn abhanden gekommen ist, warten bei Hann auf den Moment, mit neuer Bedeutung aufgeladen zu werden.

Umgekehrt setzt sich der Künstler seinerseits den gesammelten Dingen aus, die es vertraut zu machen oder gar zu zähmen gilt. Hann zeichnet letztlich ein unbestechlicher Blick für die sinnliche Potenz brachliegender Dinge und Materialien aus. Im Gegensatz zur Philosophie der Moderne, die Subjekt und Objekt kühl voneinander geschieden hat, erscheinen für Hann viele Gegenstände und Materialien geradezu belebt. Erst die sogenannte Neue Phänomenologie macht wieder darauf aufmerksam, dass hinter den objektiven Fakten subjektive Tatsachen liegen, die von weit grundlegenderer Bedeutung sind. So steckt im sinnlichen Begehren nach Dingen und Materialien ein Beweggrund, der gleichermaßen vom Subjekt und Objekt ausgeht. Hanns Kosmos von Dingen und Materialien erscheint letztlich als ein „offenes, sich stets veränderndes System" – wie das Michael Cahn einmal formuliert hat –, „wo das Glück des Konsums durch die Lust des Fundes überboten wird." Wenn Heuristik in der Wissenschaft als die Lehre bzw. als die Kunst des methodischen Findens gilt, lässt sich Hanns Sammelleidenschaft als genuine Heuristik des materiellen Entdeckens beschreiben, die gerne beim Materiellen verweilt, aber letztlich nicht dabei stehen bleibt.

ÄSTHETISCHE VERWANDLUNG

Bei genauerem Hinsehen entpuppen sich die Materialien, aus denen Hann seine Modeobjekte fertigt, allesamt als Stoffe, die aus dem Kreislauf des täglichen Gebrauchs aussortiert worden sind. Die Bandbreite reicht von nicht mehr benutzten Medien, wozu Telefonbücher, Fotos, Architekturpläne, Filmrollen aus Zelluloid oder Videobänder zählen, bis hin zu den Abfällen unseres steten Konsums wie die erwähnten Tragetaschen aus Plastik oder Kartonagen aus Tetra Pak. Dazu kommen Kaffeepackungen, Champagneretiketten, aber auch Tablettenblister, die von der Einnahme von Medizin zeugen. Der künstlerische Schaffensprozess von Hann verwandelt somit beständig Materialien, die die Gesellschaft als unwert definiert hat, in Wertvolles. Damit überführt der Berliner Künstler dasjenige, was aus der ökonomischen Wertschöpfung ausgeschieden ist, in einen kulturellen Wert – eine ästhetische Wertschöpfung, die Vergängliches in Dauerhaftes übersetzt. Phönixgleich verleiht der Berliner Künstler mithin dem Abgelebten neues Leben.

Er schärft damit einerseits unseren Blick für die Schattenseite einer überhitzten Konsumgesellschaft, die andauernd unwerten Abfall produziert und darüber den tieferen Wert der aus dem Blickfeld des Alltags verbannten Materialien vergisst. Michael Thompson hat mit seiner „Rubbish Theory" aus dem Jahr 1979 eine tiefgreifende Reflektion über die soziale Funktion von Abfall vorgelegt, den er zugleich als eine Metapher für das Ungesehene, für das aus dem Gesichtsfeld der Gesellschaft Verdrängte erachtet. Mit seinen Modeobjekten macht Hann diese verschmähten Materialien künstlerisch sichtbar, die in einem gleichsam alchemistischen Prozess des kulturellen Recyclings wieder gesellschaftsfähig werden, indem sie unvermutet soziale Relevanz beanspruchen. Letztlich stellen die Hannschen Kunstwerke feinsinnige Etüden der Materialästhetik dar, die sich aus dem Eigenwert der in Form gebrachten Stoffe nährt.

MODE ALS ZWEITE HAUT

Viele der Hannschen Modeobjekte machen vor allem eine zentrale anthropologische Funktion von Kleidung sichtbar: nämlich ihre Trägerin oder ihren Träger zu schützen. Die bekannte Rede von der Mode als der zweiten Haut des Menschen verdeutlicht, dass es sich bei dieser Funktion um eine vitale Aufgabe handelt. Die Haut des Menschen steht symbolisch für Verletzlichkeit, Unversehrtheit und Integrität gleichermaßen. Wer selbst eine körperliche Verletzung erlitten hat, weiß um die Notwendigkeit einer heilenden Haut, die gegebenenfalls Narben hinterlässt. Vor diesem anthropologischen Hintergrund erscheint eine ganze Reihe von Hanns Modeobjekten wie mit einer Schutzhaut umhüllt. Hier stechen vor allem die aus Tetra Pak gefertigten Kleider ins Auge. Der Künstler hat dazu Kartonagen aus Tetra Pak in kleine Stücke zerrissen und mit der silbrigen Seite nach außen wie Schuppen übereinander liegend montiert. Die so entstandenen Kleider umgeben die Figur gleichsam wie mit metallischen Panzern, die an glänzende Rüstungen gemahnen. Nur wer solchermaßen geschützt ist, ließe sich schlussfolgern, kommt mit heiler Haut davon.

Doch können die Schuppenpanzer, die doch Abwehr und Abgrenzung signalisieren, zuweilen sehr fragil ausfallen. Dies verdeutlicht Hann vor allem mit seinem Overall aus Rosenblättern, die er ebenfalls wie Schuppen einander überlappen lässt. Schon bei der geringsten Bewegung droht dieser Overall zu zerfallen. Er verweist somit eher auf den Aspekt der dauernden Verwundbarkeit, die dem menschlichen Körper eigen ist. Gemeinsam ist den Tetra-Pak-Kleidern mit dem Rosenoverall die makellose Ästhetik ihrer Oberfläche. Diese verweist nicht zuletzt auf einen Schutz der Außenhaut, der sich auch symbolisch verstehen lässt. So schützt die tägliche Kleidung den Menschen auch im übertragenen Sinne, da sie mit einer äußeren Hülle das verletzliche Innere, das Unaufgeräumte, das Intime und Private dem zugreifenden Blick entzieht.

Wie die eigentliche Haut des Menschen dient auch dessen zweite Haut nicht nur dem Schutz vor der Außenwelt, sondern auch dem Kontakt, letztlich dem tätigen Ausgriff auf die Umgebung. So jedenfalls lässt sich Hanns „Golden Punk" verstehen, dessen aus metallischer Spitze kreiertes Rüstungskleid den fiktiven Träger im vollen Bewusstsein seiner Stärke vor Augen führt. Schließlich kommunizieren Hanns prunkvoll wirkende Kleider mit ihrer Außenwelt. Sie scheinen das Wesen zu vermitteln, das in ihnen steckt. Der äußere Glanz verweist damit vielleicht auch auf einen inneren Adel, der einer jeden Person zukommt.

Wer schließlich das Hannsche Augenmerk auf die zweite Haut als oberflächlich abzutun geneigt ist, verkennt die tiefere Bedeutung der Oberfläche. Letztere stand allerdings in der abendländischen Kulturgeschichte über beinahe zwei Jahrtausende in einem ungünstigen Licht, weil sowohl der Platonismus als auch das Christentum das Äußere zugunsten des Inneren lange Zeit moralisch abgewertet haben. Die Philosophie des Poststrukturalismus hat auf die fatalen Aporien einer leichtfertigen Schlussfolgerung vom Außen auf das Innen hingewiesen. Sie verband damit den bedeutenden Hinweis, dass der Mensch schlechterdings gar nicht in der Lage sei, über die Oberfläche hinaus Aussagen zu treffen. Von daher gelte es vielmehr, die Oberfläche entsprechend ernst zu nehmen, worauf auch schon Literaten wie Charles Baudelaire oder Oscar Wilde hingewiesen haben. So formulierte Wilde: „Nur oberflächliche Menschen urteilen nicht nach Äußerlichkeiten. Das wahre Geheimnis der Welt liegt im Sichtbaren, nicht im Unsichtbaren." Und an anderer Stelle: „Nur die oberflächlichen Qualitäten überdauern. Die tiefere Natur des Menschen wird bald entlarvt."
Vor diesem Hintergrund lädt der Hannsche Overall aus Rosenblättern zu neuem Nachdenken über die Makellosigkeit und Verletzlichkeit des Menschen ein, dessen Wesen sich einzig im Äußeren ansiedeln lässt.

VOM WERT DES VERGÄNGLICHEN

Schließlich demonstrieren Hanns Modeobjekte ein veritables Paradox. Mit ephemeren Materialien erarbeitet, unterstreichen sie einerseits die der Mode unterstellte Kurzlebigkeit. Mit seinen Kleidern etwa aus Plastiktüten macht Hann diese Kurzlebigkeit eindrucksvoll anschaulich. Seine Kunst spitzt ästhetisch lediglich zu, was Mode potentiell in sich trägt. Indem Hann jedoch die ephemere Dimension von Materialien und Mode ästhetisch auf Dauer stellt, hebelt er die angedeutete Vergänglichkeit zugleich wieder aus. Die Modeobjekte erscheinen deshalb als zeitlose Werke über die Vergänglichkeit. Es ist diese strukturelle Spannung zwischen Vergänglichkeit und Dauer, die den besonderen Reiz von Hanns Kunst ausmacht. Der erwähnte Baudelaire hat erstmals darauf hingewiesen, dass sich in der Mode das Ewige mit dem Zeitlichen vermählt. Galt die Kunst lange Zeit einzig der Sphäre des Überzeitlichen zugehörig, hat Baudelaire am Beispiel der Mode auf den ästhetischen Wert des Flüchtigen, des Vorübergehenden hingewiesen. So eignet der Mode etwas, das Elena Esposito später als die „Verbindlichkeit des Vorübergehenden" bezeichnen sollte. Gerade mit ihrem Hinweis auf das so vergängliche Wesen der Mode bietet die Hannsche Kunst einen Austragsort des Unendlichen, eine Heimstätte der Substanz. Diese Gegensätzlichkeit lässt sich in den aufeinander bezogenen Begriffen von Kontingenz und Notwendigkeit zum Ausdruck bringen, die in Hanns Kunst eine dialektische Verbindung feiern, die der flüchtigen Begegnung oder der ästhetischen Meditation Ewigkeit für einen Moment abzutrotzen imstande ist. Die skizzierte Dialektik findet sich zugleich im Spannungsfeld von Masse und Individualität wieder. Denn die allermeisten Materialien, die Hann verarbeitet, sind Produkte bzw. Materialien einer Massenkultur, die der Künstler ästhetisch vereinzelt und denen er im Medium des Kunstwerks Einzigartigkeit abringt.
Aber auch die jüngere postmoderne Konsumsoziologie geißelt den so vergänglichen Verbrauch nicht mehr – wie einst die Kritische Theorie Adornos oder Horkheimers – als nichtigen Konsum der zur Ware degradierten Güter, sondern als legitimen Genuss der sinnlichen Welt. Umgekehrt – so ließe sich formulieren – spielt Hann in seiner Kunst mit dem Warencharakter der Welt, den er in seinen Modeobjekten aufhebt.

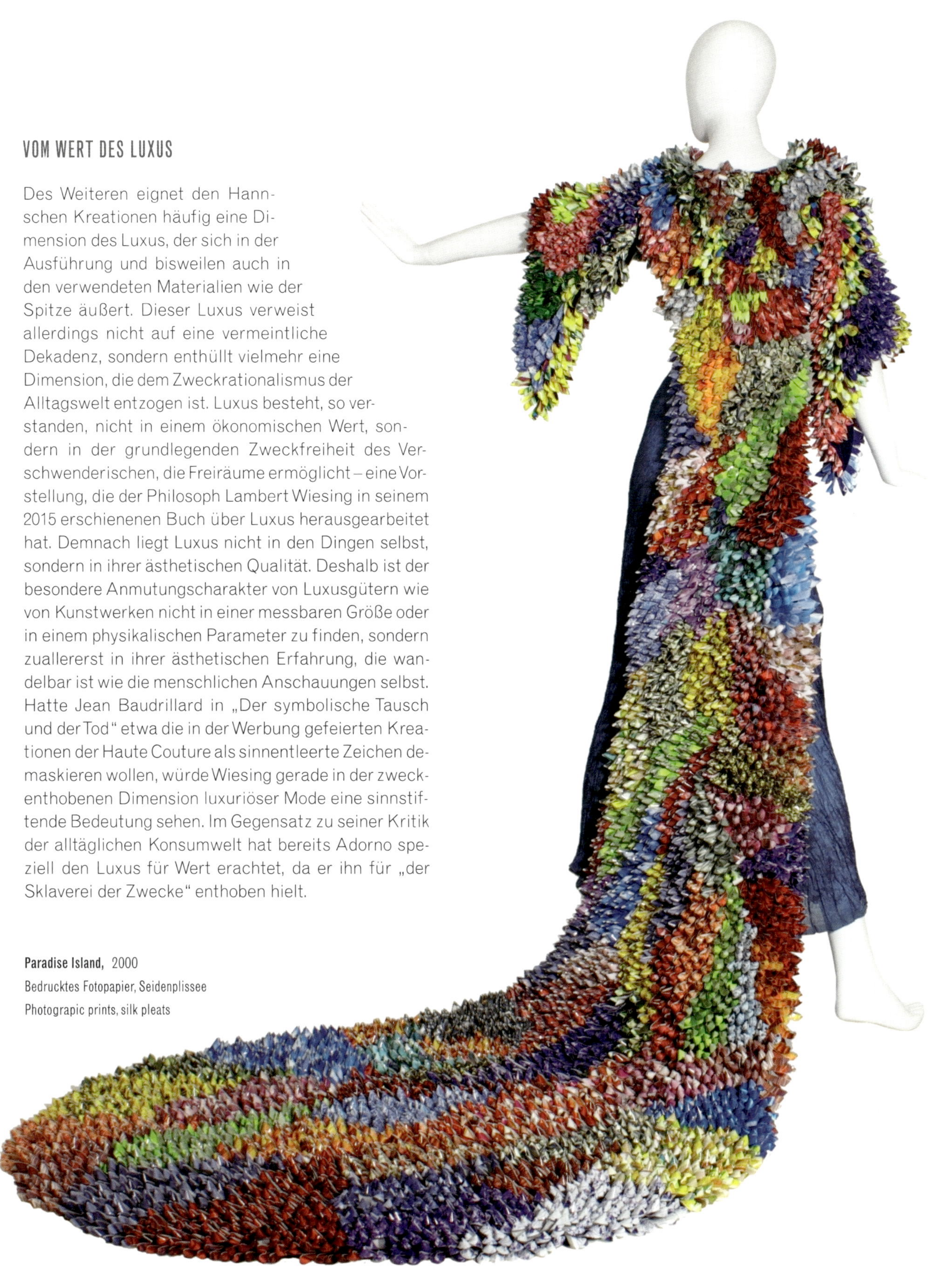

VOM WERT DES LUXUS

Des Weiteren eignet den Hannschen Kreationen häufig eine Dimension des Luxus, der sich in der
Ausführung und bisweilen auch in
den verwendeten Materialien wie der
Spitze äußert. Dieser Luxus verweist
allerdings nicht auf eine vermeintliche
Dekadenz, sondern enthüllt vielmehr eine
Dimension, die dem Zweckrationalismus der
Alltagswelt entzogen ist. Luxus besteht, so verstanden, nicht in einem ökonomischen Wert, sondern in der grundlegenden Zweckfreiheit des Ver-
schwenderischen, die Freiräume ermöglicht – eine Vorstellung, die der Philosoph Lambert Wiesing in seinem
2015 erschienenen Buch über Luxus herausgearbeitet
hat. Demnach liegt Luxus nicht in den Dingen selbst,
sondern in ihrer ästhetischen Qualität. Deshalb ist der
besondere Anmutungscharakter von Luxusgütern wie
von Kunstwerken nicht in einer messbaren Größe oder
in einem physikalischen Parameter zu finden, sondern
zuallererst in ihrer ästhetischen Erfahrung, die wan-
delbar ist wie die menschlichen Anschauungen selbst.
Hatte Jean Baudrillard in „Der symbolische Tausch
und der Tod" etwa die in der Werbung gefeierten Kreationen der Haute Couture als sinnentleerte Zeichen de-
maskieren wollen, würde Wiesing gerade in der zweck-
enthobenen Dimension luxuriöser Mode eine sinnstif-
tende Bedeutung sehen. Im Gegensatz zu seiner Kritik
der alltäglichen Konsumwelt hat bereits Adorno spe-
ziell den Luxus für Wert erachtet, da er ihn für „der
Sklaverei der Zwecke" enthoben hielt.

Paradise Island, 2000
Bedrucktes Fotopapier, Seidenplissee
Photograpic prints, silk pleats

KULTUR DER ERINNERUNG

Weiter erschließen sich Hanns Kunstwerke, wenn man sie als Arbeiten der Erinnerung begreift, die sich auf verschiedenen Ebenen entfaltet. Da ist zum ersten die Erinnerung der verwendeten Materialien selbst, die ihre eigenen Gedächtnisspuren in sich tragend mitbringen. Die Erinnerungsdimension zeigt sich zweitens auf vermittelter Ebene, wenn Hann insbesondere Medien verarbeitet, die in sich bereits Schrift-, Bild- oder Toninformationen enthalten. So sind die Modeobjekte des Berliner Künstlers zugleich in eine Haut aus Erinne-

rung gehüllt, die jedoch nach außen allenfalls noch partiell dechiffrierbar ist. In dem herausragenden Samurai-Kleid sind beispielsweise Zelluloidfilme aus der französischen Nationalbibliothek eingearbeitet. Das Kleid erscheint mit den Mitteln des Archivs respektive der Erinnerung gewappnet für die Auseinandersetzung mit dem Alltag. Als steter Sammler liest Hann auf den Flohmärkten und Hinterhöfen dieser Welt allenthalben Erinnerungsspuren auf, denen er dann die Würde eines kulturellen Gedächtnisses, den Ernst bedeutungsvoller Geschichten verleiht. Und schließlich taucht in den Arbeiten des Modekünstlers Hann noch eine letzte Erin-

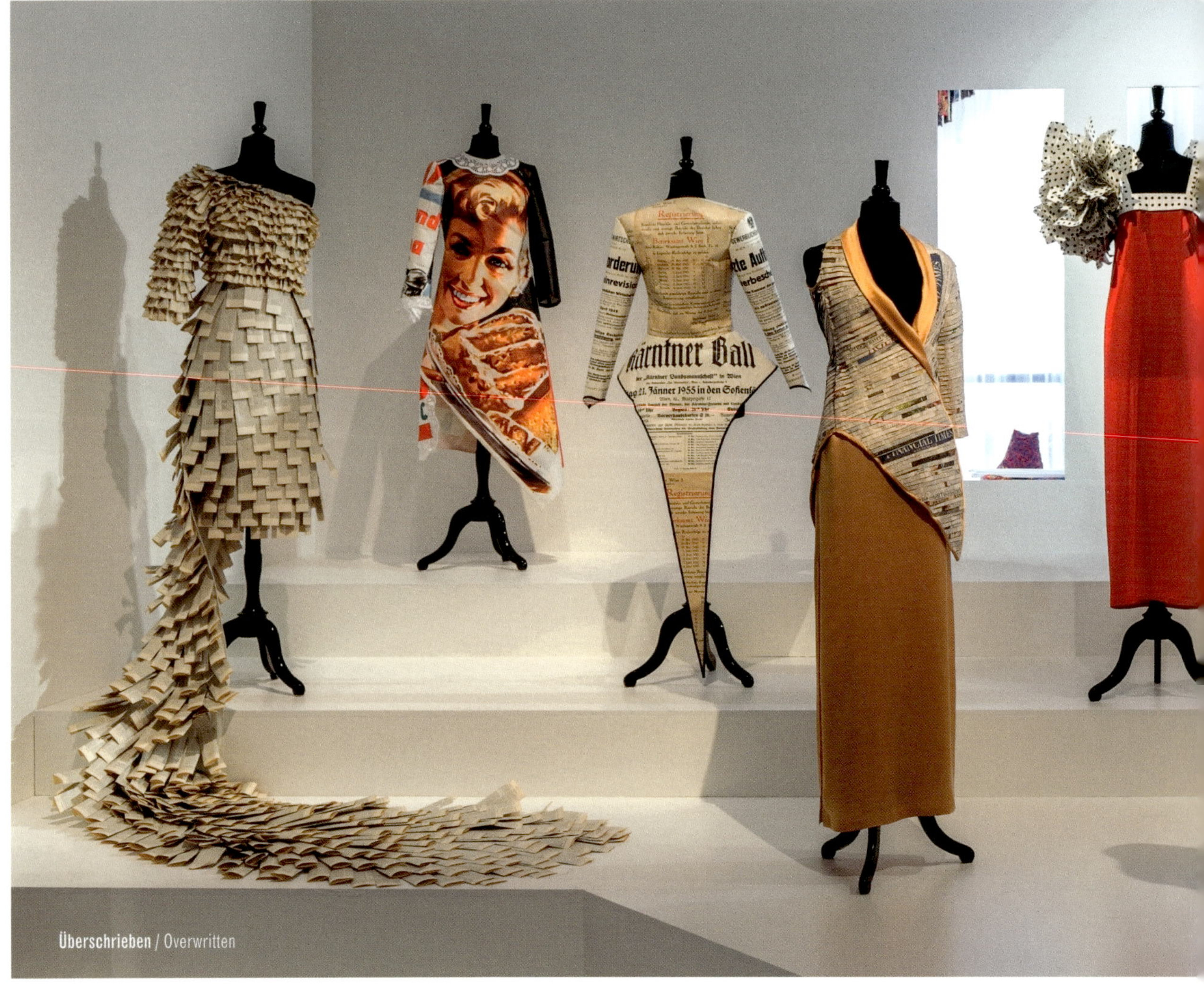

Überschrieben / Overwritten

nerungsdimension auf, die auch als die ursprünglichs-
te bezeichnet werden kann. Denn all das ästhetische
Schaffen des Künstlers nimmt mehr oder weniger ex-
plizit seinen Ausgang von dessen Biographie, deren
Mittelpunkt in Berlin liegt, die ihn aber für Jahre nach
Paris und Wien geführt hat. Wie das Kleid „Mauerfall",
das den Fall des Eisernen Vorhangs 1989 thematisiert,
vermengen sich die privaten Erinnerungen spielend
mit weltgeschichtlichen Ereignissen. In diesem Kleid
sind zahlreiche Fotografien verarbeitet, die die Teilung
und Wiedervereinigung der beiden deutschen Staaten
zum Ausdruck bringen. Das Aufwachsen in der Berli-

ner „Schrippenkirche", einem Altersheim unmittelbar
bei der Berliner Mauer, das Hanns Mutter geleitet hat,
stellt für den Künstler ein unerschöpfliches „Meer der
Erinnerungen" dar, das die künstlerische Auseinandersetzung unentwegt anregt. In der künstlerischen Arbeit verquicken sich Erinnerungen und Erzählungen zu
immer neuen ästhetischen Narrativen. Vor seinem eigenen biographischen Hintergrund erscheint der so
produktive Künstler Stephan Hann letztlich als ein Er-
innerungskünstler seiner selbst, der sein Leben auf das
Spiel der Kunst gesetzt hat – ein lebensrettendes Spiel,
das er mit aller Sinnenfreude zum Austrag bringt.

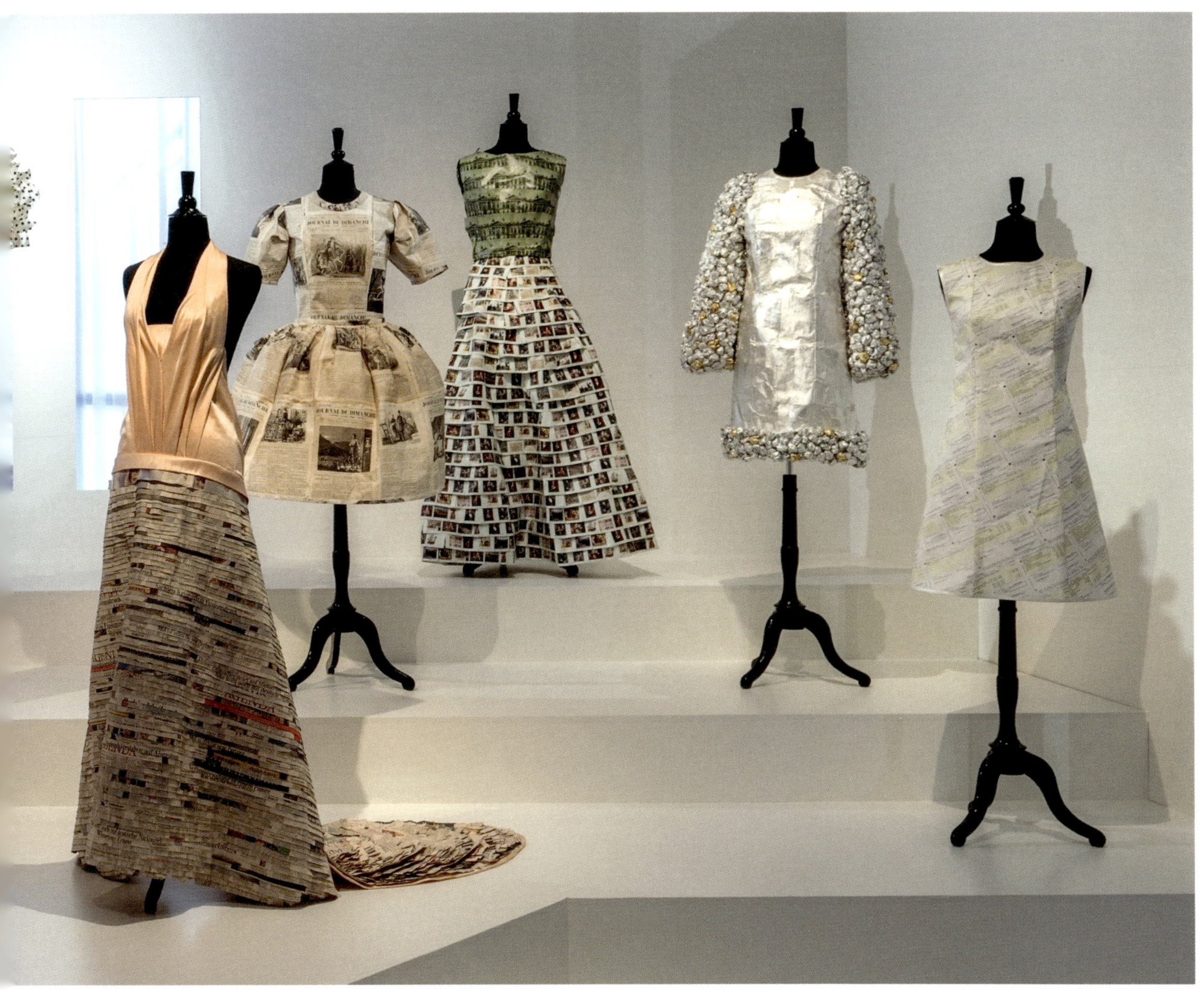

KARL BORROMÄUS MURR

PHOENIX —
STEPHAN HANN'S FASHION POETRY
OF THE MATERIAL

Although many of Stephan Hann's fashion creations are indeed wearable, they belong firmly in the realm of art. With his fashion objects, the Berlin artist has developed an entirely individual formal language which appears aesthetically unique in many respects. Hann bases his work on a textile anthropology which encompasses a worldwide cultural phenomenon of human civilisation. Humans have worn textile clothing for thousands of years, providing warmth, protection and decoration, as well as symbolising power. Going beyond its functional purpose, clothing has also been a medium of communication which speaks directly to our senses. Textiles hence belong to the global repertoire of materials and forms with which we deal on a daily basis, and which we are used to interpreting constantly. Against the background of such a textile anthropology, Hann's fashion items play with our familiar habits of visualisation, which assume that every silhouette of a costume indeed hides an actual garment behind it. It is in this manner that these fashion items entice the observer to slip into the supposed garments, which in doing so would mean that they were actually putting on works of art.

„LOST AND FOUND"

The initiation point of Hann's art is the downright obsessive collecting of visual impressions, materials, souvenirs, splinters of memories, and hand-crafted artistic objects. It is no surprise to learn that the Berlin artist feels at home in the flea markets of this world. When discovering textile lace from the 18th century or African masks, the sensual quality is obviously of direct importance for the trained tailor and fashion designer. This is even more true of plastic bags, advertising posters or Tetra Pak cartons, where Hann's fine sense for the striking poetry of perishable materials and for the aesthetics of day-to-day life comes to the fore.

While some of these collection items end up on his generous wall of memories in his Berlin apartment and inspire new works of art, the extensive array of materials and textiles are mostly distributed across numerous storage spaces in the German capital. It is almost as if Hann is providing a new home to these objects which have often been orphaned in daily life – objects which the artist simply chances upon from time to time. Numerous materials which have lost their purpose in the economic cycle of day-to-day life wait with Hann for the moment in which they can be imbued with new meaning.

Conversely, the artist exposes himself to all the objects which he feels need to be familiarised or even tamed. Ultimately, Hann is characterised by an incorruptible eye for the sensual potency of abandoned objects and materials. In contrast to the philosophy of the modern age, which has coolly separated subject and object from one another, Hann views many objects and materials as possessing an incredible vitality. It is not until the so-called New Phenomenology that we are once again made aware that behind the objective facts, we find subjective realities that are of much greater significance. In the sensual desire for objects and materials, we indeed find a motivation which emanates from the subject and from the object in equal measure. Hann's cosmos of objects and materials ultimately seems to be an "open, constantly changing system" - as Michael Cahn once put it - "where the satisfaction of consumption is trumped by the desire for discovery." If heuristics in the academic sphere is the study or the art of methodical discovery, Hann's passion for collecting can be described as the genuine heuristics of material discovery, which dwells temporarily of the material aspect, but ultimately does not remain there.

AESTHETIC TRANSFORMATION

Upon closer inspection, the materials from which Hann creates his fashion objects reveal themselves all to be materials which have been filtered out of the cycle of daily usage. The spectrum stretches from disused media, including telephone books, photos, architectural plans, celluloid film rolls and video tapes, to the waste products of our constant consumption, such as the plastic bags or Tetra Pak cartons mentioned previously. Further such articles include coffee packets, champagne labels and tablet blister packs, which testify to the use of medicine. Hann's artistic creation thus constantly transforms materials that have been defined by society as worthless into something of value. The Berlin artist thus produces cultural value from that which has been discarded from the process of creating economic value – an aesthetic creation of value which translates something perishable into something permanent.

Like a phoenix, the Berlin artist hence breathes new life into that which had ceased to live. He thus focuses our attention on the dark side of an overheated consumer society that constantly produces worthless waste, thereby forgetting the deeper value of these materials that have been banished from day-to-day view. With his "Rubbish Theory" of 1979, Michael Thompson provided an in-depth reflection on the social function of waste, which he saw as a metaphor for the unseen, for all that has been cast out of society's field of vision. With his fashion objects, Hann makes these derided materials artistically visible, becoming socially acceptable once again in an almost alchemistic process of cultural recycling by laying a surprising claim to social relevance. Ultimately, Hann's artworks constitute finely crafted etudes of material aesthetics which thrive from the inherent value of the materials which have been used to create these forms.

FASHION AS A SECOND SKIN

Many of Hann's fashion objects make one central anthropological function of clothing in particular visible: namely the protection of the wearer. The well-known reference to clothing as a second skin highlights the fact that this function is indeed a vital task. Human skin stands symbolically for vulnerability, intactness and integrity in equal measure. Anyone who has suffered bodily injury is aware of the necessity of a healing skin, which may leave behind scars. Against this anthropological background, many of Hann's fashion items seem to be covered in a protective skin. The dresses made of Tetra Pak are particularly eye-catching examples of this. To make these articles, the artist ripped Tetra Pak cartons into small pieces, mounting them with the silver side outwards, overlapping each other like scales. The resulting dresses cover the figure like metallic armour, reminiscent of shining armaments. Only those who are protected in this manner, one could conclude, can save their skin.

The scaled armour, however, which signalises both defence and separation, can sometimes be very fragile as well. Hann particularly highlights this fact with his overall made of rose petals, which he also creates in an overlapping pattern like scales. This overall threatens to fall apart at the slightest movement. He thus makes a reference to the aspect of constant vulnerability which is inherent to the human body.
The common element shared by the Tetra Pak dresses and the rose overall is the spotless aesthetics of their surfaces. These point not least to a protection of the outer skin, which can also be understood symbolically. Day-to-day clothing protects people in an abstract sense as well, as it shields with its external sheath the vulnerable interior, the chaotic and intimate private sphere, from prying eyes.

Just as the actual layer of human skin, the second skin not only serves to protect against the external world, but also acts as a point of contact, ultimately the active outreach into one's environment. It is in this sense that one can understand Hann's "Golden Punk". Its armoured dress, created from metallic lace, presents the fictitious wearer in full awareness of her or his strength. Ultimately, Hann's lavishly appearing dresses communicate with their environment. They seem to transport the essence held within them. The external brilliance perhaps points to an inner nobility inherent to each and every person. To dismiss Hann's attention to the second skin as superficial would be to ignore the deeper significance of the surface. The latter, however, has been discredited over more than two thousands years of Western cultural history, as both Platonism and Christianity have for centuries morally degraded the external surface in favour of inner values. The philosophy of postculturalism has pointed out the fatal aporiae of an unfounded judgement of inner values based on the external surface.

This was connected to the important point that humans are simply not able to make judgements that go beyond the external surface. It is hence of even greater importance to take the surface seriously, as literary minds such as Charles Baudelaire and Oscar Wilde have insisted. As Wilde put it: "It is only shallow people who do not judge by appearances. The true mystery of the world is the visible, not the invisible." And in another passage: "It is only the superficial qualities that last. Man's deeper nature is soon found out." Against this background, Hann's overalls made of rose petals invite a new consideration of the spotlessness and vulnerability of man, whose nature can only be determined in the realm of the external.

ON THE VALUE OF THE TRANSIENT

Ultimately, Hann's fashion objects demonstrate a veritable paradox. Created with ephemeral materials, they highlight the short-lived nature of which fashion is constantly accused. With his artistic dresses made, for example, from plastic bags, Hann succeeds in making this short-lived nature impressively visible. His art merely provides an aesthetically extreme example of the potential which fashion holds within. By aesthetically preserving the ephemeral dimension of materials and fashion, however, Hann simultaneously undermines the temporary nature suggested. The fashion objects thus appear as timeless works on the subject of transience. It is this structural tension between transience and permanence that forms the special allure of Hann's art. Baudelaire was the first to point out that in fashion, the eternal is married with the transient. While art was long considered to belong exclusively to the sphere of the eternal, Baudelaire, using the example of fashion, highlighted the aesthetic value of the fleeting, the temporary. Fashion indeed possesses that which Elena Esposito later referred to as the "reliability of the transient". It is precisely by referring to the transient nature of fashion that Hann's art is able to constitute a

forum for the eternal, a home of substance. This dichotomy can be expressed in the mutually related terms contingency and necessity, which find a dialectic connection in Hann's art that is able to extract a moment of eternity from the fleeting encounter or the aesthetic meditation. The dialectic outlined here can be found once again in the tension between mass and individuality, for the vast majority of materials used by Hann are products or materials of a mass culture which the artist has aesthetically singled out and uniquely extracted in the medium of the artwork.

But even the most recent post-modern consumer sociology has ceased to restrict transient usage – as the Critical Theory of Adorno and Horkheimer once did – to the trivial consumption of goods degraded to mere wares, instead seeing it as the legitimate enjoyment of the sensual world. Conversely – as one could put it – Hann plays in his art with the character of the world as being full of wares, which he reverses in his fashion objects.

ON THE VALUE OF LUXURY

Furthermore, Hann's creations often possess a dimension of luxury, which is expressed in the design and occasionally also in the materials used, for example lace. This luxury, however, points not to a supposed decadence, but rather reveals a dimension that is far removed from the instrumental rationality of the day-to-day world. Luxury, in this sense, is not to be found in economic value, but rather in the fundamental purposelessness of the wasteful, which creates free space – an idea that the philosopher Lambert Wiesing proposed in his book on luxury published in 2015. According to this idea, luxury lies not in the objects themselves, but rather in their aesthetic quality. Hence, the particularly elegant character of luxury goods such as artworks is not to be found in measurable size or in a physical parameter, but rather primarily in their aesthetic experience, which is as mutable as human perception itself. While Jean Baudrillard, for example in "L'échange symbolique et la mort", would have hoped to unmask the creations of haute couture, celebrated in advertising, as meaningless symbols, Wiesing would see a meaningful significance precisely in this purposeless dimension of luxurious fashion. Contrary to criticism of the day-to-day world of consumerism, Adorno had already found a value for luxury in particular, as he considered it to be removed from the "slavery of purpose".

CULTURE OF RECOLLECTION

Finally, Hann's artworks can also be understood as works of recollection that unfold on several different levels. Firstly, there is the memory of the materials used themselves, which carry within them their own traces of memory. The recollection dimension reveals itself secondly on a transmitted level, particularly when Hann works with media that already contain written, graphic or acoustic information. The fashion objects of the Berlin artist are thus coated in a skin of memories that is, however, only partially decipherable at best for external observers. In the outstanding samurai dress, for example, we find celluloid films from the French National Library that have been worked into the creation. The dress appears armed with the tools of the archive, of recollection, for the encounter with daily life.

As a constant collector, Hann gathers traces of memories from all corners of the flea markets and back yards of this world, which he then furnishes with the dignity of a cultural memory, with the gravity of meaningful stories. And finally, one last dimension of recollection surfaces in the works of the fashion artist Hann that can also be described as the most original. For all the aesthetic creations of the artist more or less explicitly arise from his biography, the centre of which is in Berlin, but which also led him to Paris and Vienna for several years. Like the dress "Mauerfall" (Fall of the Wall), which addresses the fall of the Iron Curtain in 1989, private memories playfully blend with the events of world history. Numerous photographs, which express the division and reunification of the two German states, are worked into this dress. His upbringing in the Berlin "Schrippenkirche", a retirement home directed by Hann's mother and situated directly alongside the Berlin Wall, provides the artist with an inexhaustible "sea of memories" constantly inspiring and driving his artistic production. In his artistic work, memories and stories intertwine to form a constant stream of new aesthetic narratives. Against his own biographical background, the highly productive artist Stephan Hann ultimately seems to be a recollection artist of his own existence, who has bet his life on the game of art – a life-saving game which he expresses with the greatest sensual joy.

Ausstellungsaufbau / Exhibition mounting

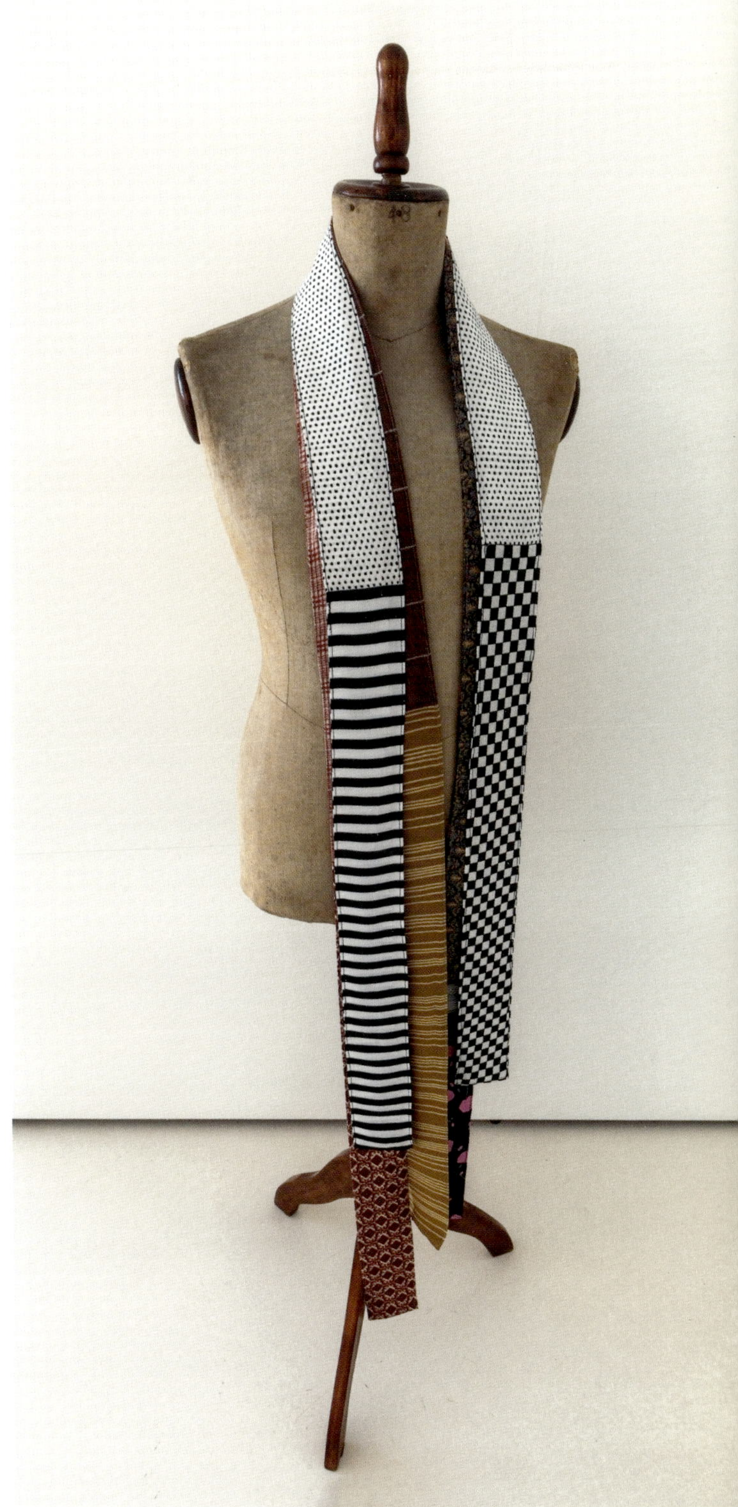

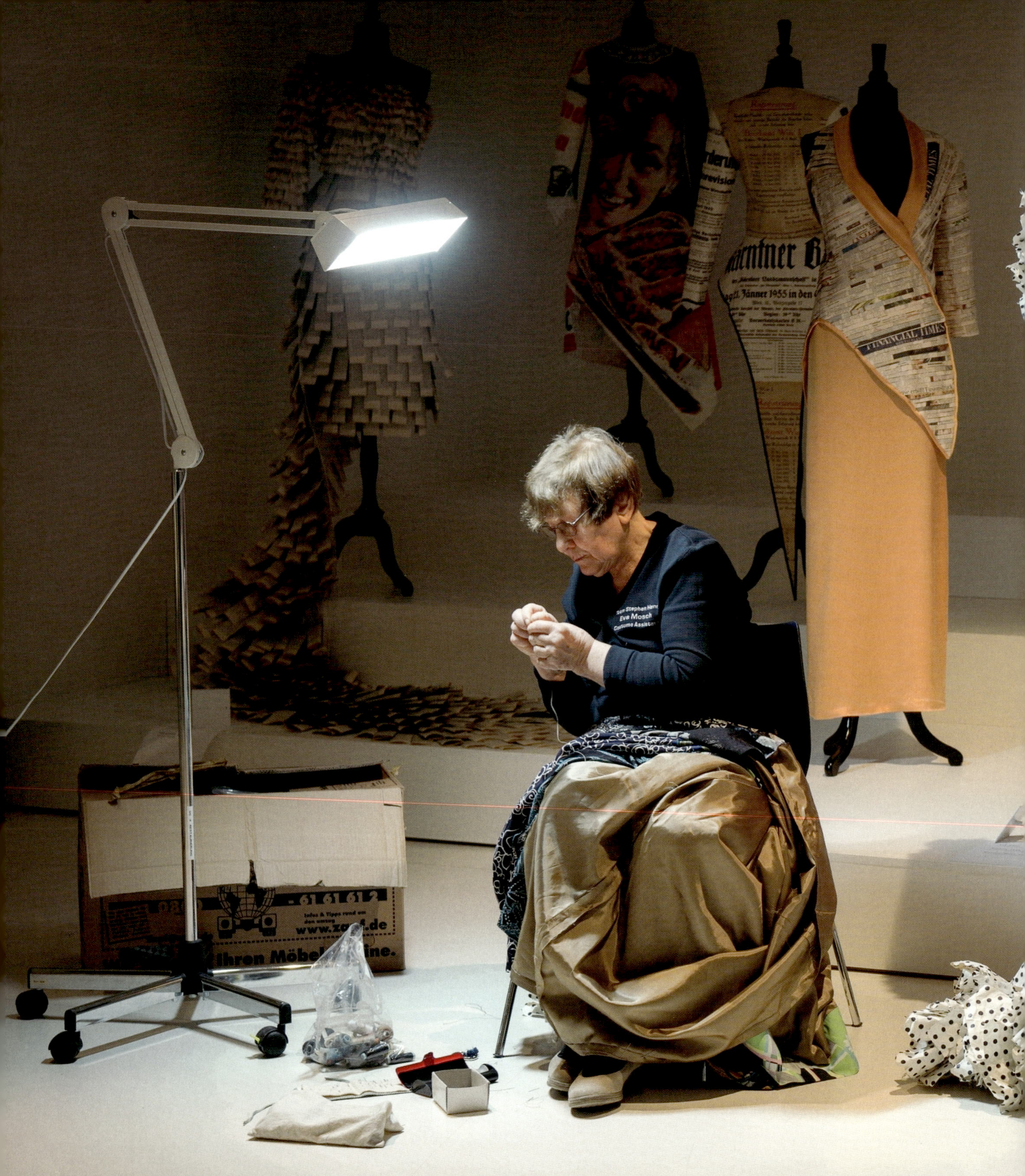

Ausstellungsaufbau / Exhibition mounting

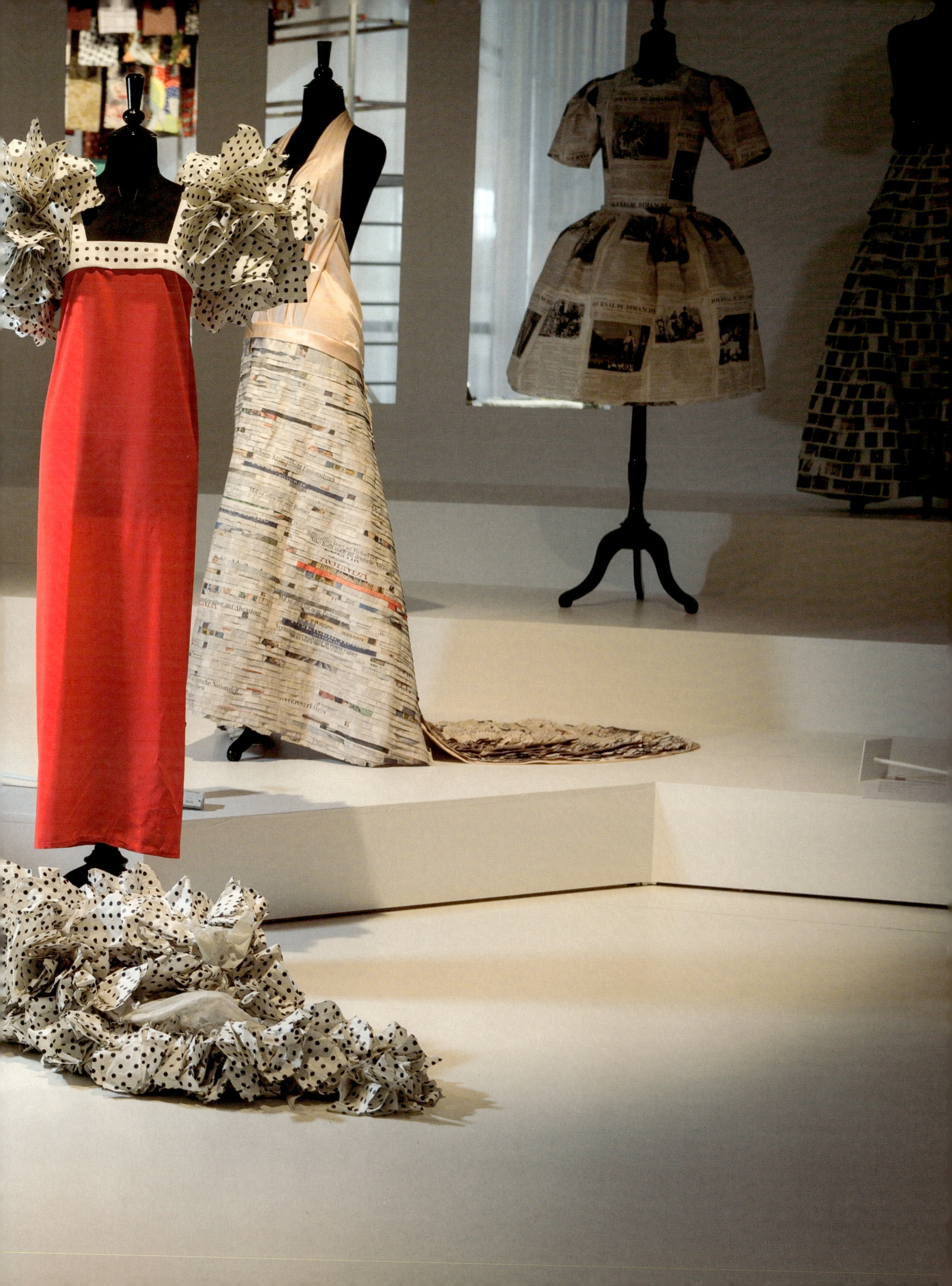

PHOENIX —
MODEWELTEN VON
STEPHAN HANN

Stephan Hann hat mit den Jahren eine unverwechselbare künstlerische Sprache entwickelt. Aus meist vergänglichen Materialien fertigt er eindringliche Kunstwerke, die wie tragbare Mode aussehen, auch wenn sie nicht zum Tragen gedacht sind. Gleichwohl spielen diese Kunstwerke, die allesamt in der Manier der Haute Couture handgefertigt sind, mit dem Formenreichtum, den das Modehandwerk bereitstellt.

Den Ausgangspunkt für die Arbeit des Berliner Künstlers liefert seine Biographie. Von ihren existenziellen Prägungen ist Hanns ganzes Œuvre vollends durchwoben. Kennzeichen dafür ist eine hohe Sensibilität für das Beiläufige, für die Ästhetik des Alltags, den Wert des Alters, die Bedeutung von Überlieferung.

Am Anfang des für Hann typischen Schaffensprozesses steht ein beinahe obsessives Sammeln von ausgemusterten Materialien, die wir meist nicht mit Mode in Verbindung bringen. Der Fertigung von Modeobjekten aus Telefonbuchseiten, Fotos, Architekturplänen, Plakaten, Videotapes, Tetra-Pak-Kartons oder Plastiktüten geht die gezielte Sammlung von Dingen voraus, die unsere Gesellschaft aus dem wirtschaftlichen Kreislauf oder funktionalen Zusammenhang ausgeschieden hat. So begegnen Hanns Arbeiten als ein „Upcycling" der besonderen Art. Indem er Materialien und Dinge gleichsam aus dem Zustand ihres Brachliegens, ihres Verwaistseins, befreit, betätigt er sich als ein Archäologe des Alltags.

Immer geht es Hann bei seiner stofflichen „Wertschöpfung" um Gedächtnisarbeit. Er hebt den materiellen Erinnerungswert von Stoffen und Dingen ins Bewusstsein, denen wir gewöhnlich wenig Beachtung schenken. Solchermaßen in Erinnerung gerufen, mögen Hanns Modeobjekte für den nachhaltigen Umgang mit unseren Ressourcen, für die Folgen unseres massenhaften Konsums sensibilisieren.

Richtet sich die Frage danach, weshalb Hann gerade Mode zu Kunstwerken erhebt, so ist die Antwort in einer Anthropologie des Textilen zu suchen. Diese lässt Kleidung als zweite Haut des Menschen verstehen, die ihren symbolischen Reichtum aus dem Verständnis der ersten Haut bezieht. Wie diese integriert Mode unsere Körperlichkeit in ein leibliches Ganzes und markiert die Grenze zwischen Innen und Außen. Sie entzieht das Innenleben dem äußeren Blick. Obwohl selbst fragil und verletzlich, bietet sie – gleichsam selbstheilend – Schutz vor Verletzungen. Wie die Haut als unser größtes Sinnesorgan kommuniziert Mode stets mit der Welt. Nicht zuletzt erlaubt sie, unserer einzigartigen Identität Ausdruck zu verleihen, die zugleich gesellschaftlich bestimmt ist.

PHOENIX — FASHION WORLDS OF STEPHAN HANN

Over the years, Stephan Hann has developed an unmistakeable artistic language. From mostly perishable materials, he creates powerful artworks that look like wearable fashion, even though they are not intended to be worn. Nonetheless, the artworks, which are all handcrafted in the style of haute couture, play with the richness of forms provided by fashion craftsmanship.

The starting point for the work of the Berlin artist is his own biography. Hann's oeuvre is entirely infused with the existential imprints of this biography. A hallmark of this is a high degree of sensitivity for the incidental, for the aesthetics of daily life, for the value of age and the significance of heritage.

At the beginning of the creative process typical of Hann's work, one finds an almost obsessive collecting of discarded materials which we do not usually associate with fashion. The creation of fashion items from telephone book pages, photographs, architecture plans, posters, video tapes,   Tetra Pak cartons and plastic bags is necessarily preceded by the targeted collection of objects that our society has ejected from the economic cycle and from a functional context. One thus encounters Hann's works as an "upcycling" of a very special kind. By seemingly freeing materials and objects from their state of disuse, from their orphaned existence, he acts as an archaeologist of everyday life.

In his material "value creation", Hann is always concerned with remembrance work. He raises awareness of the material remembrance value of textiles and objects to which we normally give little attention. With such reminders, Hann's fashion items will hopefully increase the mindfulness for sustainable dealings with our resources and for the consequences of our mass consumption.

The answer to the question of why Hann chooses to lift fashion into the realm of art can be found in an anthropology of textiles. Clothing can be thus understood as a second skin of humans which draws its symbolic richness from an understanding of the first layer of skin. Just like skin, fashion integrates our physicality into a comprehensive bodily entity and marks the boundary between the internal and the external. It protects the inner realm from external view. Although it is fragile and vulnerable itself, it offers — in a seemingly self-healing manner — protection from injury. Just as our skin, our largest bodily organ, fashion is constantly communicating with the external world. It allows us to express our unique identity, which itself is also determined by society.

BE
FLÜ
GELT

BEFLÜGELT

Flügel spielen im ästhetischen Kosmos von Stephan Hann eine zentrale Rolle. Sie sind dem Berliner Künstler, der für seine Kleiderobjekte bekannt ist, so bedeutsam, dass er ihnen wiederholt eigene Arbeiten gewidmet hat. Flügel können für den künstlerischen Schaffensprozess stehen, der Freiheit und Unabhängigkeit voraussetzt. Flügel erlauben, in die höheren Sphären der Luft oder des Himmels aufzusteigen – Sphären der freien Entfaltung, die nicht mehr den Gesetzmäßigkeiten der Erde unterliegen. Deshalb verwundert es nicht, dass Engel und Götter in der mythischen Überlieferung mit Flügeln ausgestattet sind. In der biblischen Tradition begegnet indes noch eine andere Symboldimension von Flügeln. Diese verweisen dort auch auf die Sphären des Schützens oder Bergens – ein Aspekt, der in Hanns künstlerischen Arbeiten immer wieder aufscheint. Und nicht zuletzt stellt die poetische Kraft der Erinnerung eine Inspirationsquelle dar, die dem künstlerischen Ausdruck des Berliner Künstlers gleichsam Flügel verleiht.

WINGED

Wings play a central role in Stephan Hann's aesthetic cosmos. They are so important to the Berlin artist, who is known for his clothing works, that he has repeatedly dedicated a number of works to them. Wings can stand for the process of artistic creation, which requires freedom and independence. Wings allow one to rise up into the higher spheres of the air or the sky – spheres of free unfolding which are no longer subject to the laws and regularities of the Earth. It is thus unsurprising that in the mythical tradition, angels and gods possess wings. In the biblical tradition, one encounters another symbolic dimension of wings, namely a reference to the spheres of protection and rescue – an aspect that appears repeatedly in Hann's artistic works. And last but not least, the poetic power of remembrance represents a source of inspiration which gives wings to the artistic expression of the Berlin artist.

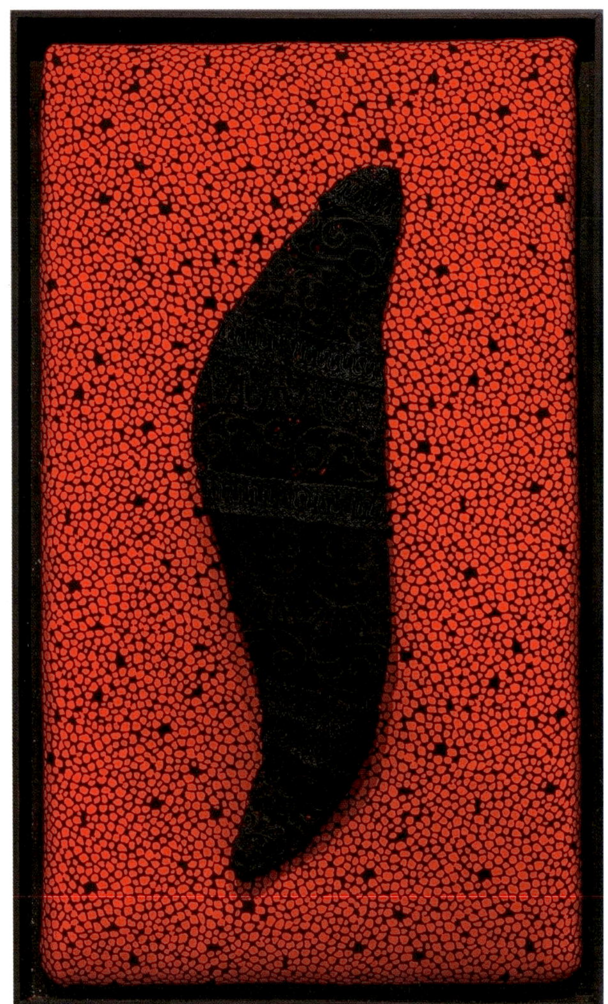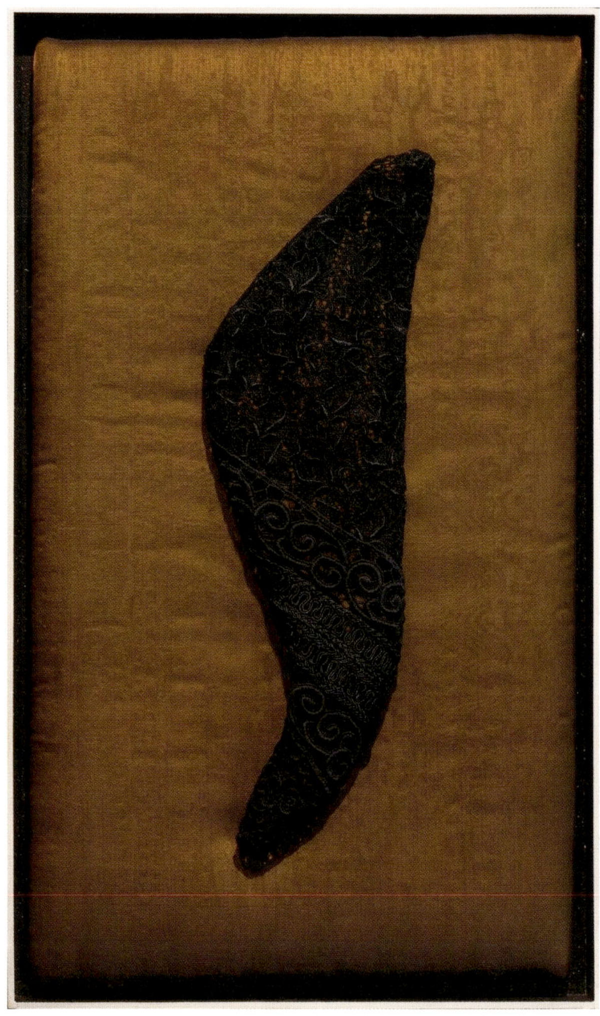

oben / above:
Spitzenflügel I & II / Wing of Lace I & II, 2011
Alte Spitze / Historic lace

rechts / right:
NAI, 2011
Architekturpläne / Architectural drawings

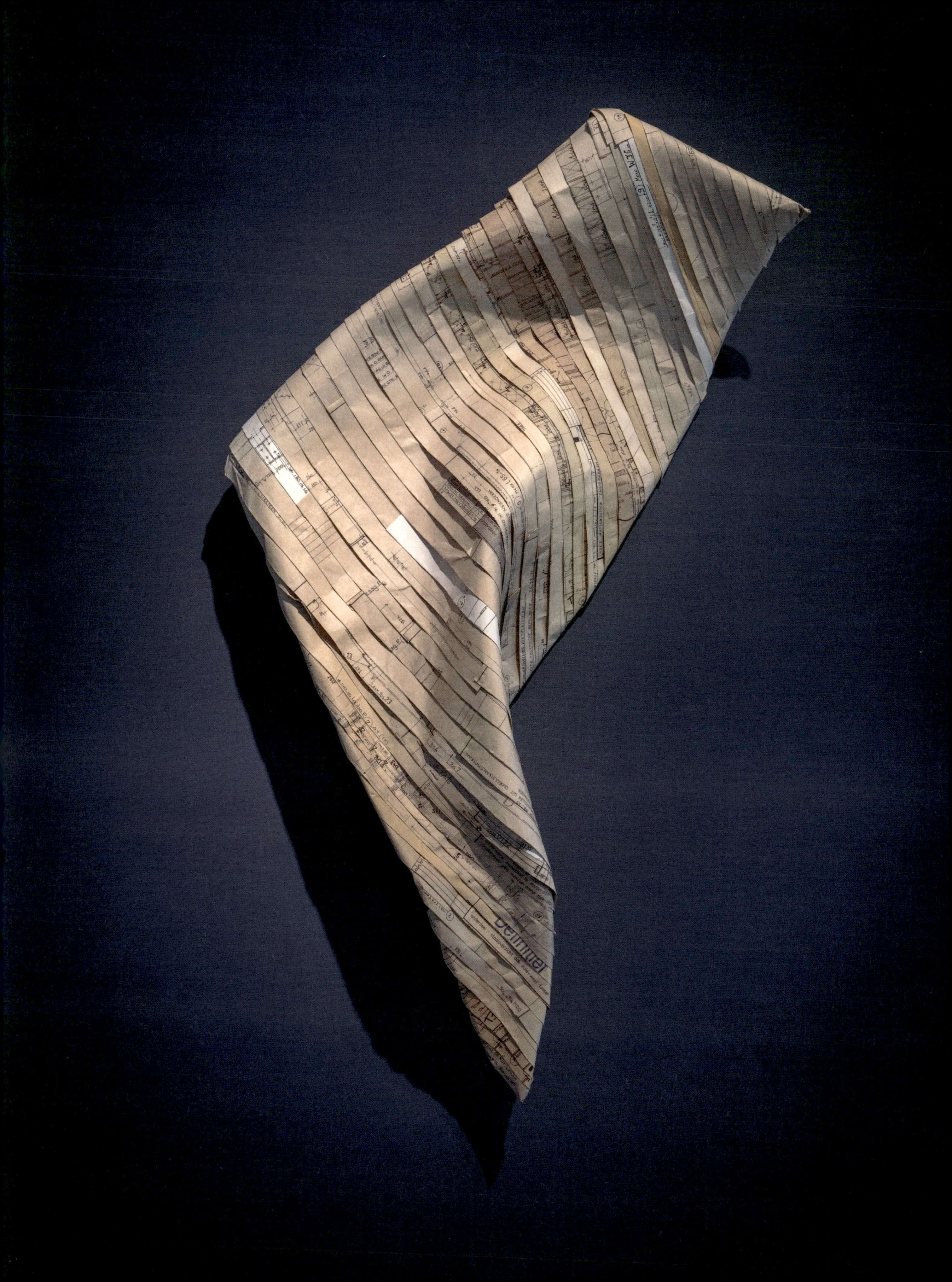

Das Leben ist ein ewiger Abschied. Wer aber von seinen Erinnerungen genießen kann, lebt zweimal.

Life is an eternal parting. To be able to enjoy
one's past life is to live twice.
Marcus Valerius Martial (40 – 103/104)

links / left:
Der Gefiederte I / The Feathered I, 2002
Tetra Pak / Tetra Pak

rechts / right:
Haifisch / Shark, 2010
Tetra Pak / Tetra Pak

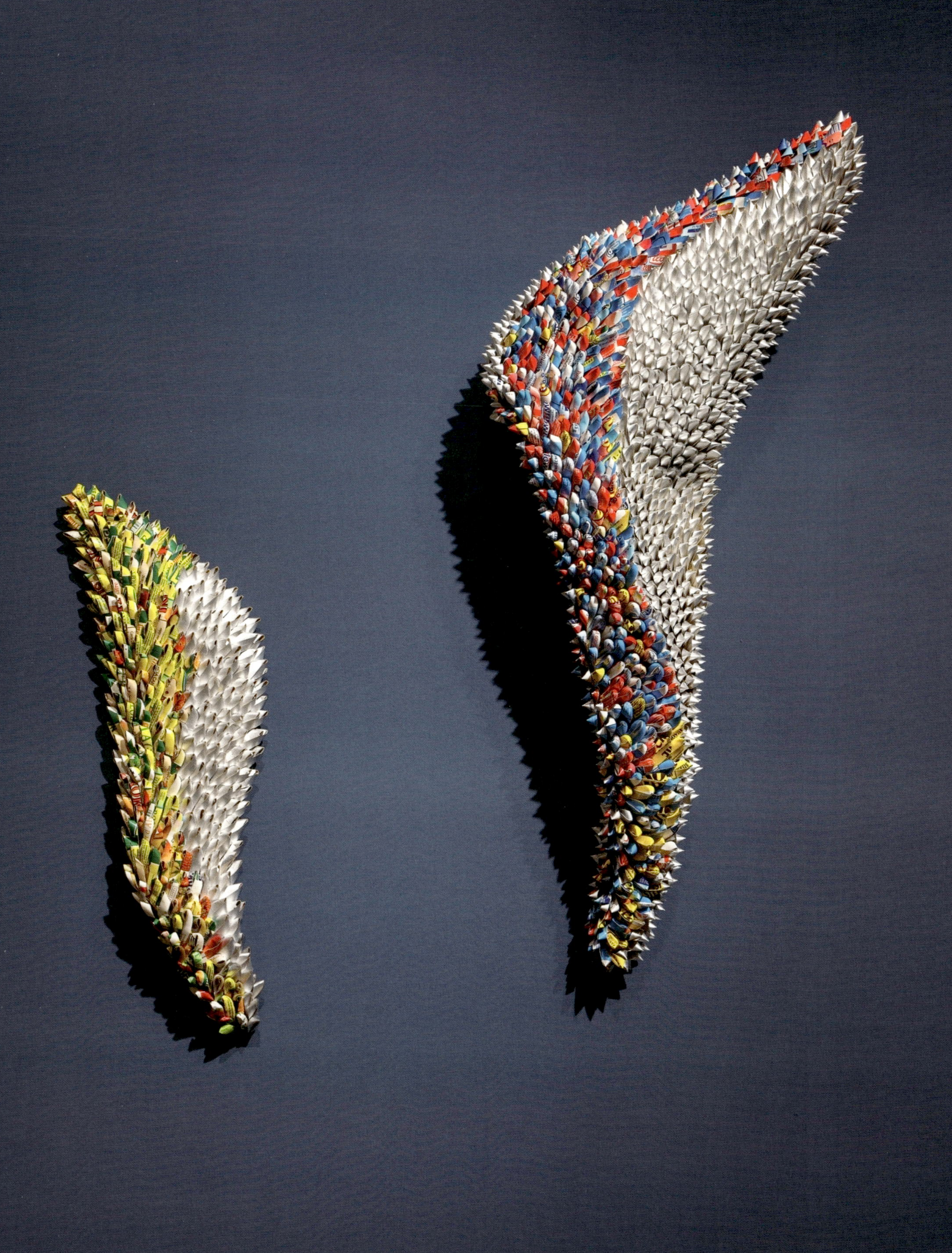

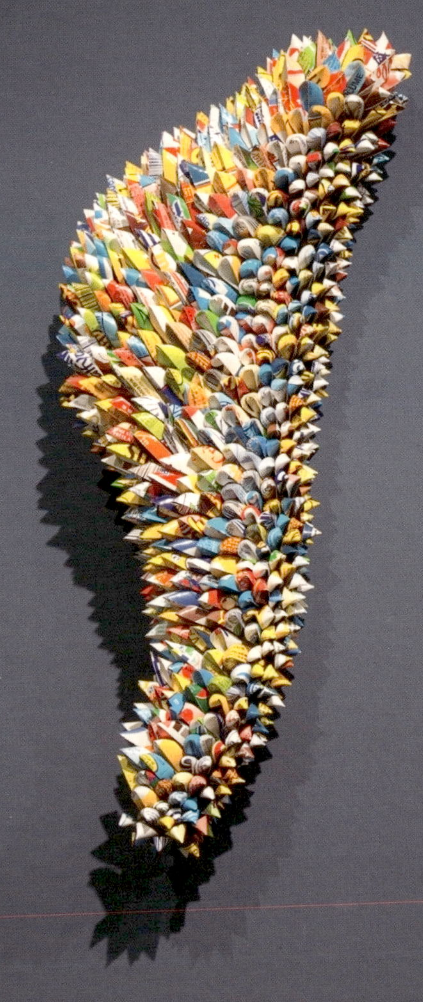

links / left:
Der Gefiederte II / The Feathered II, 2011
Tetra Pak / Tetra Pak

rechts / right:
Der Wirbelwind / The Whirlwind, 2011
Tetra Pak / Tetra Pak

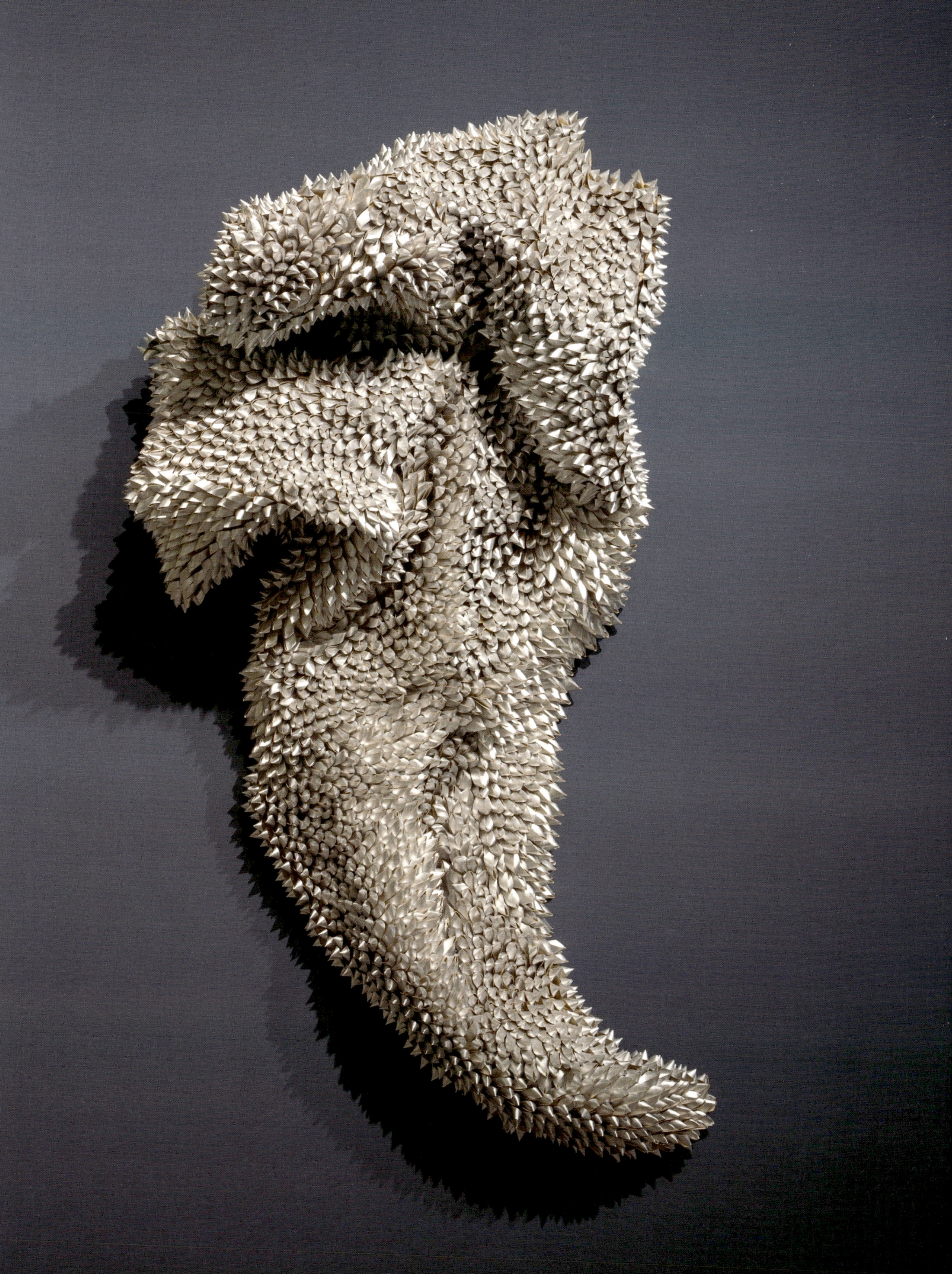

links / left:
Torso II, 2018
Tetra Pak / Tetra Pak

rechts / right:
Torso I, 2011
Zelluloid / Celluloid

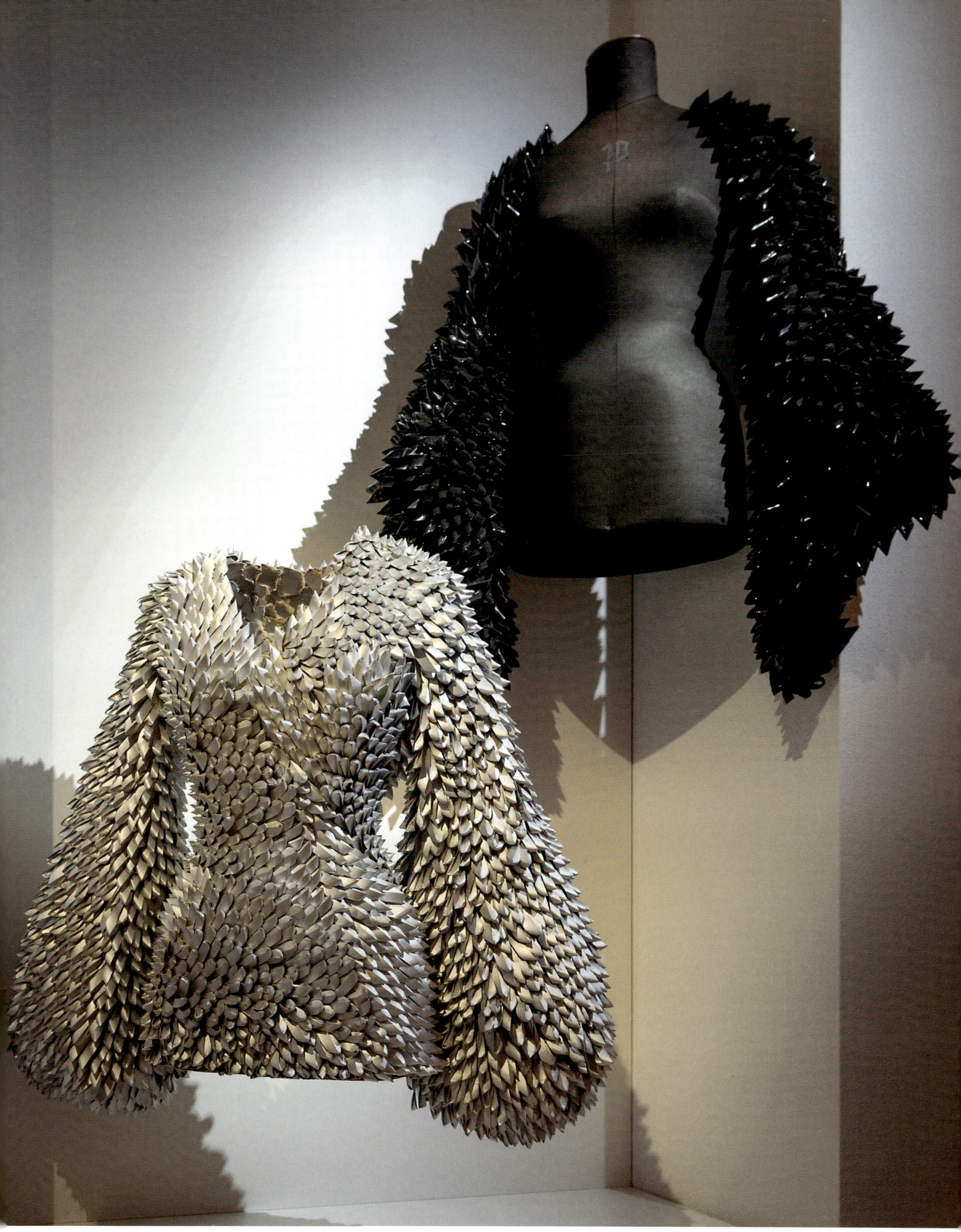

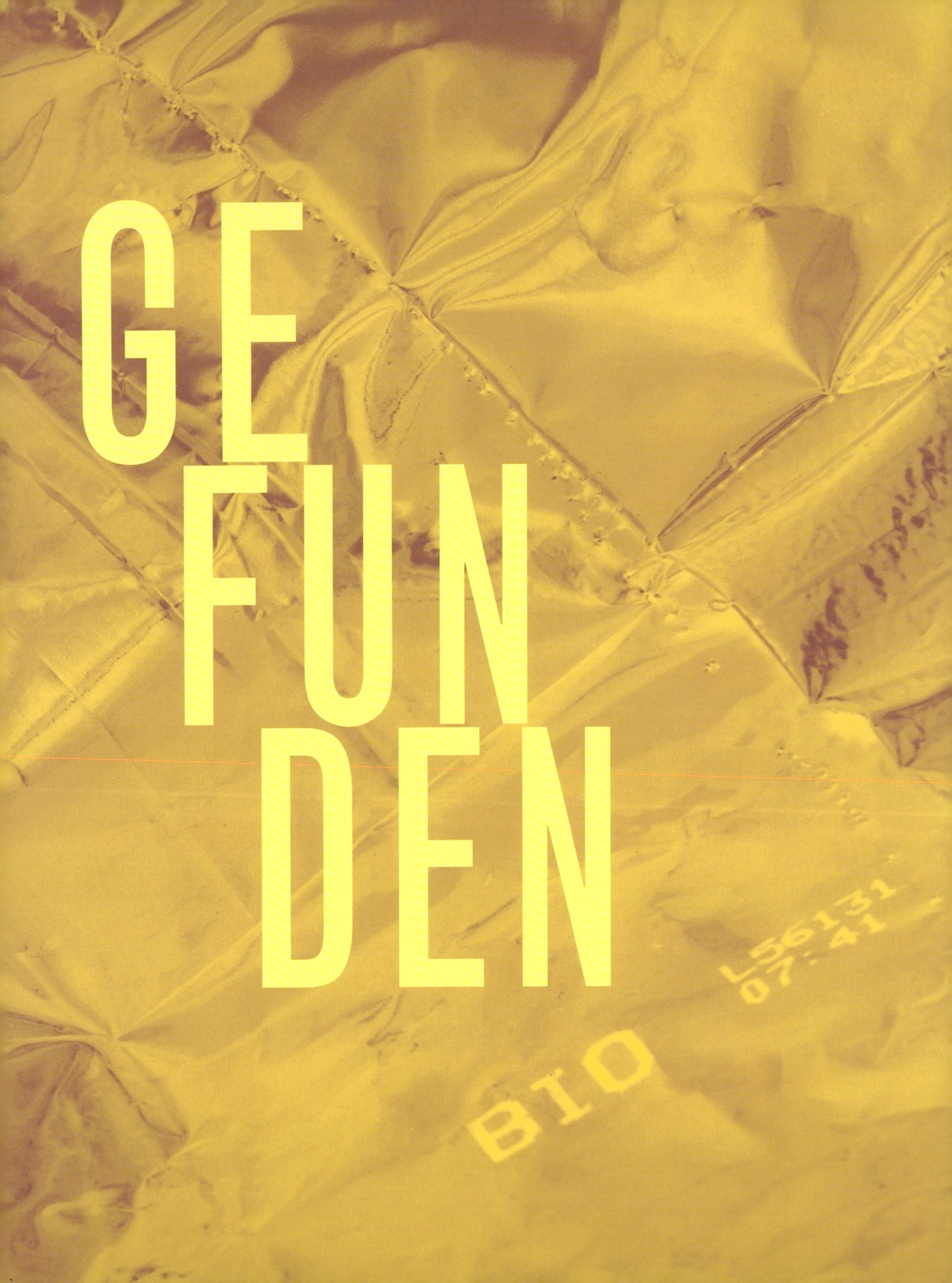
GE
FUN
DEN
BIO
LS6131
07.41

GEFUNDEN

Eine Besonderheit der künstlerischen Sprache von Stephan Hann liegt in den ungewöhnlichen Materialien begründet, die der gelernte Kostümbildner und Modedesigner zu eindrucksvollen Modeobjekten verarbeitet. Es sind dies allesamt Materialien, die wir im Alltag meist gering achten. So fertigt Hann seine Objekte aus Telefonbuchseiten, aus Malerfolie, aus Architekturplänen, aus Videotapes, aus Zelluloidfilmen, aus Tetra-Pak-Kartons, aus Plastiktüten oder Telefonkabeln. Damit verleiht der Berliner Künstler Materialien, die ihren funktionalen Wert im Alltag verloren haben, eine völlig neue Wertschätzung, die sich als eine „ästhetische Wertschöpfung" verstehen lässt. Hann selbst ist ein leidenschaftlicher Sammler. Er selbst würde sich eher als „Finder" bezeichnen, der unentwegt ausgemusterte Materialien, Stoffe, Objekte oder Fotos aufspürt, um deren materiellen Erinnerungswert ästhetisch sichtbar und erlebbar zu machen.

FOUND

One special aspect of Stephan Hann's artistic language is to be found in the unusual materials used by the trained costume and fashion designer to create impressive fashion objects. These are all materials that we do not regard highly in day-to-day life. Hann forges his works from telephone book pages, architectural plans, video tapes, celluloid film, Tetra-Pak cartons, plastic bags and telephone cables. The Berlin artist thus provides materials that have lost their functional value in daily life with an entirely new value, which can be understood as an "aesthetic value creation".

Hann himself is a passionate collector. He would define himself as more of a "finder" who is constantly seeking out discarded materials, textiles, objects and photographs in order to make their material remembrance value aesthetically visible and graspable.

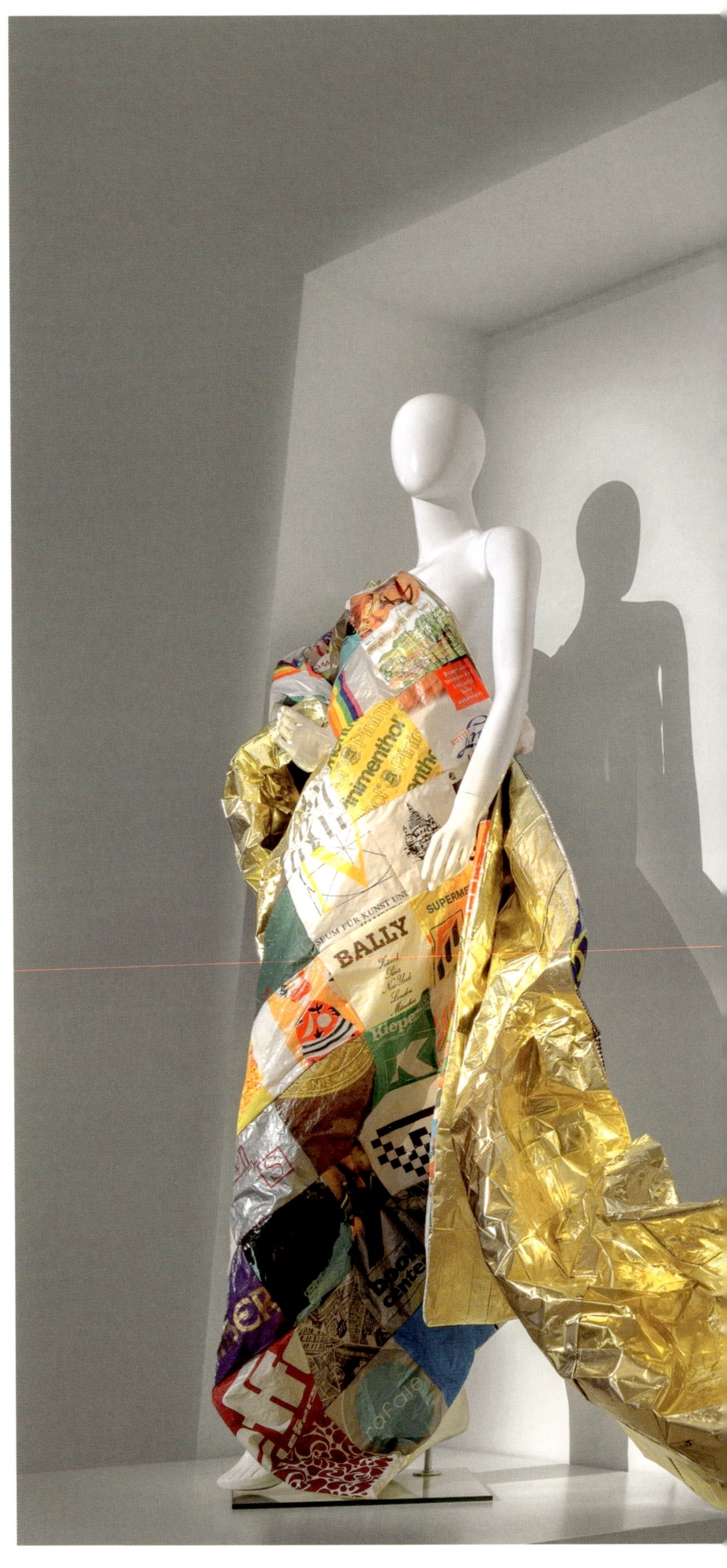

Studie / Étude

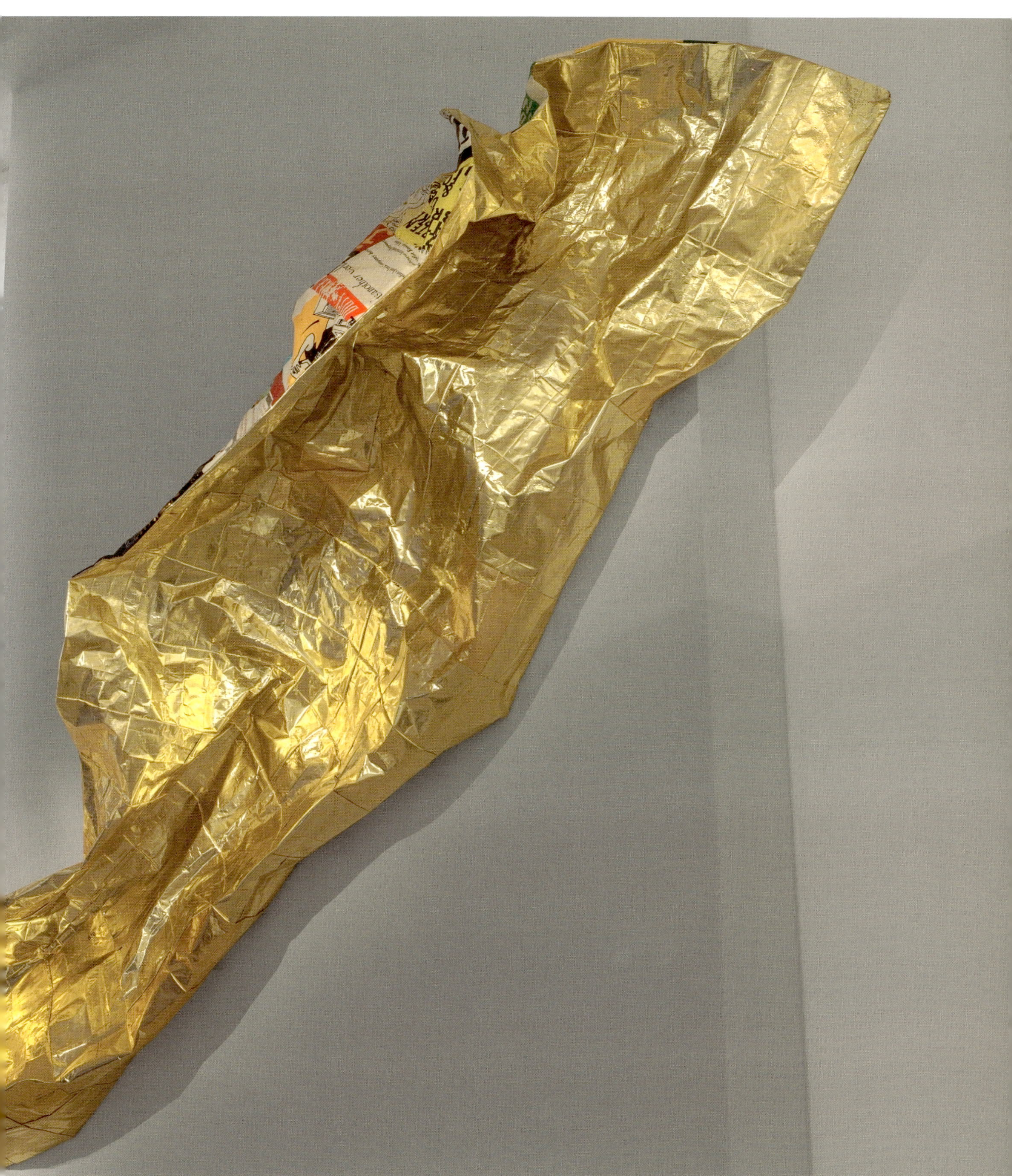

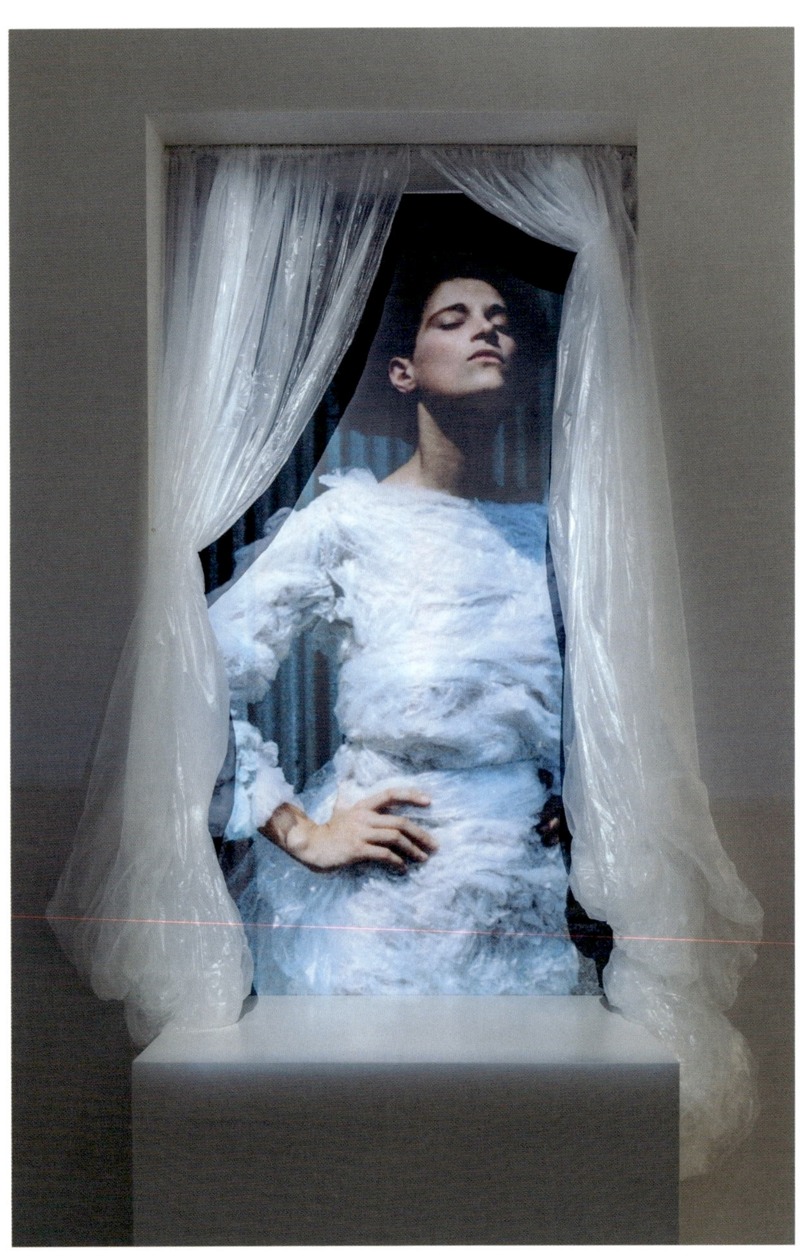

links / left:
Studie / Étude

rechts / right:
Studie / Étude

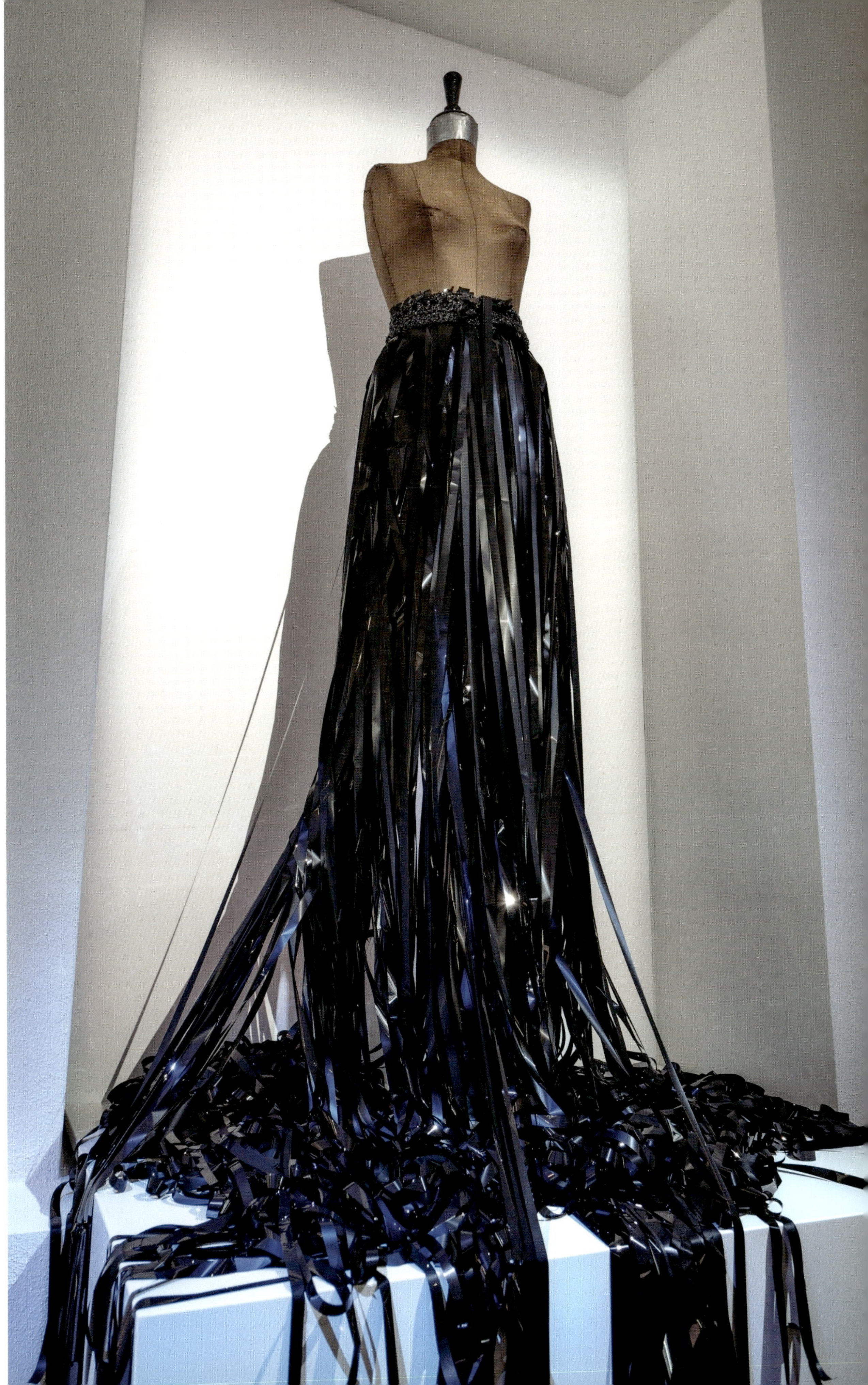

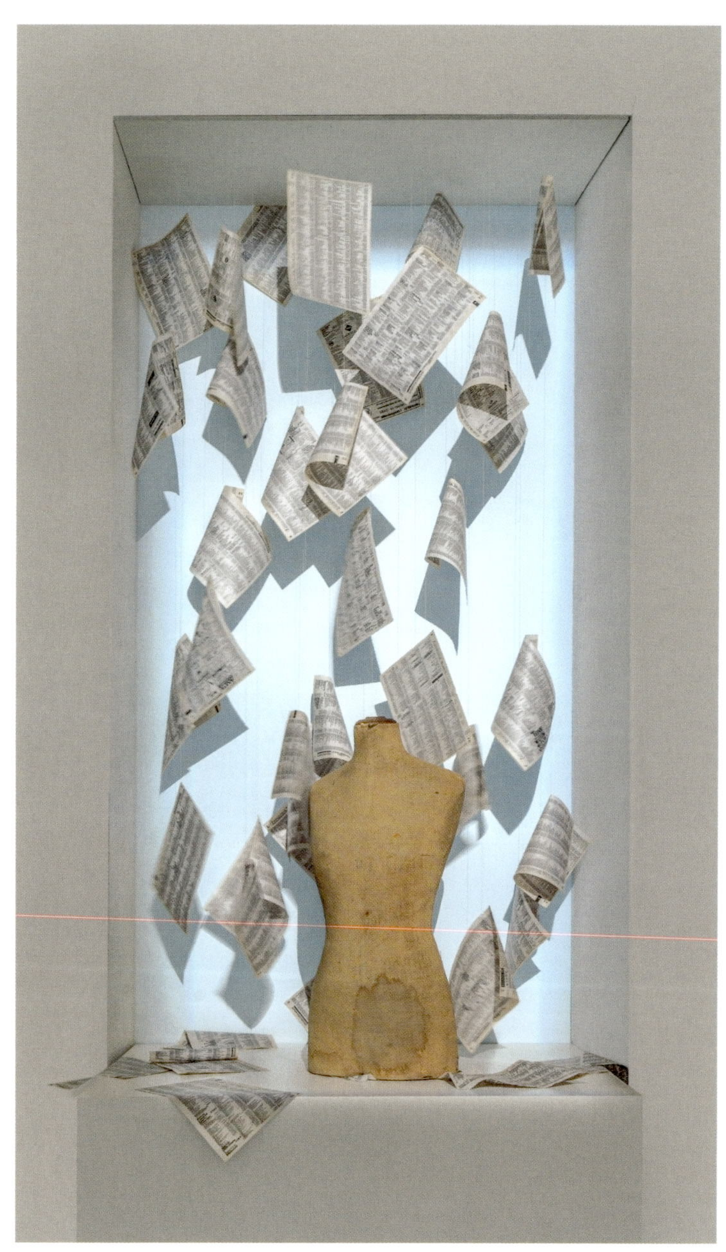

links / left:
Studie / Étude

rechts / right:
Milchmädchen III / Milkmaid III, 2003
Tetra Pak / Tetra Pak

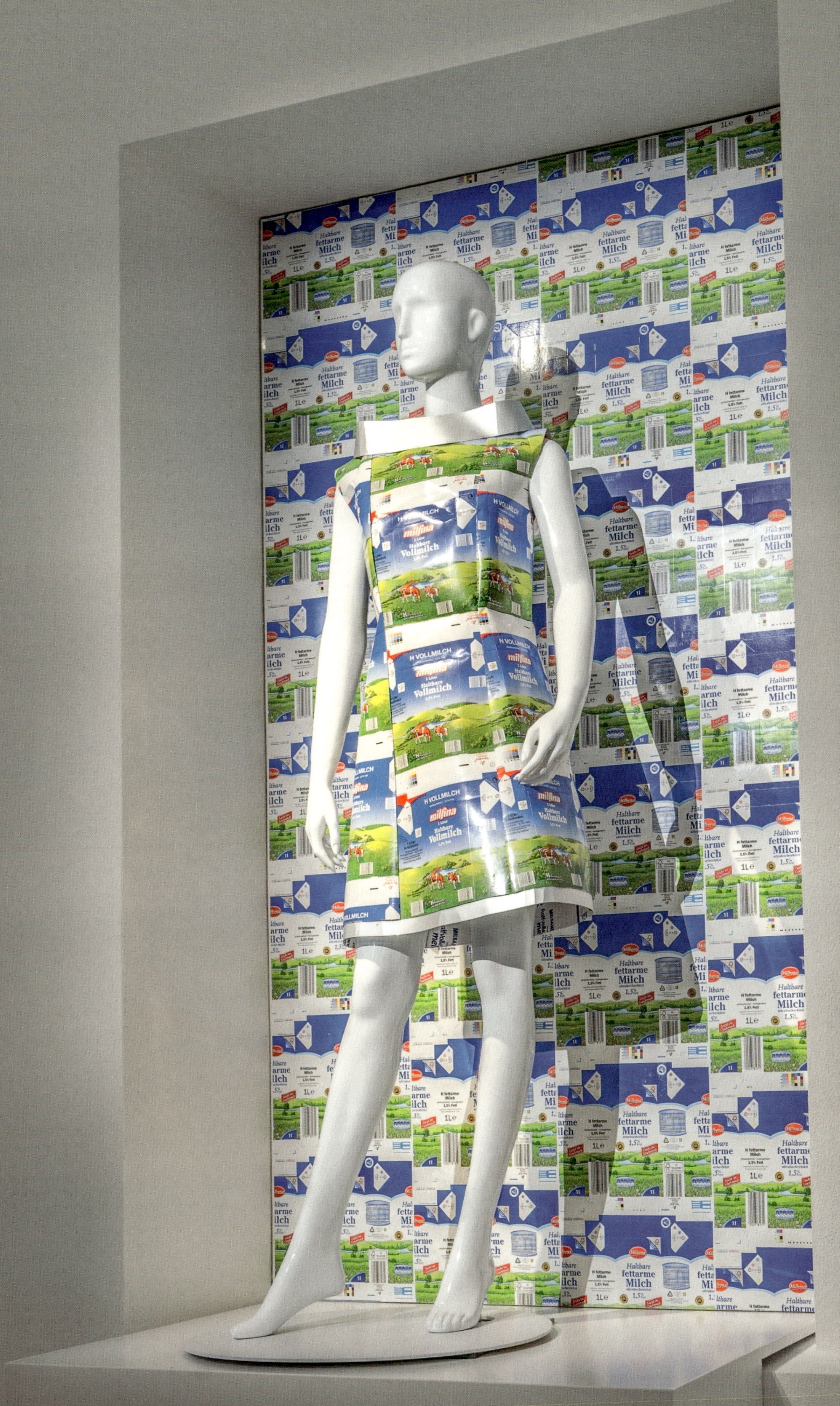

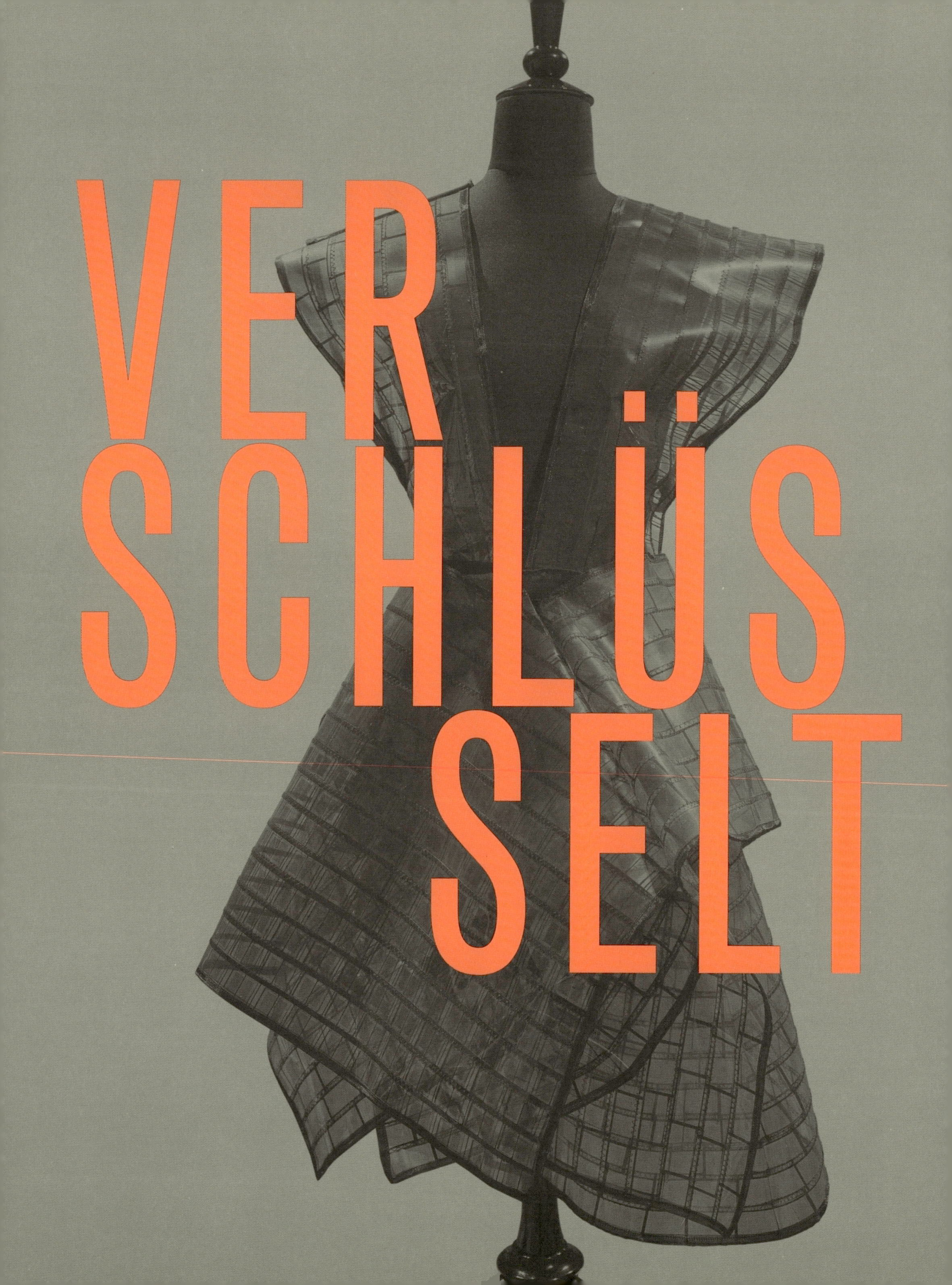
VER
SCHLÜ
SSELT

VERSCHLÜSSELT

Die Ausgangsmaterialien dieser umfangreichen Werkgruppe von Stephan Hann entstammen allesamt dem Bereich der Medien: Diese reichen von bedruckten Papieren und Architekturplänen über Plakate und Fotografien bis hin zu Zelluloidfilmen und Videotapes. Allerdings führt der Prozess der ästhetischen Umformung bei einer Reihe von Arbeiten zu dem Ergebnis, dass die verwendeten Medien unlesbar geworden sind. Sie haben ihre ursprüngliche Funktion verloren, gelesen, entschlüsselt oder dechiffriert werden zu können. Im Gegenzug treten in diesen Modeobjekten die Materialeigenschaften besonders hervor, die sich in ihrer eigentümlichen Stofflichkeit zeigen.

Einige dieser Hannschen Kreationen geben Anlass, darüber nachzudenken, inwieweit Kleidung immer schon Botschaften sendet, mithin als Kommunikationsmittel dient. Die Fotokleider jedoch liefern manche bildliche Hinweise auf ihre mögliche Interpretation. So versuchten Männer in der zweiten Hälfte des 19. Jahrhunderts mit ihren „Cartes de Visite", die Herzen der Frauen zu erobern. Das Kleid „Familienfest" zieht gleichsam als Schleppe eine Familiengeschichte hinter sich her und lässt offen, ob der Mensch aus der Tradition heraus lebt oder sie vielmehr als Belastung empfindet.

ENCODED

The starting materials for this extensive group of works by Stephan Hann are all taken from the field of media: they range from printed papers and architectural plans to posters, photographs, celluloid films and video tapes. The process of aesthetic transformation, however, leads to the media used becoming incomprehensible in a number of the works. They have lost their original function of being able to be read, decoded or deciphered. Instead, the material characteristics of these fashion objects become even more prominent, showing themselves in their particular materiality.

Several of these creations by Hann provide impulses to consider the extent to which clothing has always sent a message, serving as a method of communication. The photograph dresses, however, contain specific pictorial indications as to their possible interpretation. In the second half of the 19th century, men attempted in this manner to win the hearts of women with their "Cartes de Visite". The dress entitled "Familienfest" (Family Celebration) seems to drag a family history behind it as a train, leaving the question open as to whether people live from tradition or see it as a burden.

oben links / above left:
Thérèse D., 1998
Videotape / Videotape

oben rechts / above right:
Martinique, 2015
Videotape / Videotape

rechts / right:
Croisette, 1996
Zelluloid / Celluloid

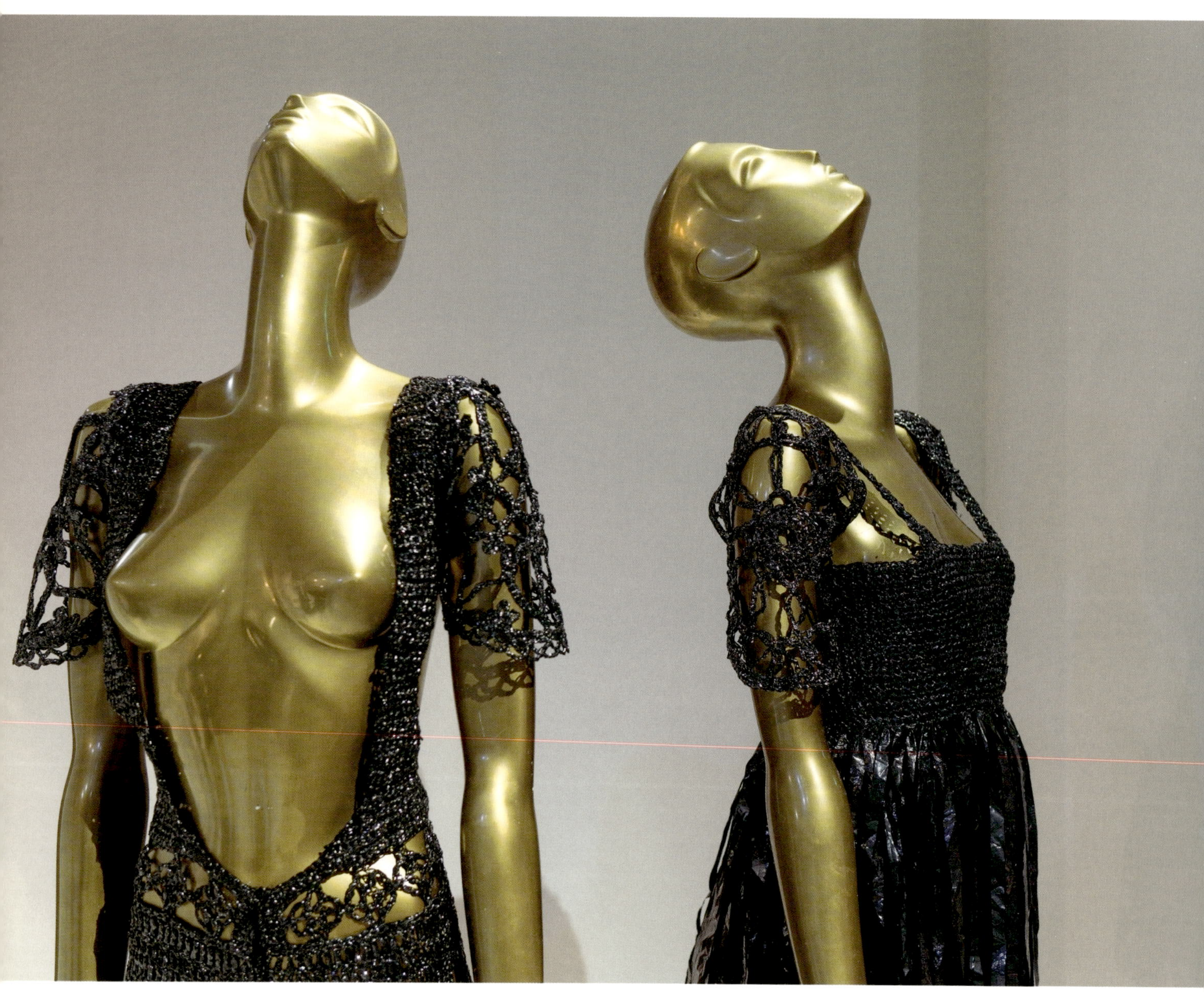

40

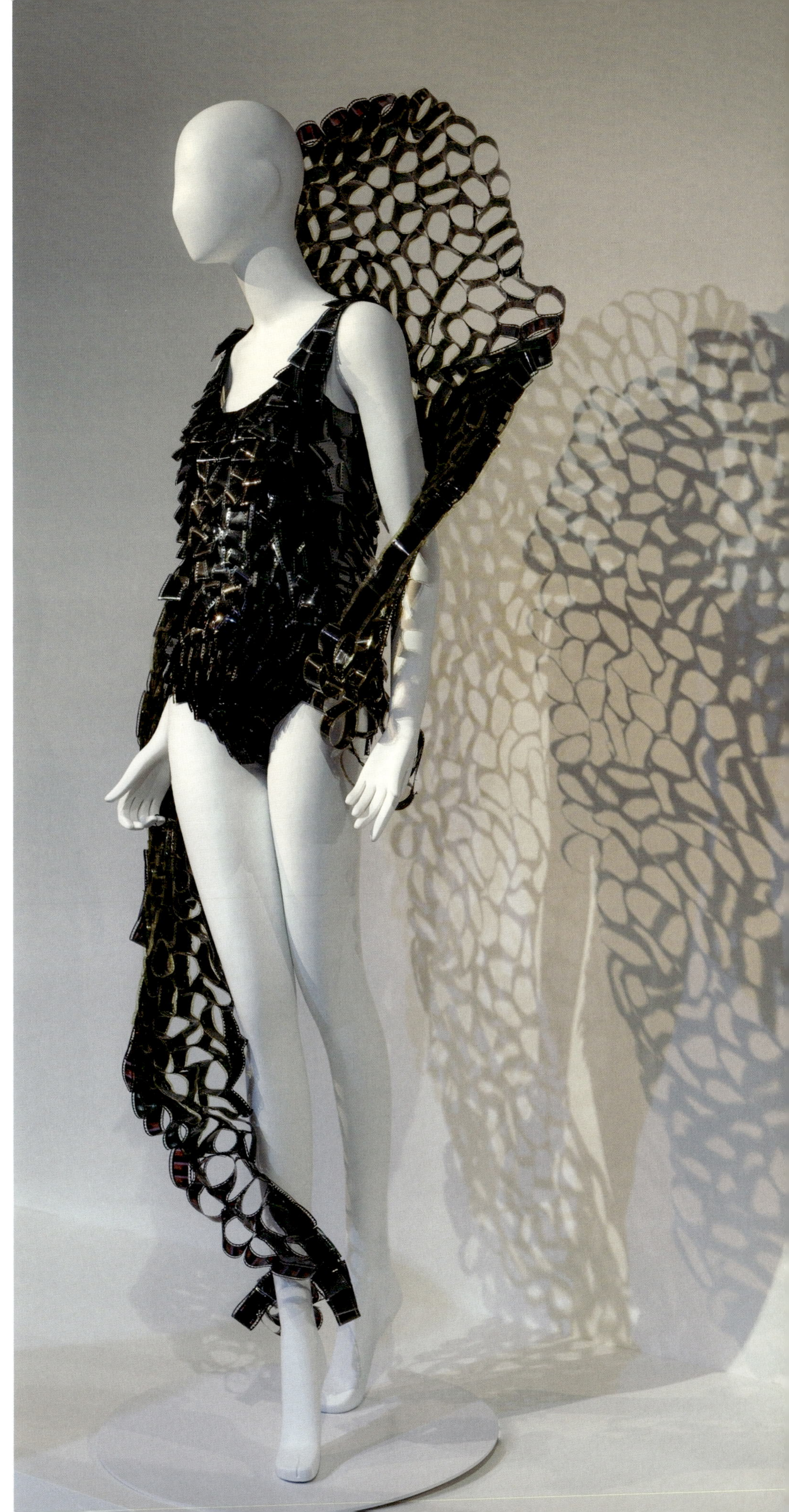

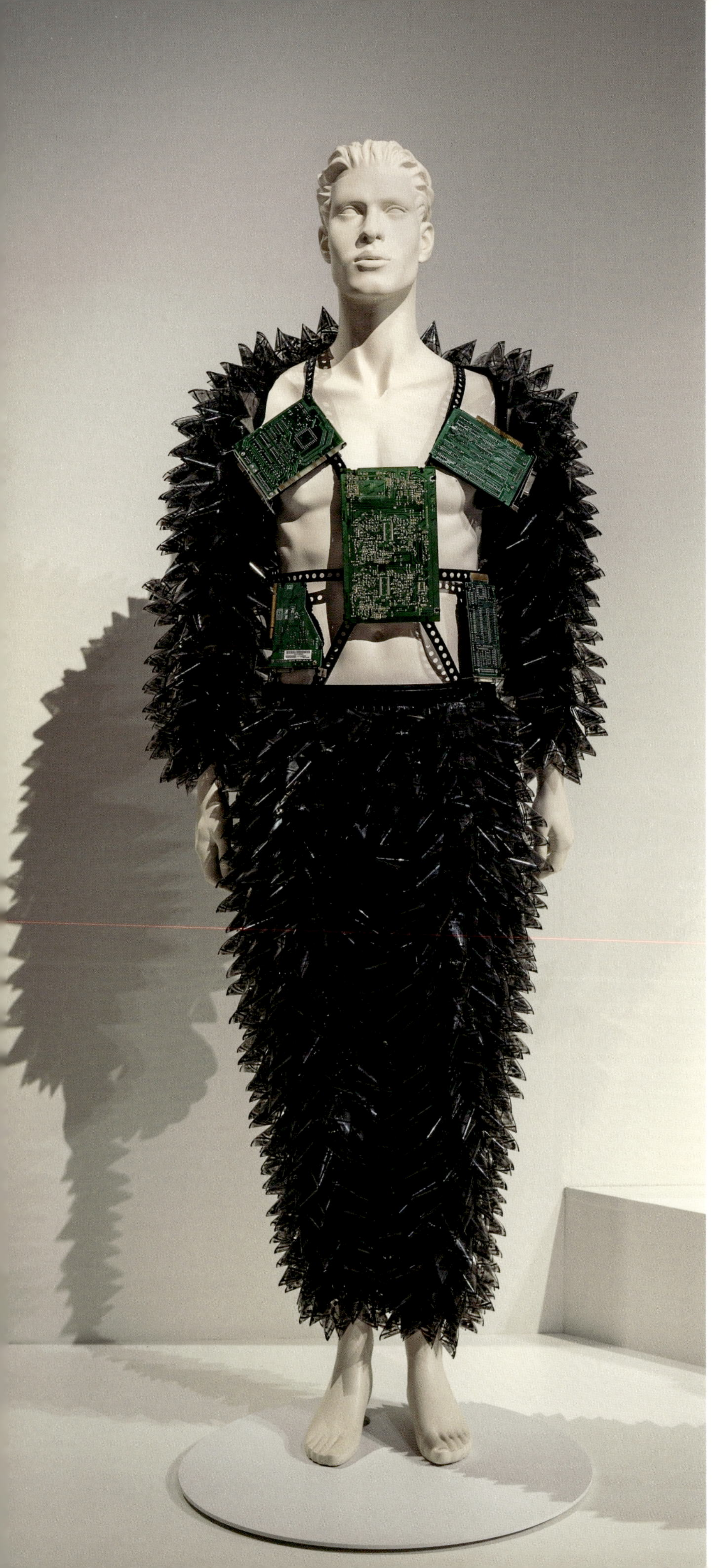

links / left:
Celluloid Man, 1996
Zelluloid, Metall, Platinen
Celluloid, metal, circuit boards

rechts / right:
L'amour l'après-midi, 1996
Zelluloid, Spitze / Celluloid, lace

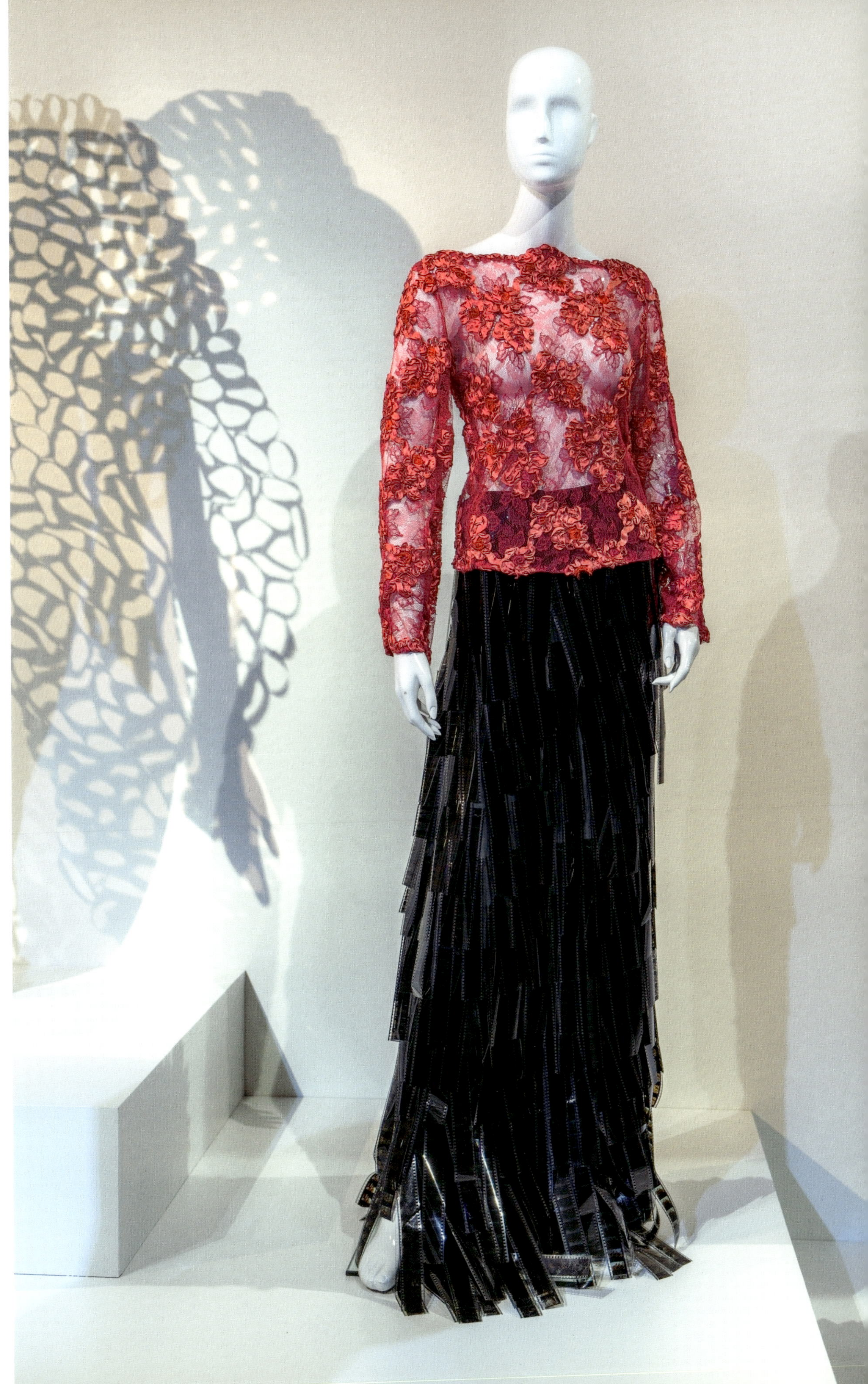

Samurai, 2008
Zelluloid/Mikrofilm (Bibliothèque Nationale, Paris)
Celluloid/Microfilm (Bibliothèque Nationale, Paris)

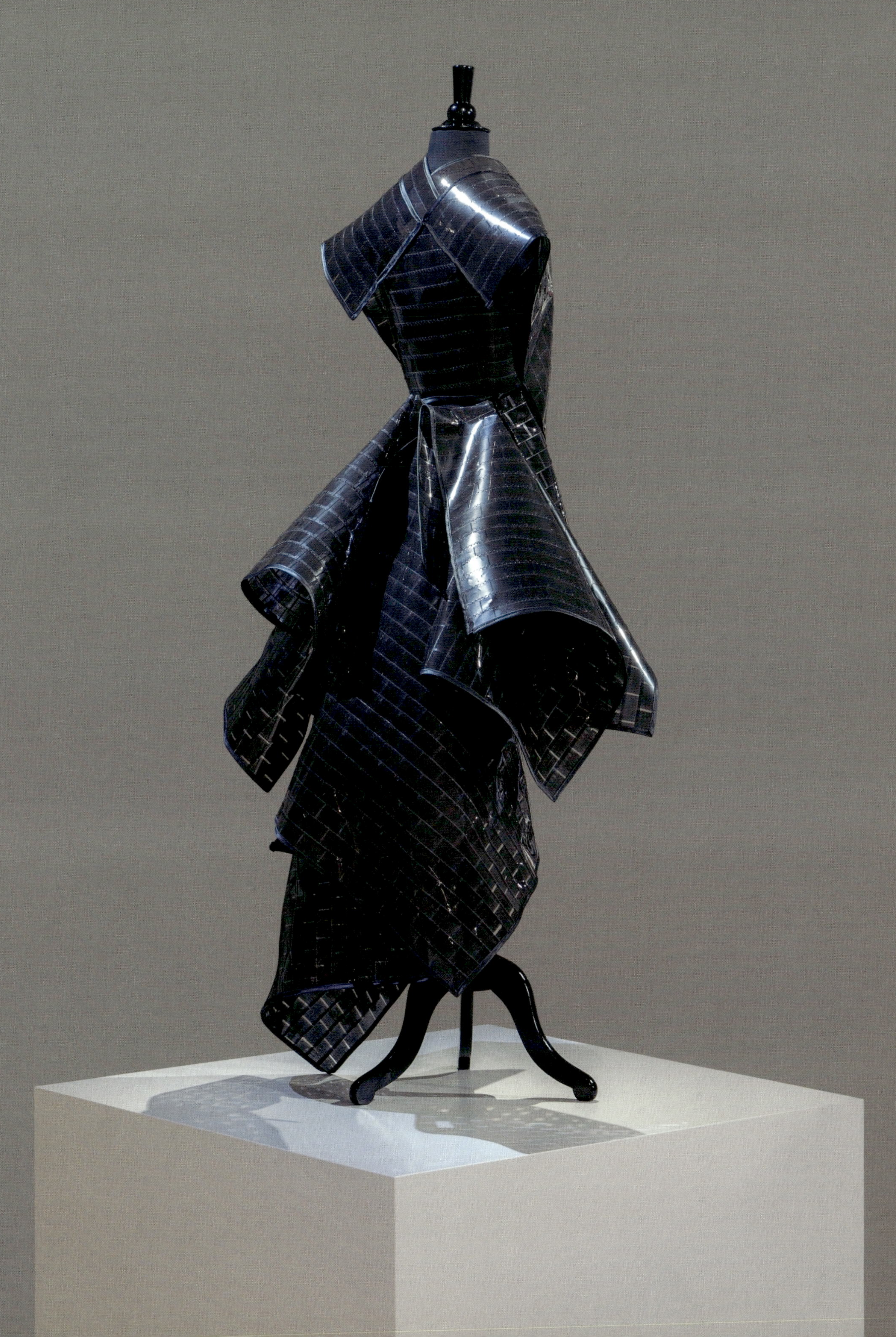

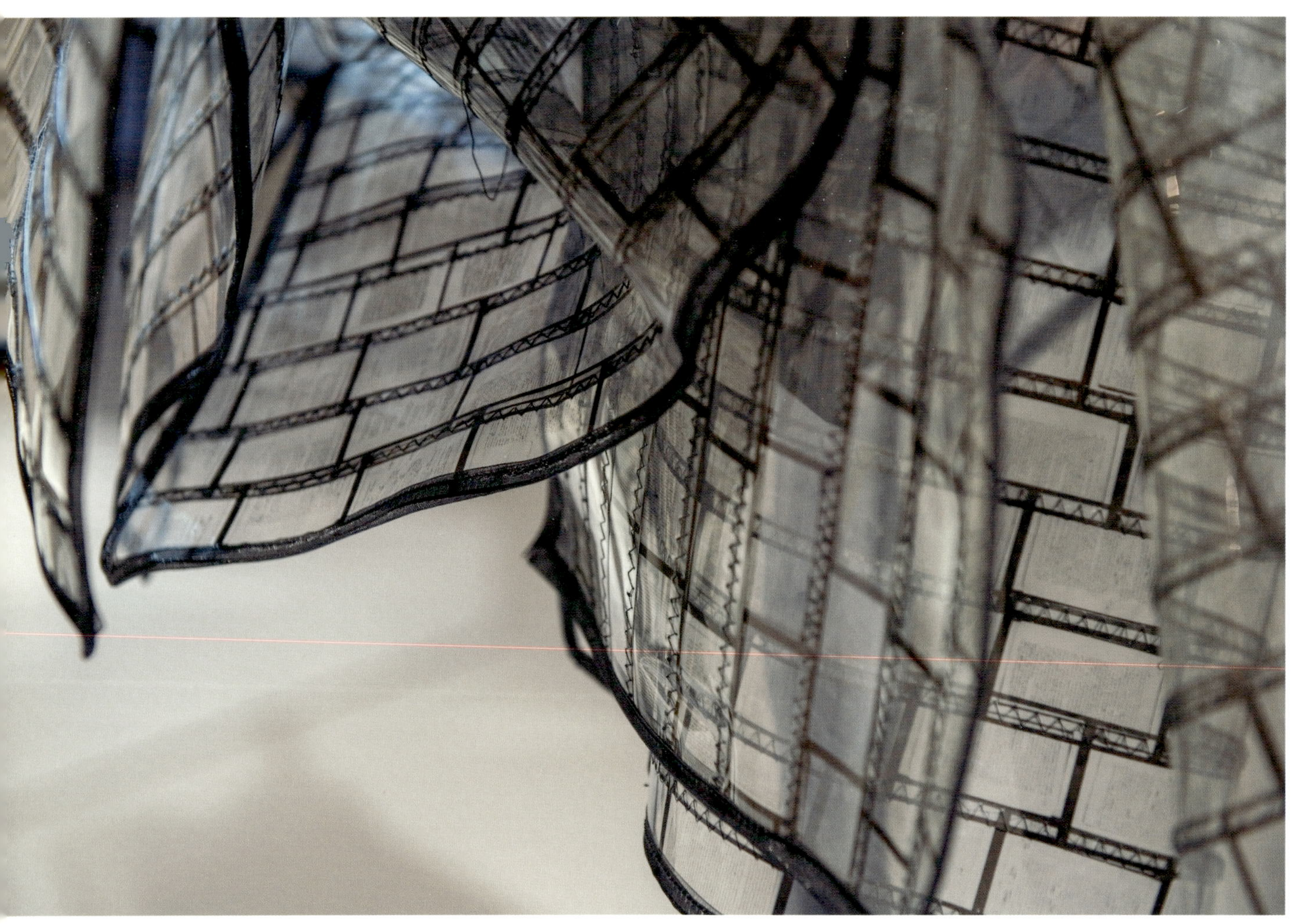

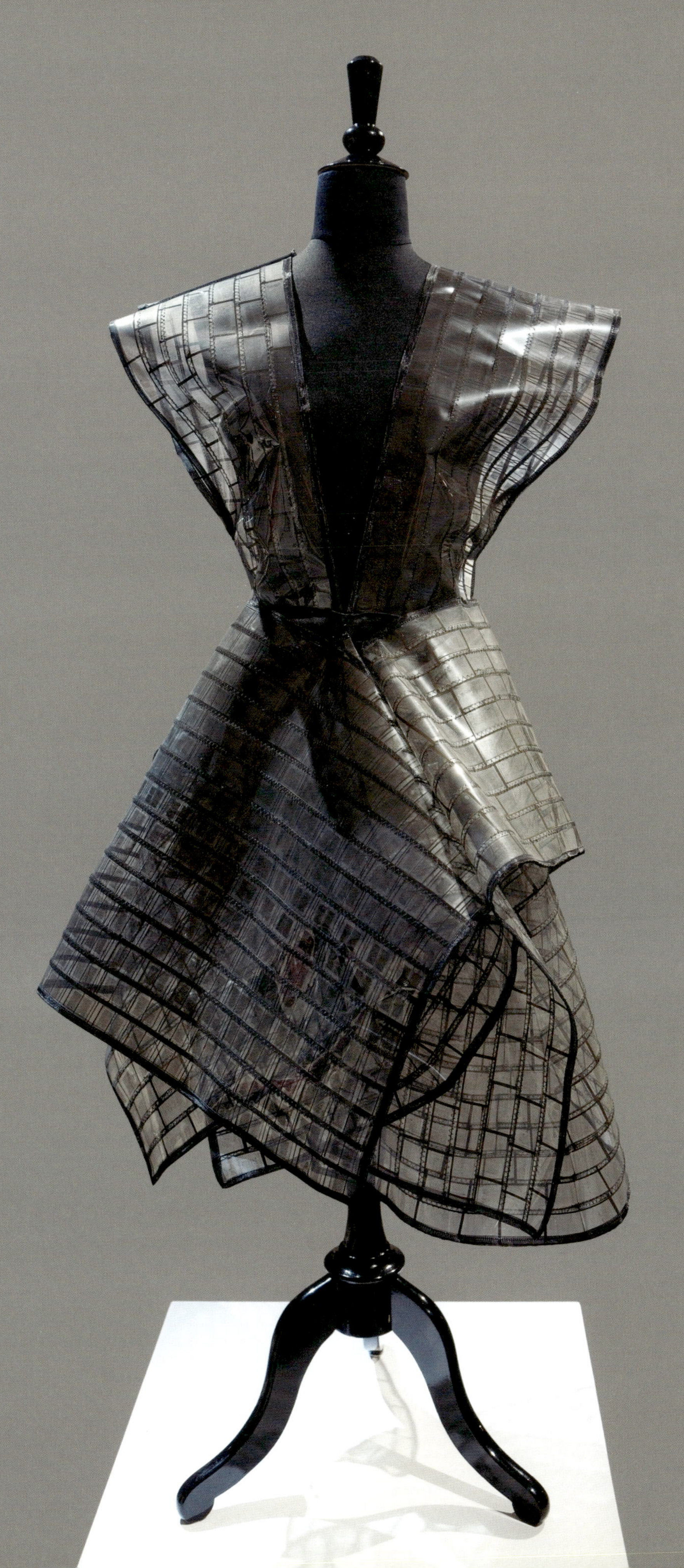

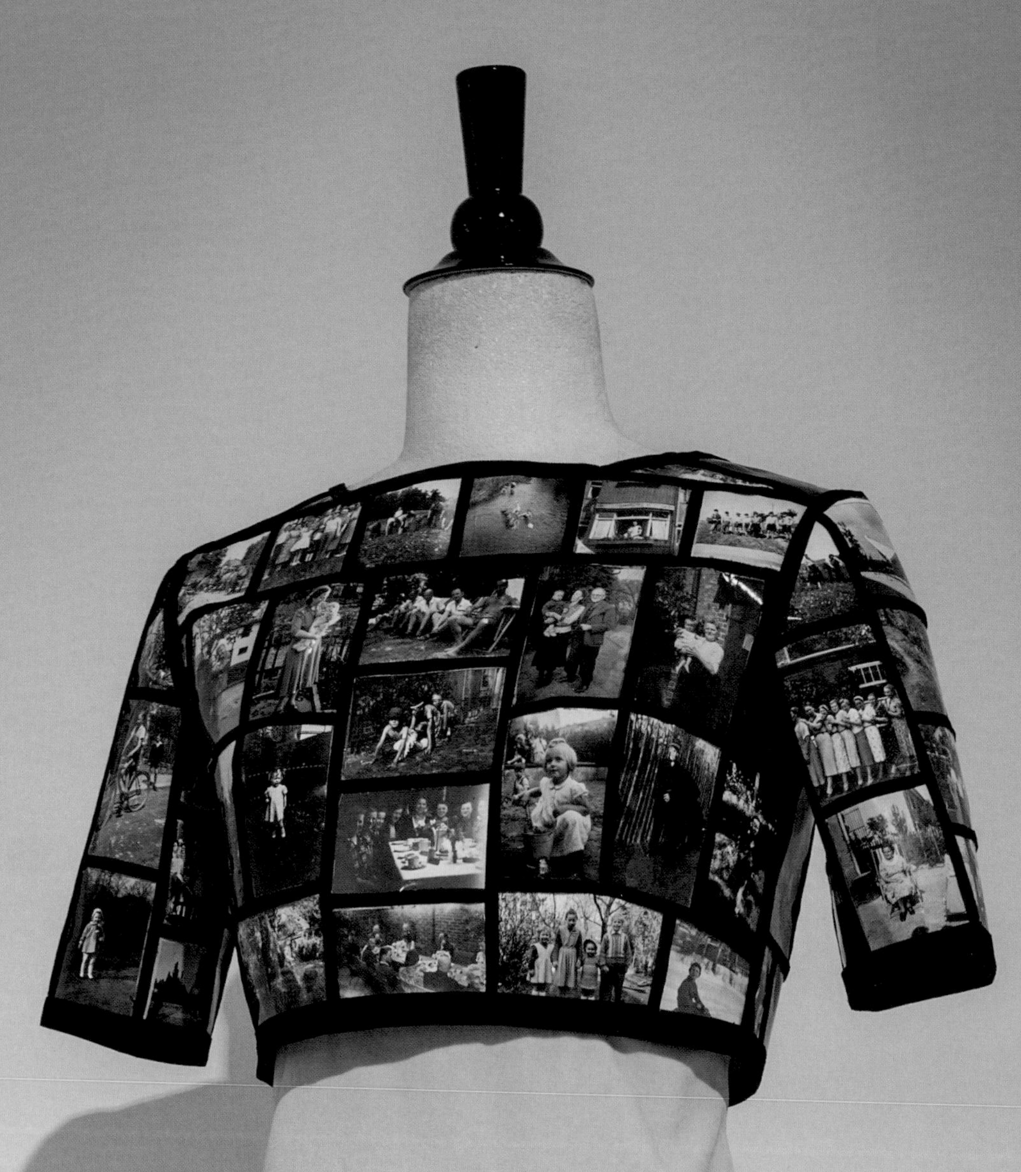

links / left:
Wir Fünf / We Five, 2018
Familienfotos, Samtband, Samt
Family photographs, velvet ribbon, velvet

rechts / right:
Werner, 2017
Architekturfotografien, Samtband, Samt
Architectural photographs, velvet ribbon, velvet

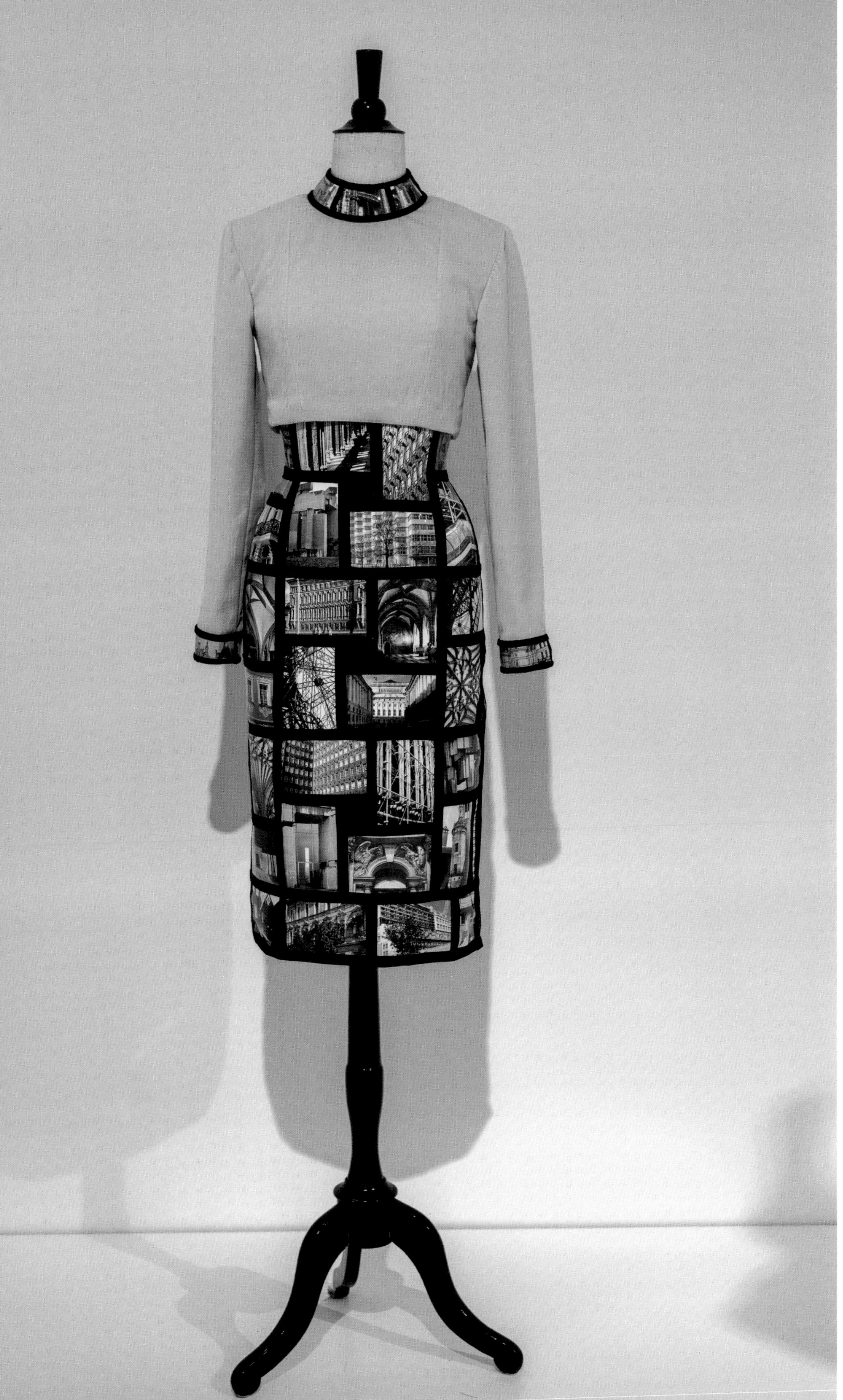

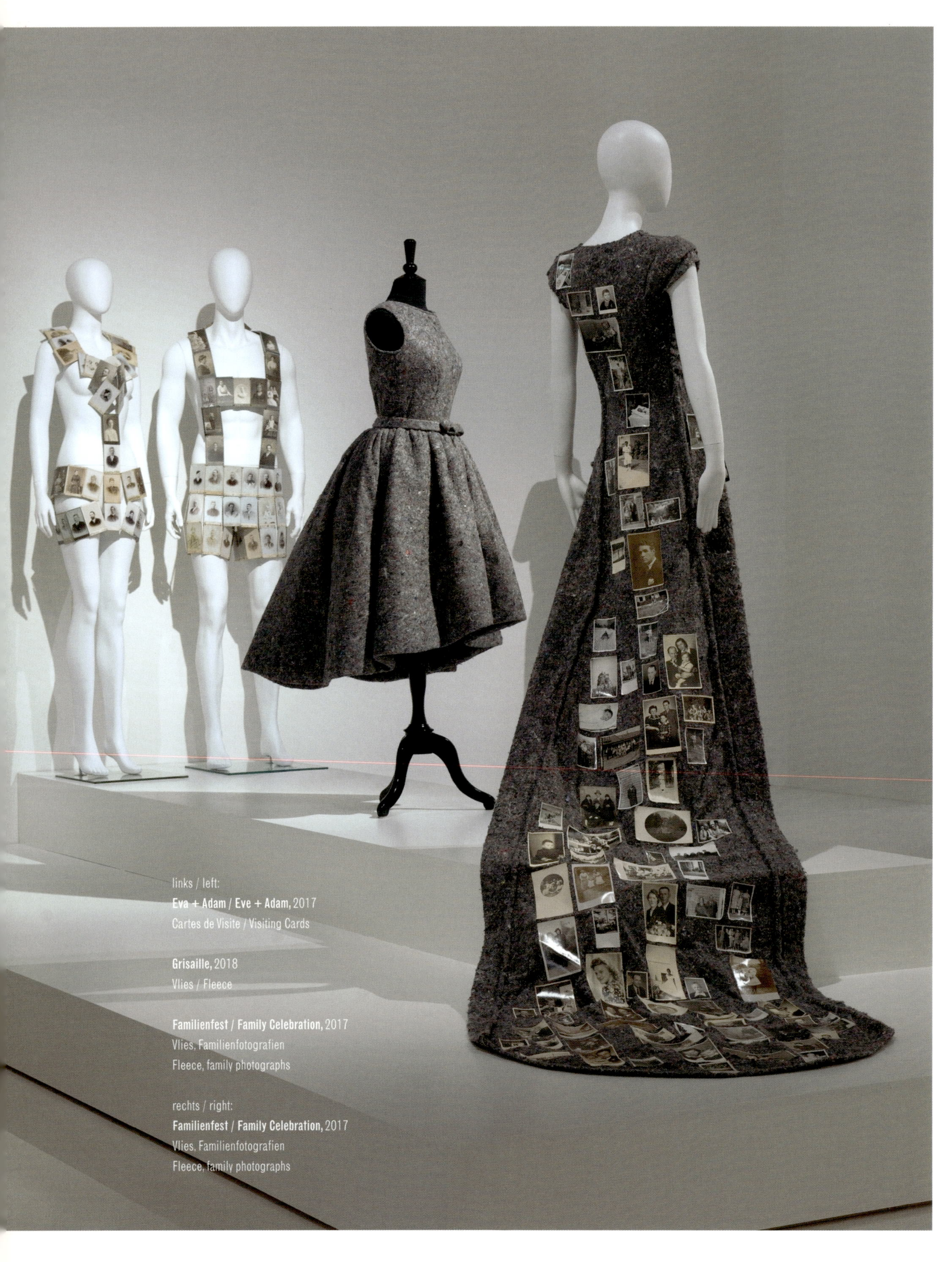

links / left:
Eva + Adam / Eve + Adam, 2017
Cartes de Visite / Visiting Cards

Grisaille, 2018
Vlies / Fleece

Familienfest / Family Celebration, 2017
Vlies, Familienfotografien
Fleece, family photographs

rechts / right:
Familienfest / Family Celebration, 2017
Vlies, Familienfotografien
Fleece, family photographs

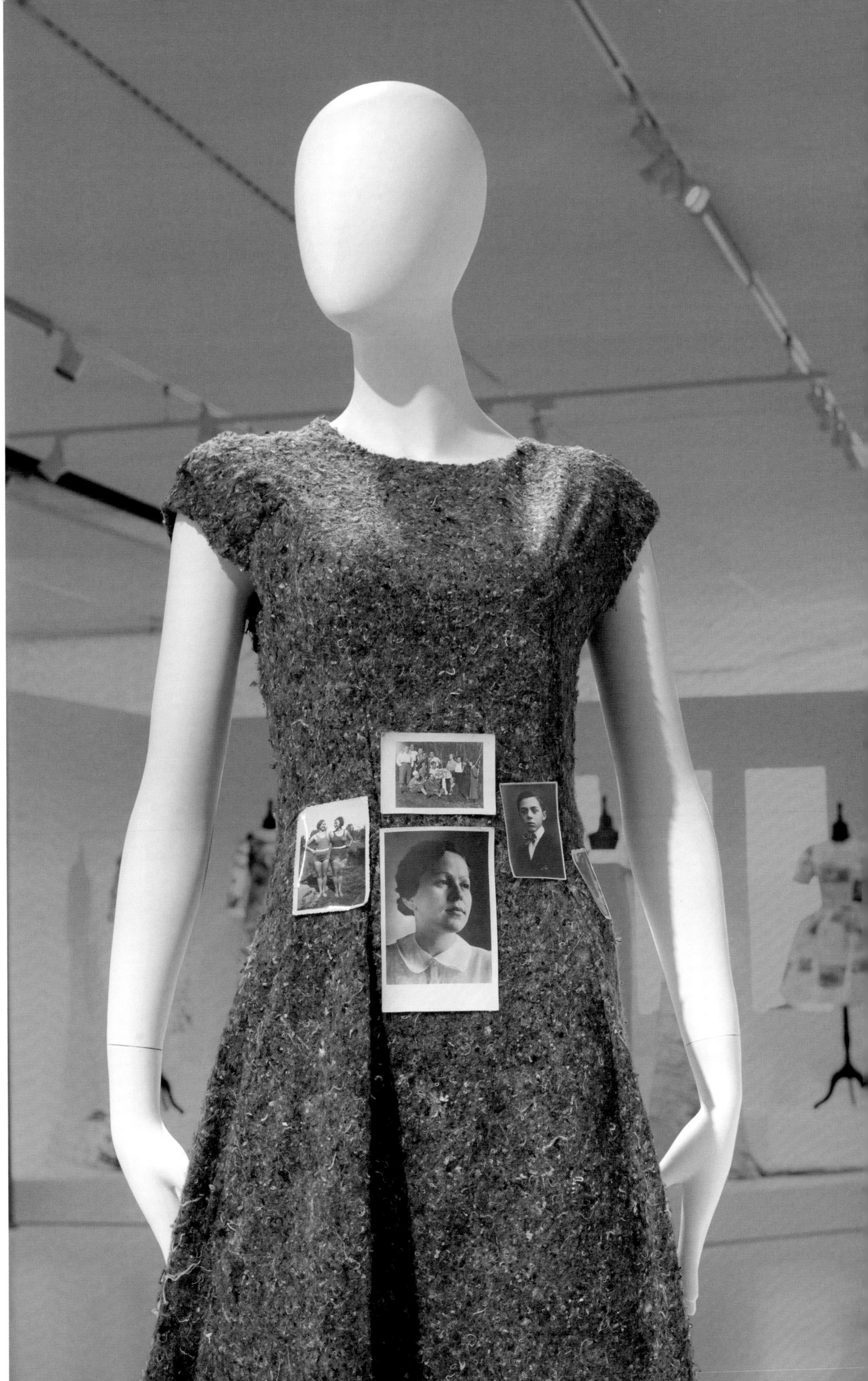

Eva + Adam / Eve + Adam, 2017
Cartes de Visite / Visiting Cards

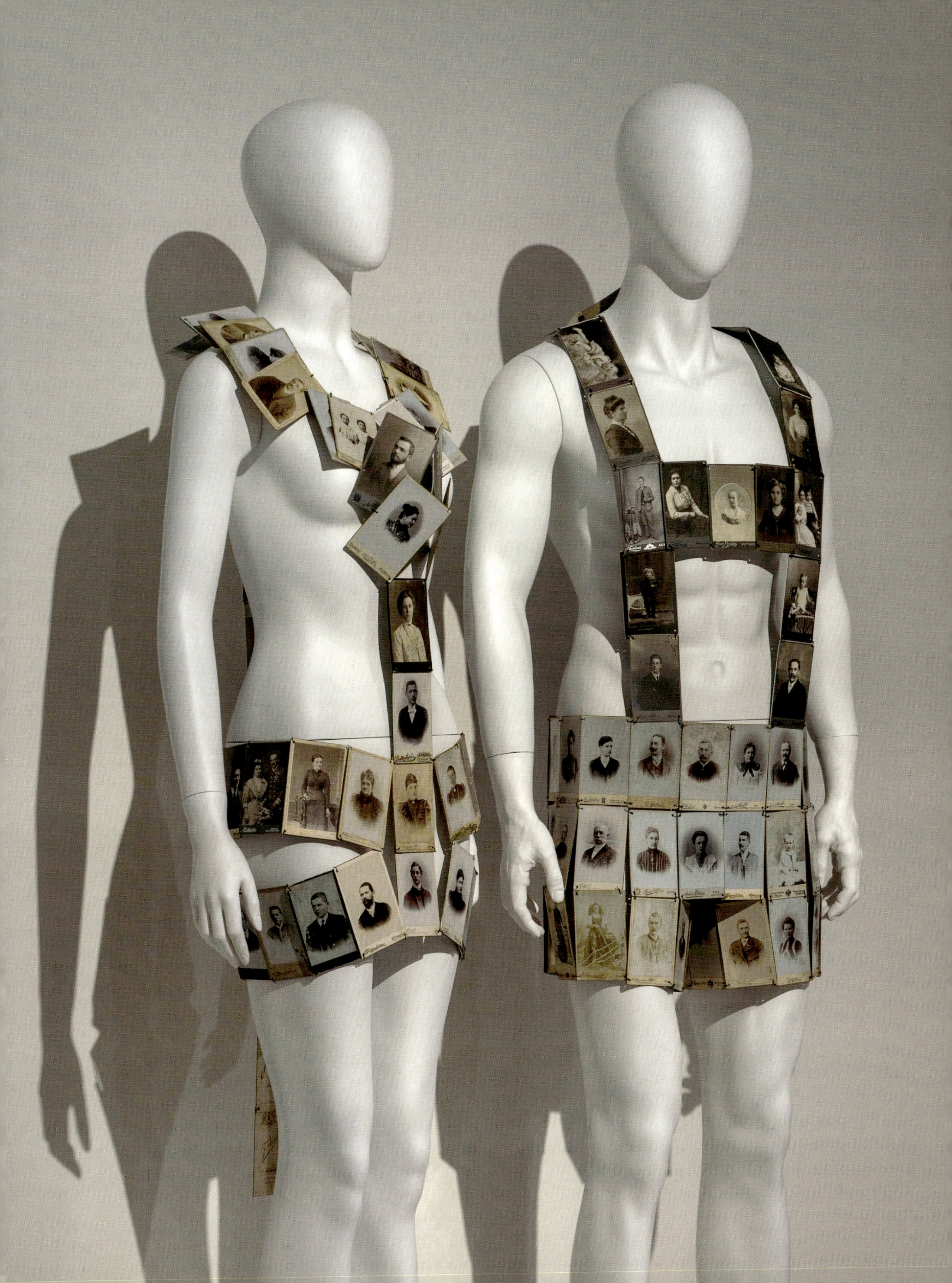

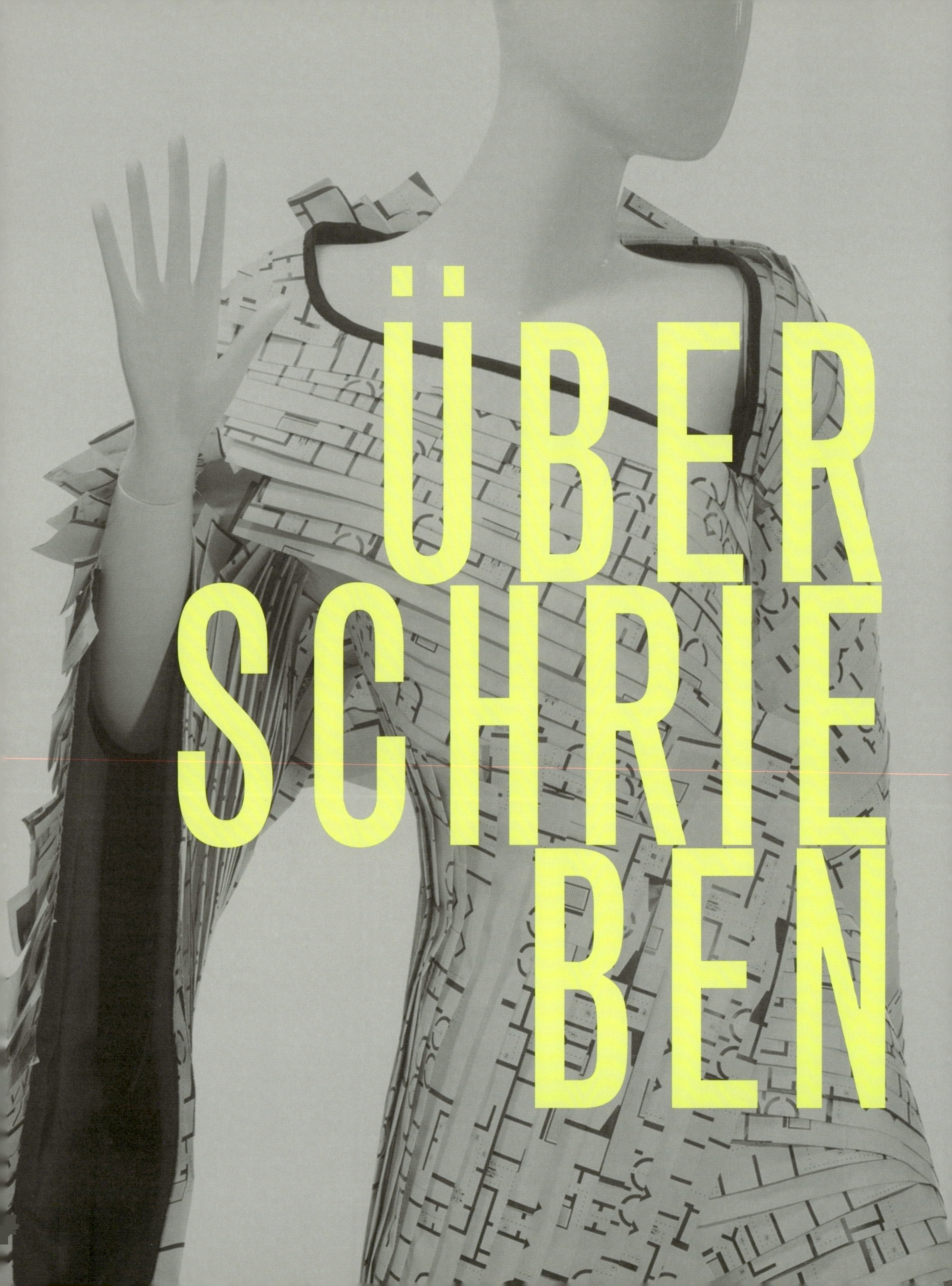
ÜBER
SCHRIE
BEN

ÜBERSCHRIEBEN

Papier gehört zu den häufig verarbeiteten Materialien in Stephan Hanns Werken. Dabei handelt es sich niemals um unbeschriebene Papiere. Der Künstler verarbeitet vielmehr Papiere, die aus verschiedensten Funktionszusammenhängen stammen – aus Zusammenhängen, in denen Papier jeweils als Träger ganz bestimmter Informationen diente. So entstanden Kunstkleider aus Plakaten, Architekturplänen, Dekorationspapieren, Kontoauszügen oder sogar Briefmarken. Die Lexmark-Serie lotet die Möglichkeiten aus, aus sinnenfrohen Farbdrucken Kleider zu formen.

Im künstlerischen Schaffensprozess verwandeln sich die verarbeiteten Papiere auf grundsätzliche Art und Weise. Im Kunstwerk nimmt zunächst das Massenprodukt Papier eine einzigartige Gestalt an. Zudem tritt Vergängliches mit dem Anspruch künstlerischer Dauer auf. In dem Maße schließlich, in dem die Lesbarkeit von Schrift oder Bild verloren geht, treten die verschiedenen Materialeigenschaften der Papiere prominent in den Vordergrund. Das Material enthüllt seine eigene Ästhetik.

Im gegenwärtigen Medienzeitalter, das den Menschen mit Schrift- und Bildinformation geradezu überflutet, halten die Hannschen Kreationen für einen Moment den Strom von unentwegter Kommunikation auf. Nicht zuletzt kommunizieren wir auch über unsere Kleider, die Identität – so offenherzig wie rätselhaft – zum Ausdruck bringen.

OVERWRITTEN

Paper is one of the most frequently used materials in Stephan Hann's works. None of them, however, involve unused paper. The artist makes use of paper taken from a wide range of functional contexts – contexts in which paper served as a carrier of very specific information. Artistic dresses have thus been made from posters, architectural plans, decorative paper, account statements or even postage stamps. The Lexmark series explores the possibilities for making clothing from sensually playful coloured prints.

In the course of the artistic creative process, the paper used is transformed in a fundamental way. As part of the artwork, the mass product of paper takes on a unique form. Moreover, transient materials become claimants to artistic permanence. In the extent to which the comprehensibility of words and/or pictures is lost, various material characteristics of the paper come to the fore. The material reveals its own aesthetics.

In the present media age, which constantly bombards people with written and pictorial information, Hann's creations halt the stream of uninterrupted communication for a brief moment. For ultimately, we communicate through our clothing as well, which expresses identity – openly and yet also mysteriously.

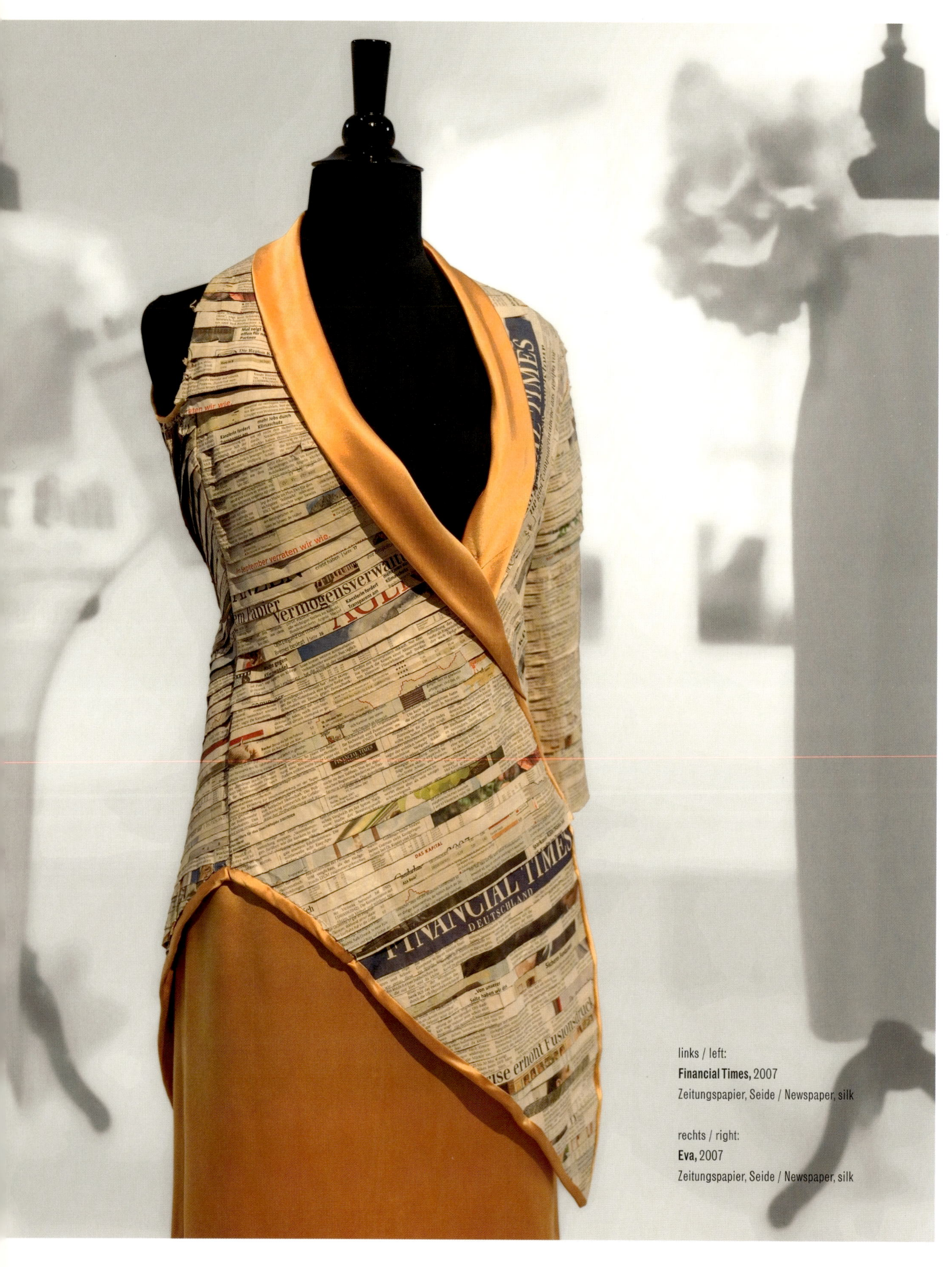

links / left:
Financial Times, 2007
Zeitungspapier, Seide / Newspaper, silk

rechts / right:
Eva, 2007
Zeitungspapier, Seide / Newspaper, silk

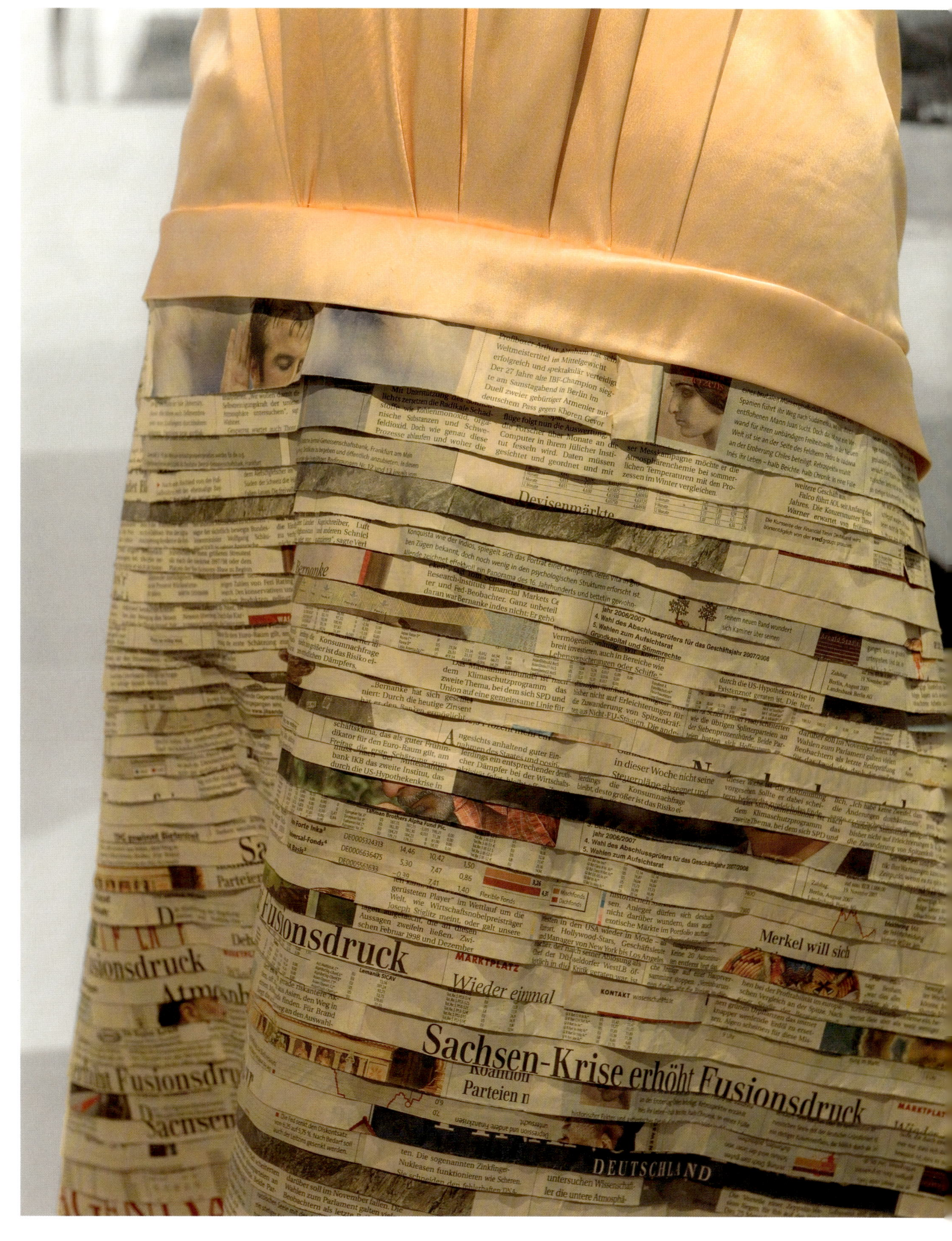

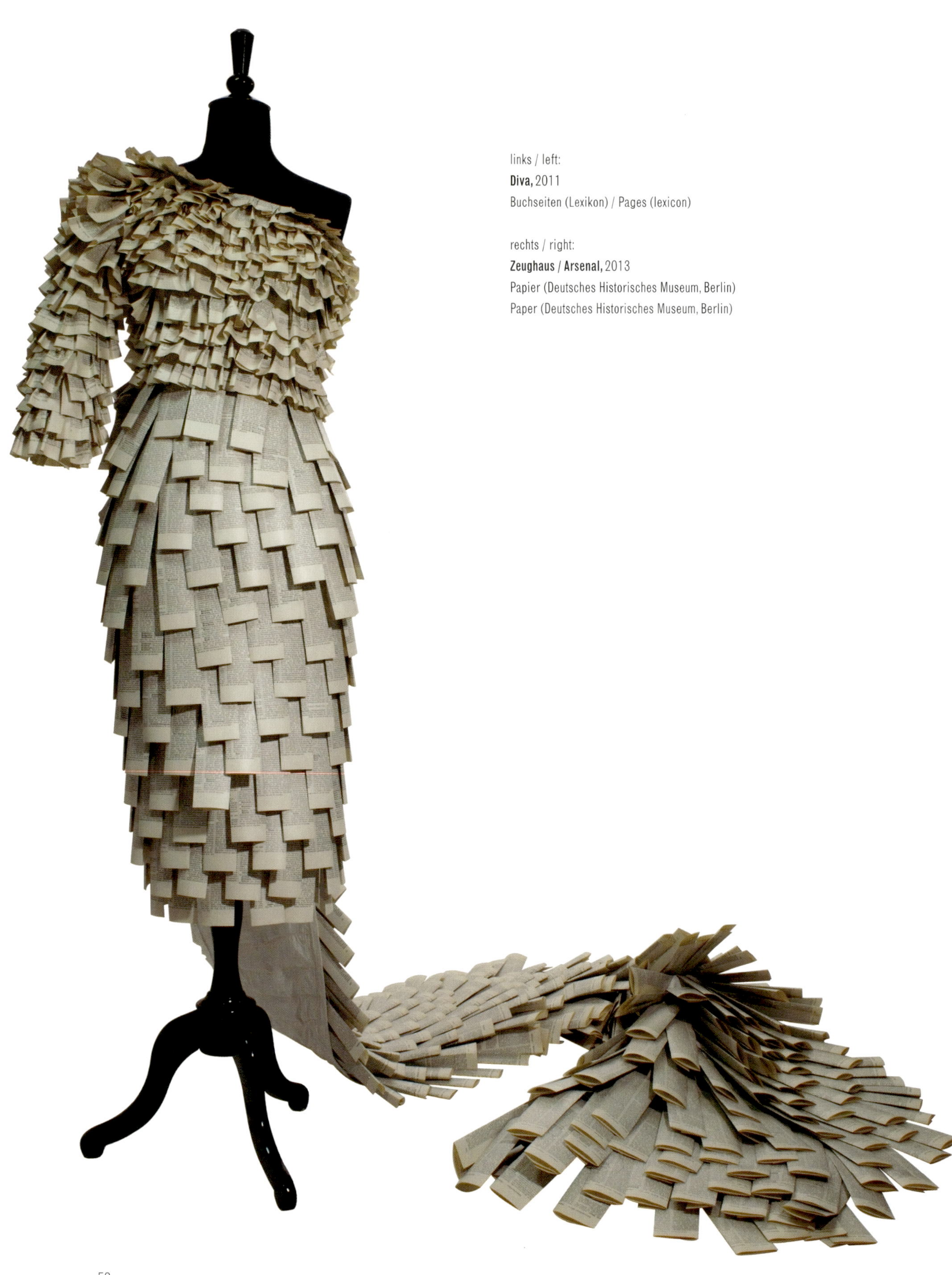

links / left:
Diva, 2011
Buchseiten (Lexikon) / Pages (lexicon)

rechts / right:
Zeughaus / Arsenal, 2013
Papier (Deutsches Historisches Museum, Berlin)
Paper (Deutsches Historisches Museum, Berlin)

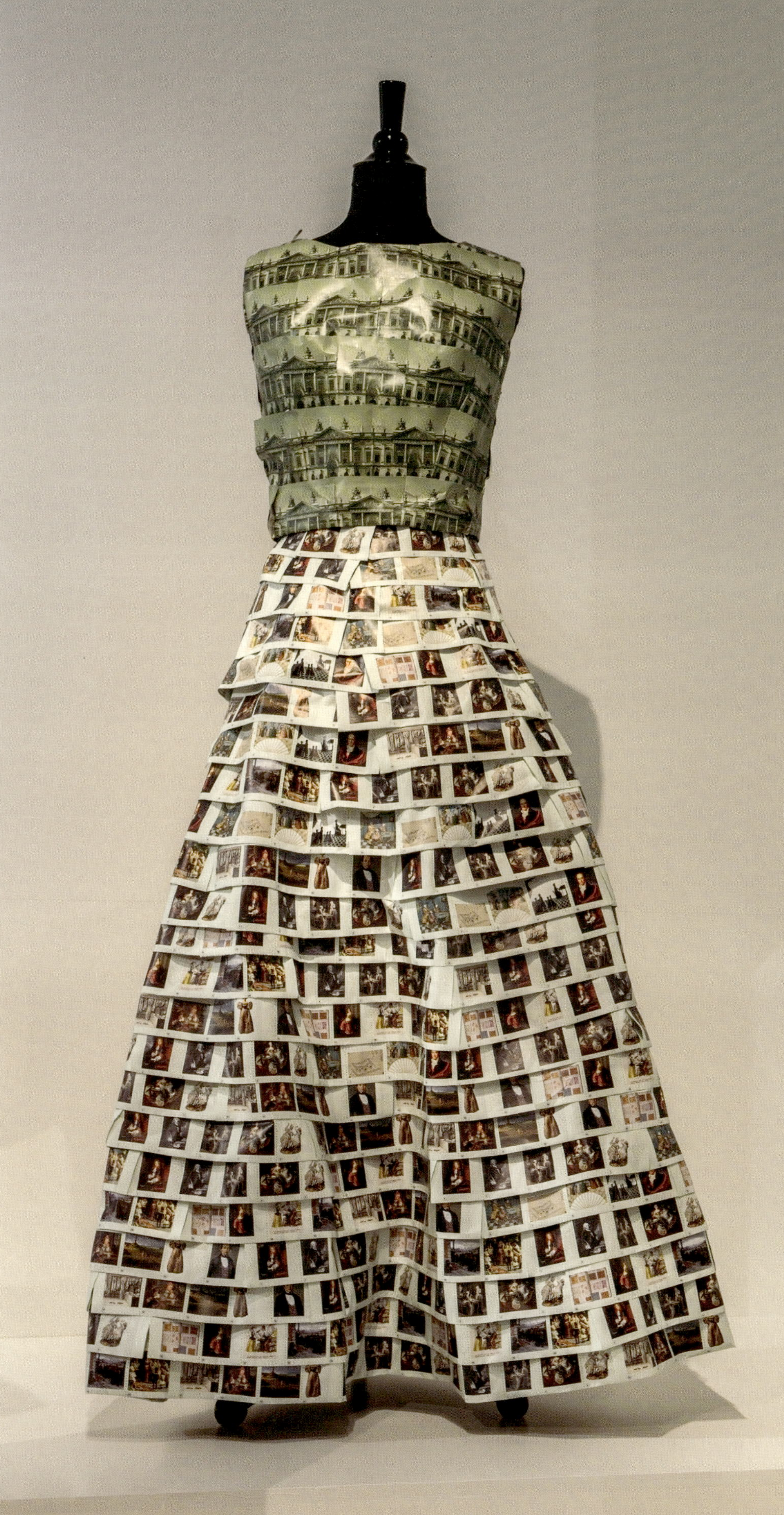

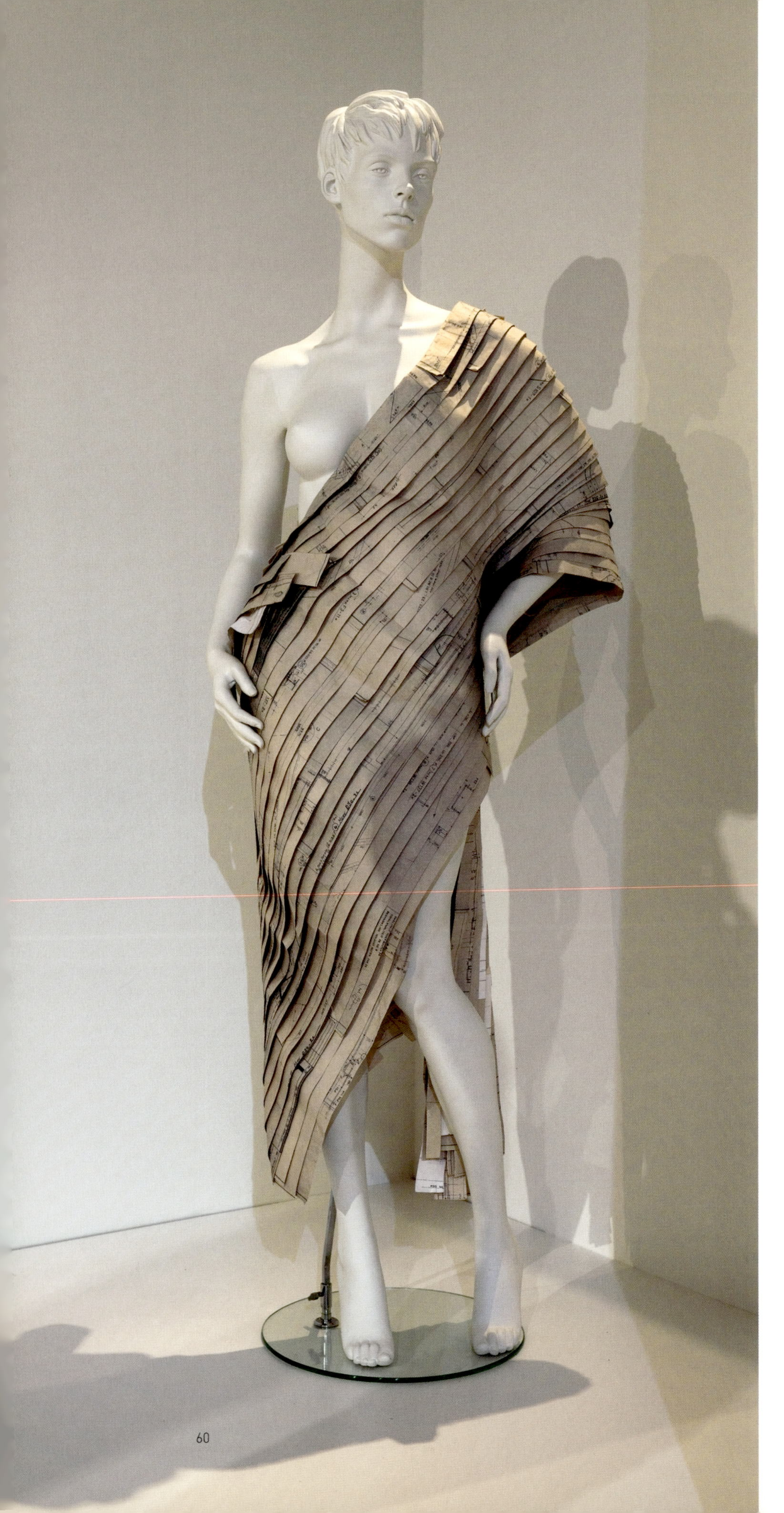

links / left:
Boulogne, 1999
Architekturpläne (NAI Rotterdam)
Architectural drawings (NAI Rotterdam)

rechts / right:
La Défense, 1999
Architekturpläne (NAI Rotterdam), Videotape
Architectural drawings (NAI Rotterdam), videotape

Tokio, 1999
Architekturpläne (NAI Rotterdam), Seideplisee
Architectural drawings (NAI Rotterdam), pleated silk

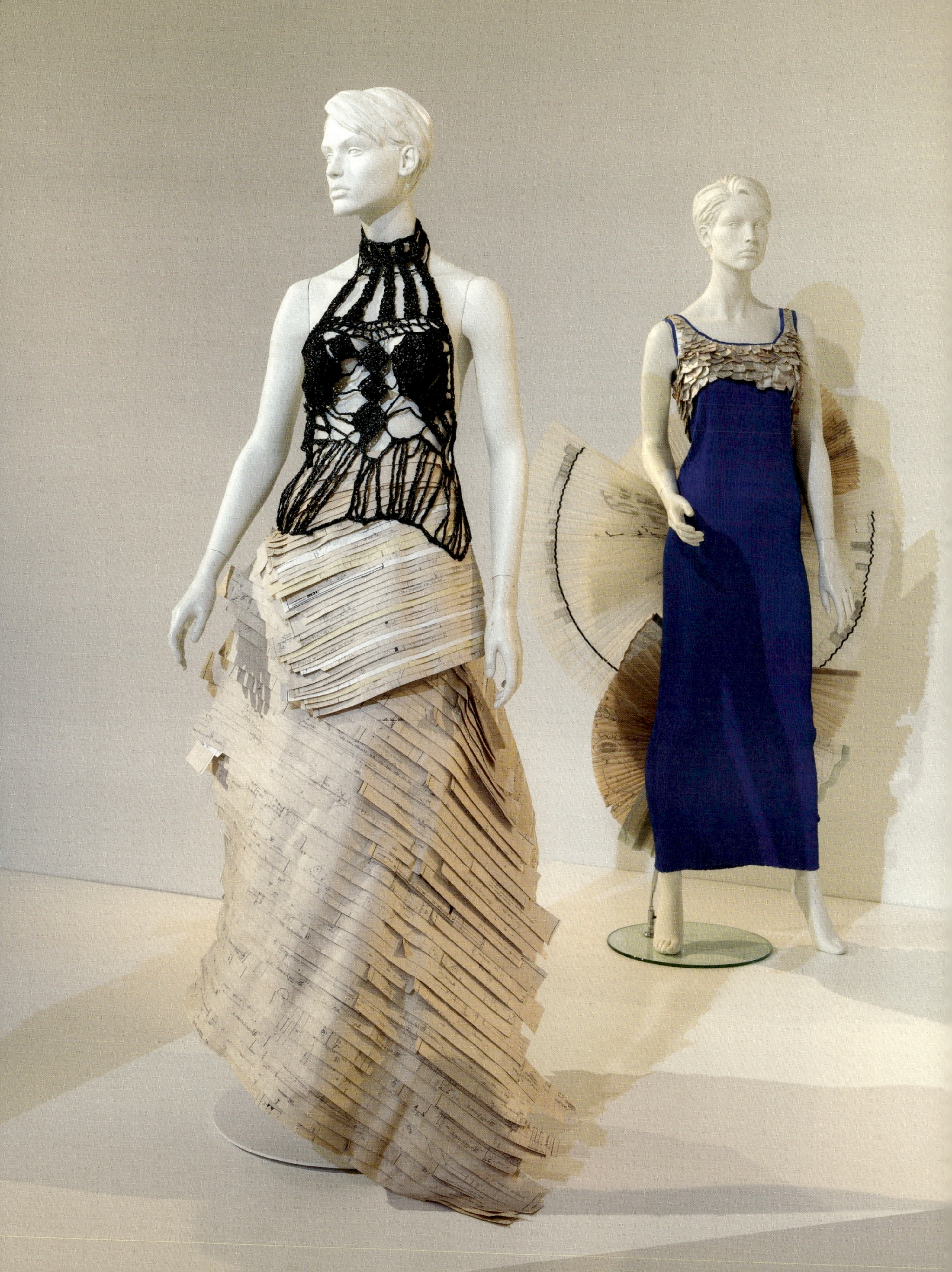

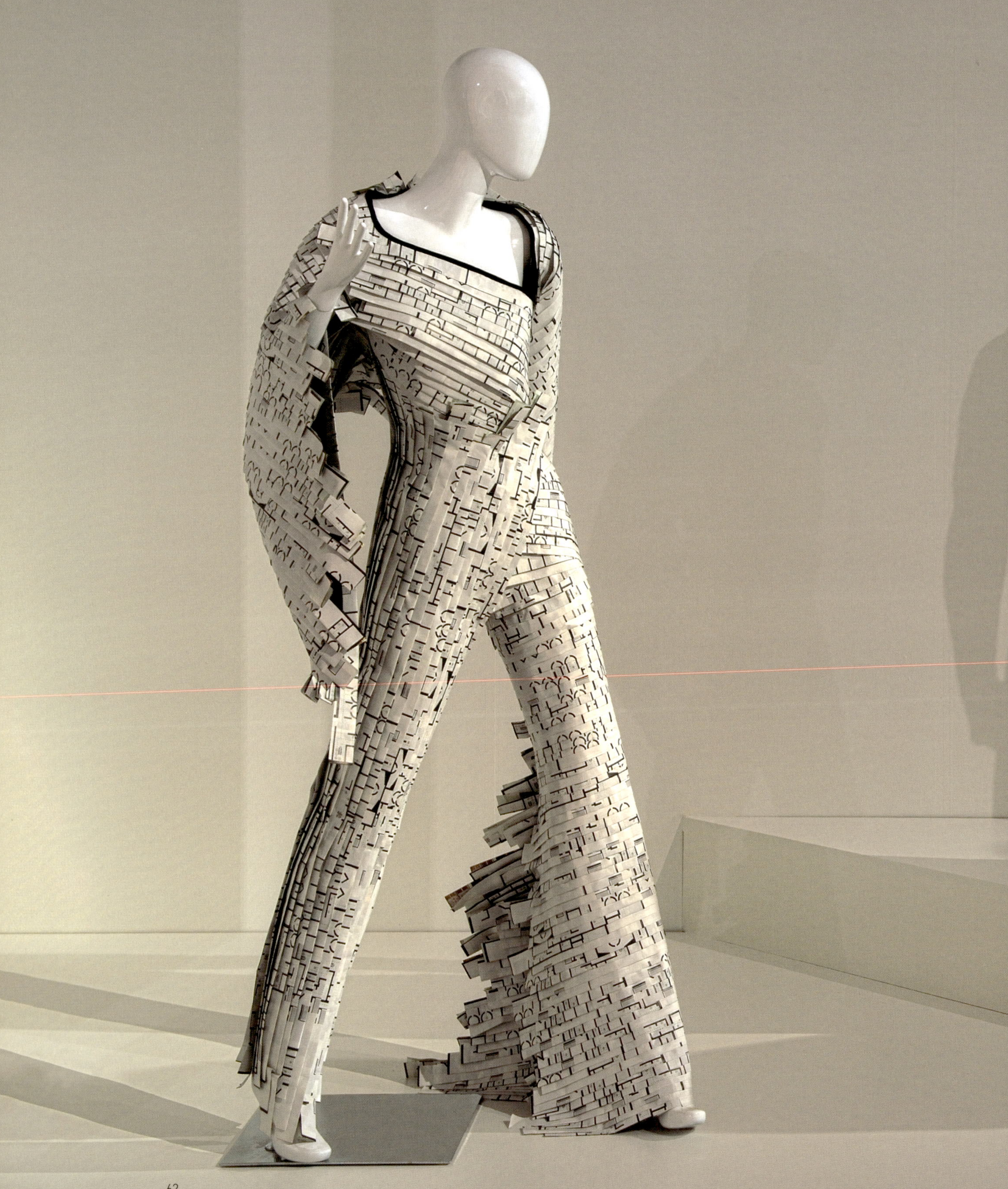

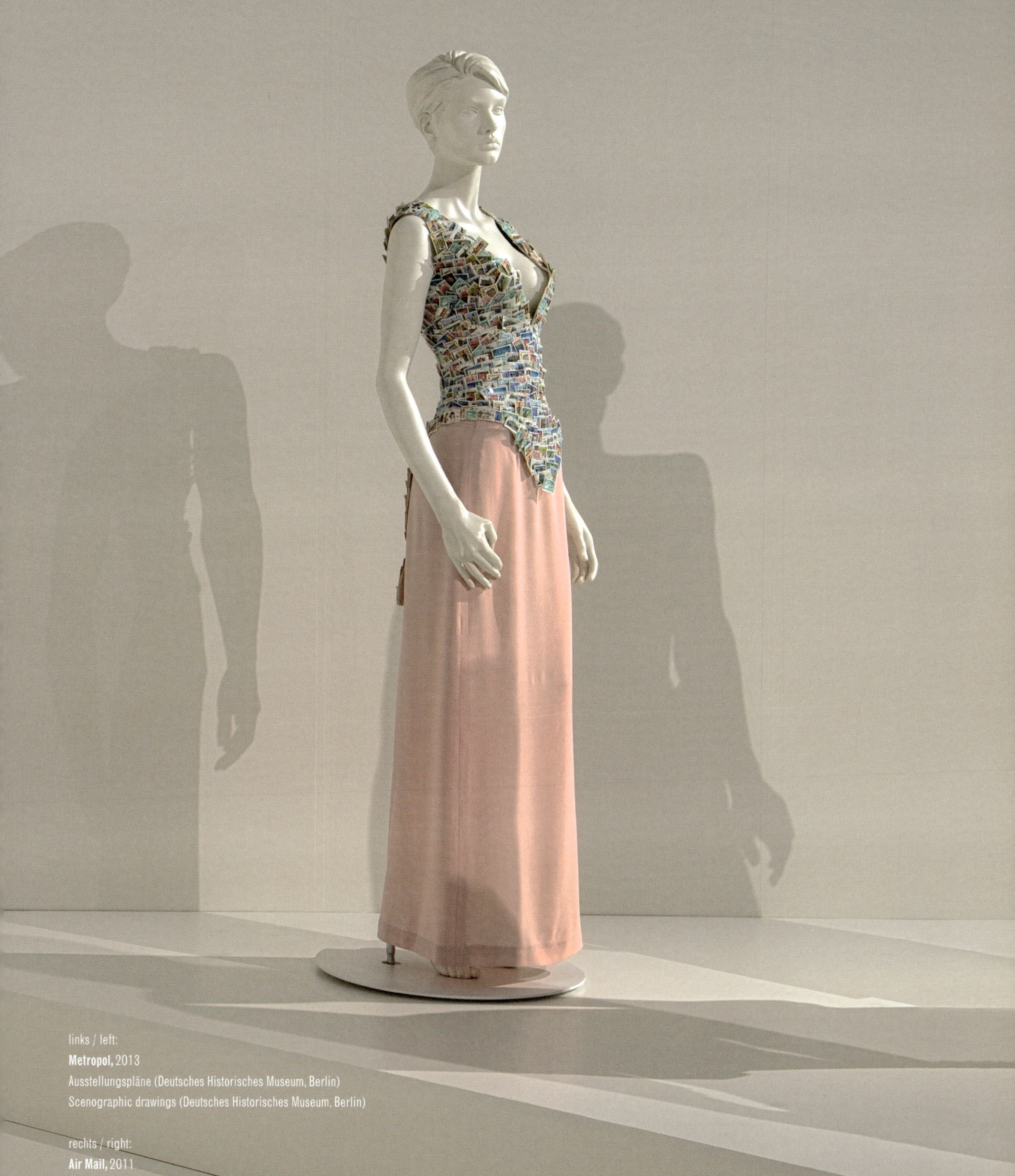

links / left:
Metropol, 2013
Ausstellungspläne (Deutsches Historisches Museum, Berlin)
Scenographic drawings (Deutsches Historisches Museum, Berlin)

rechts / right:
Air Mail, 2011
Briefmarken, Seide
Stamps, silk

Par Avion, 2011
Briefmarken, Seidensatin
Stamps, silk satin

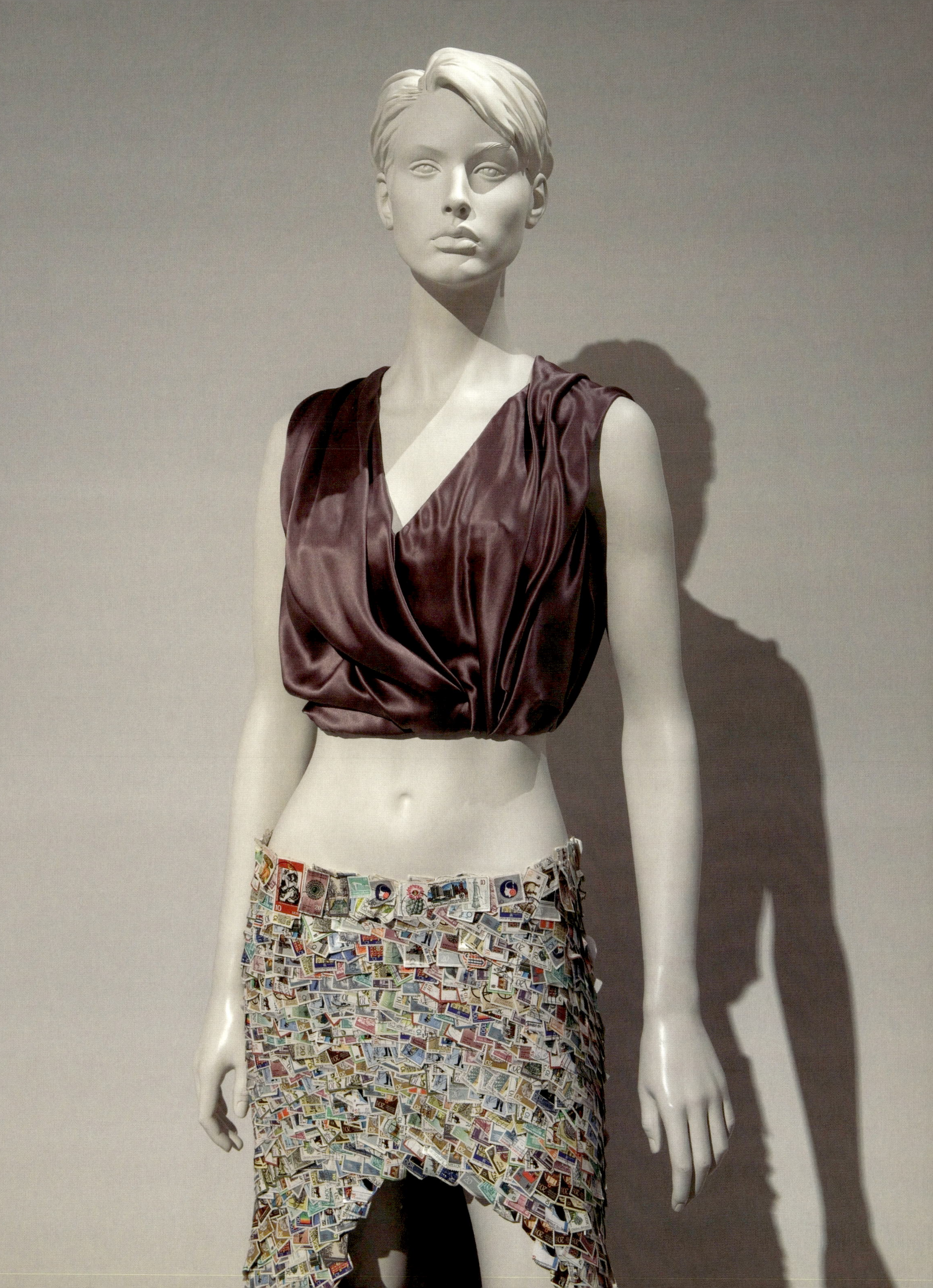

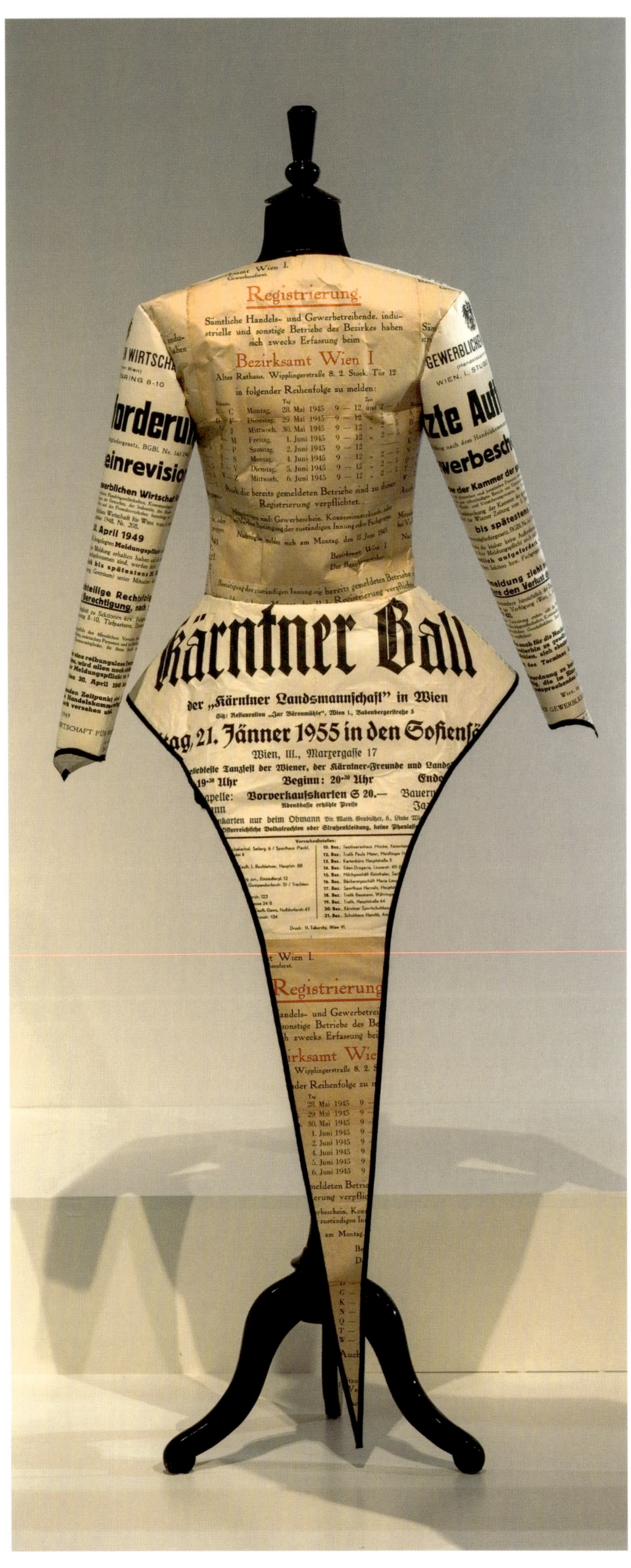

links / left:
Landstraße, 2013
Wiener Plakate / Vienna posters

rechts / right:
Mariahilf, 2014
Wiener Plakate / Vienna posters

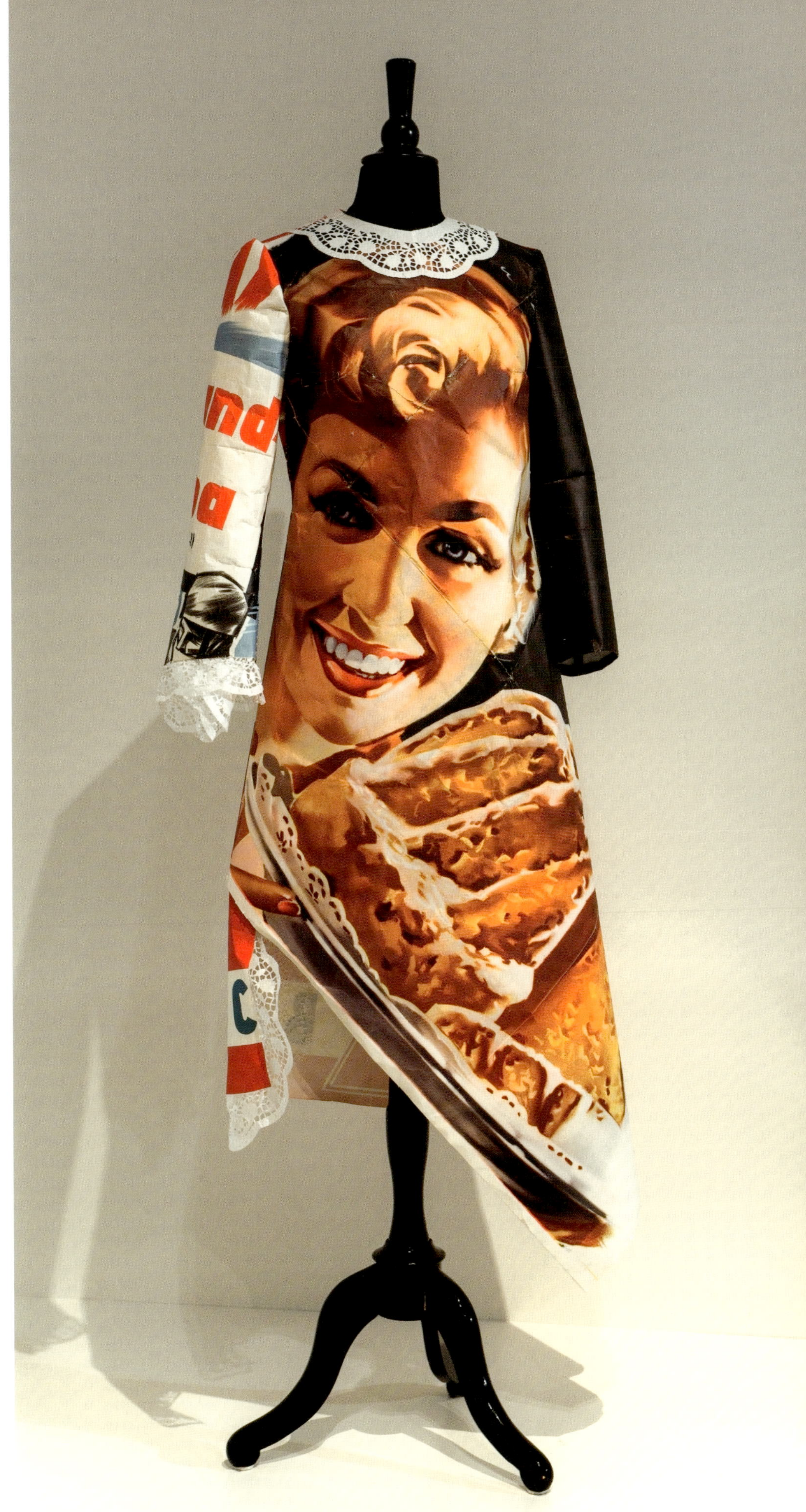

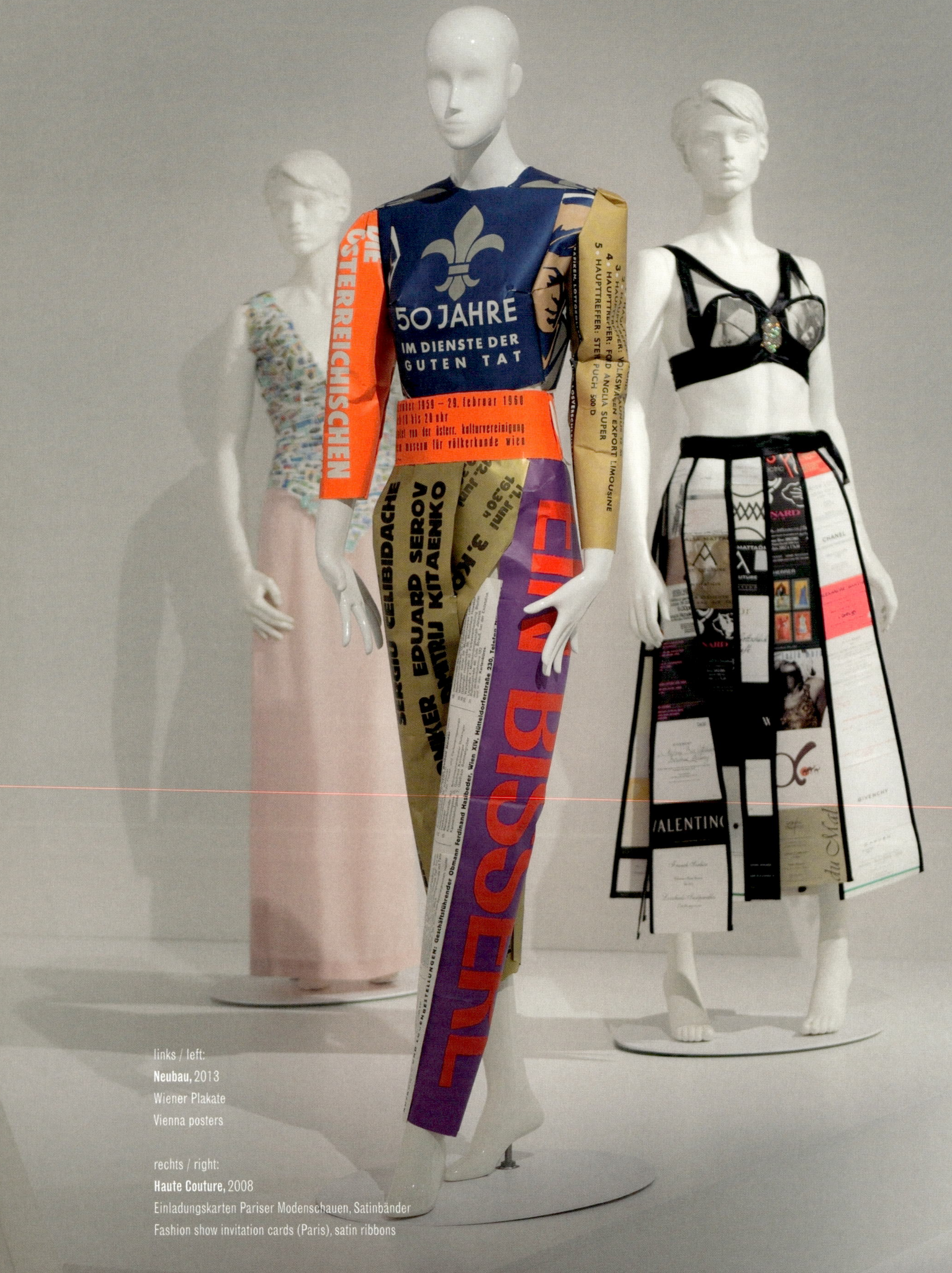

links / left:
Neubau, 2013
Wiener Plakate
Vienna posters

rechts / right:
Haute Couture, 2008
Einladungskarten Pariser Modenschauen, Satinbänder
Fashion show invitation cards (Paris), satin ribbons

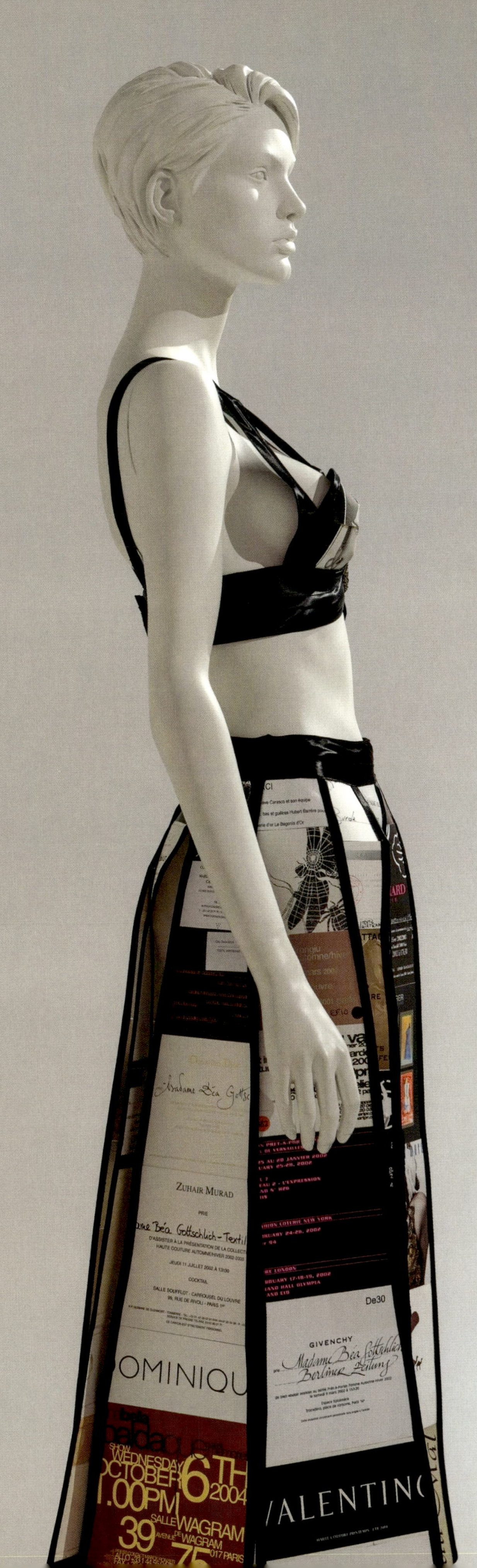

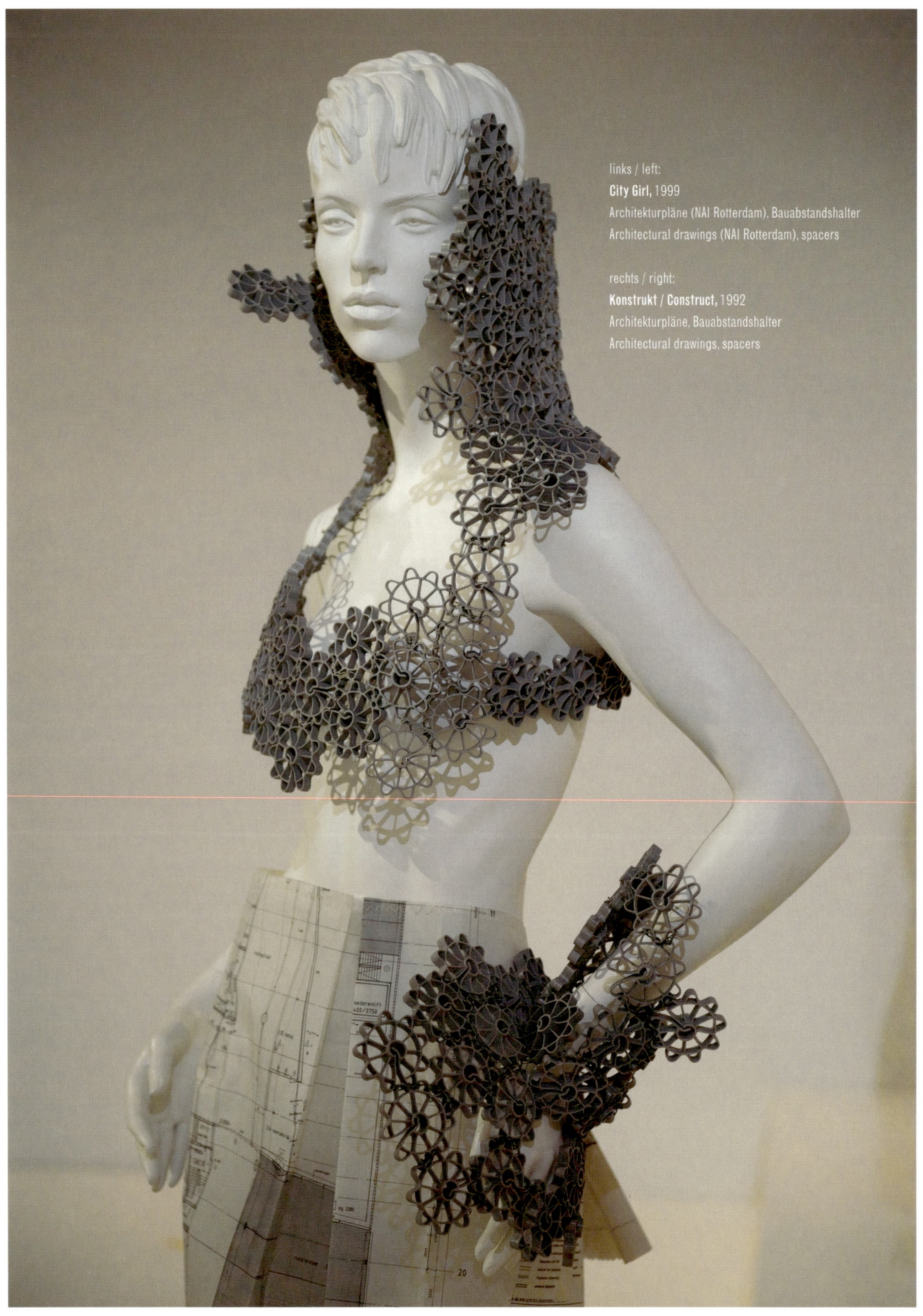

links / left:
City Girl, 1999
Architekturpläne (NAI Rotterdam), Bauabstandshalter
Architectural drawings (NAI Rotterdam), spacers

rechts / right:
Konstrukt / Construct, 1992
Architekturpläne, Bauabstandshalter
Architectural drawings, spacers

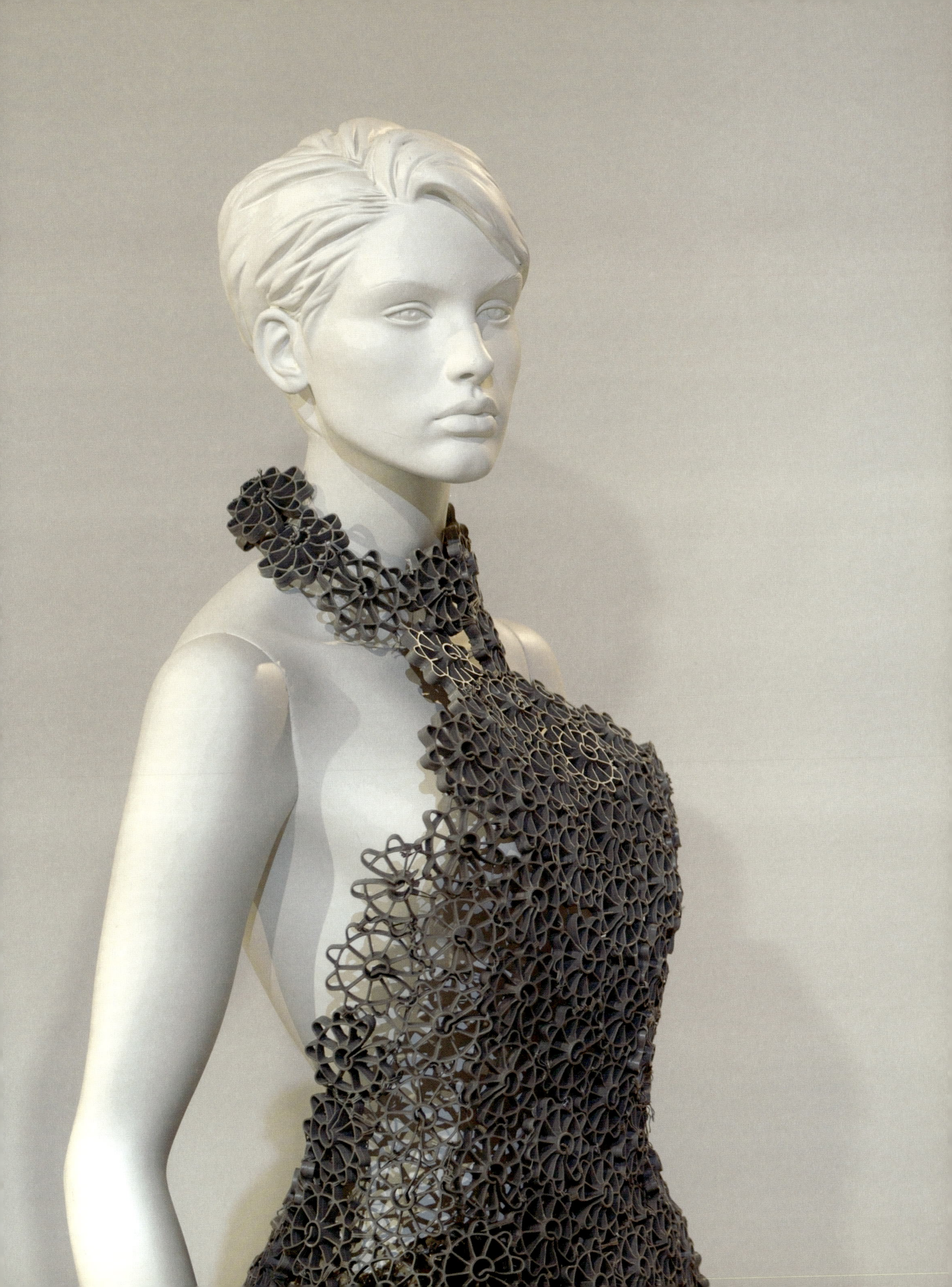

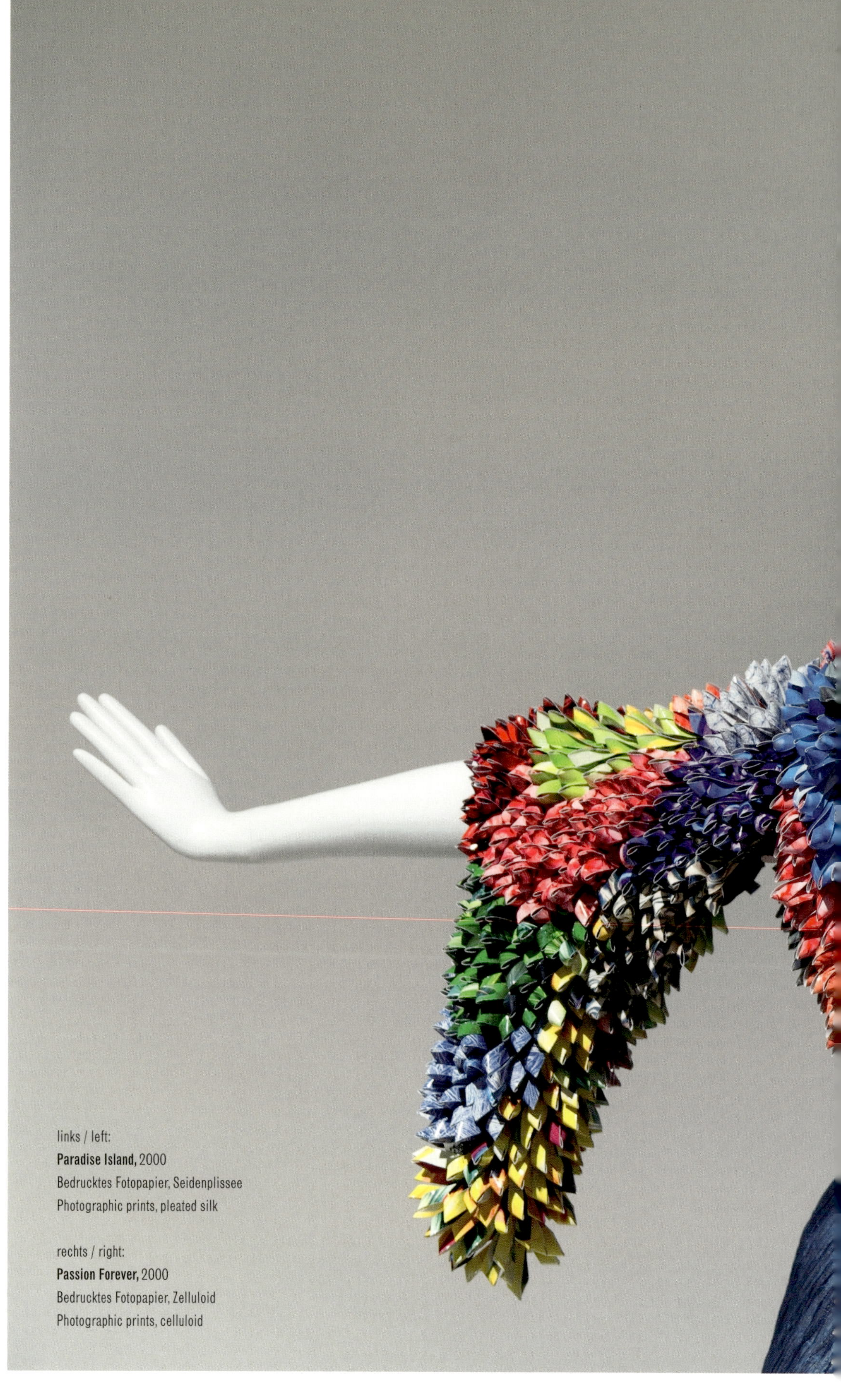

links / left:
Paradise Island, 2000
Bedrucktes Fotopapier, Seidenplissee
Photographic prints, pleated silk

rechts / right:
Passion Forever, 2000
Bedrucktes Fotopapier, Zelluloid
Photographic prints, celluloid

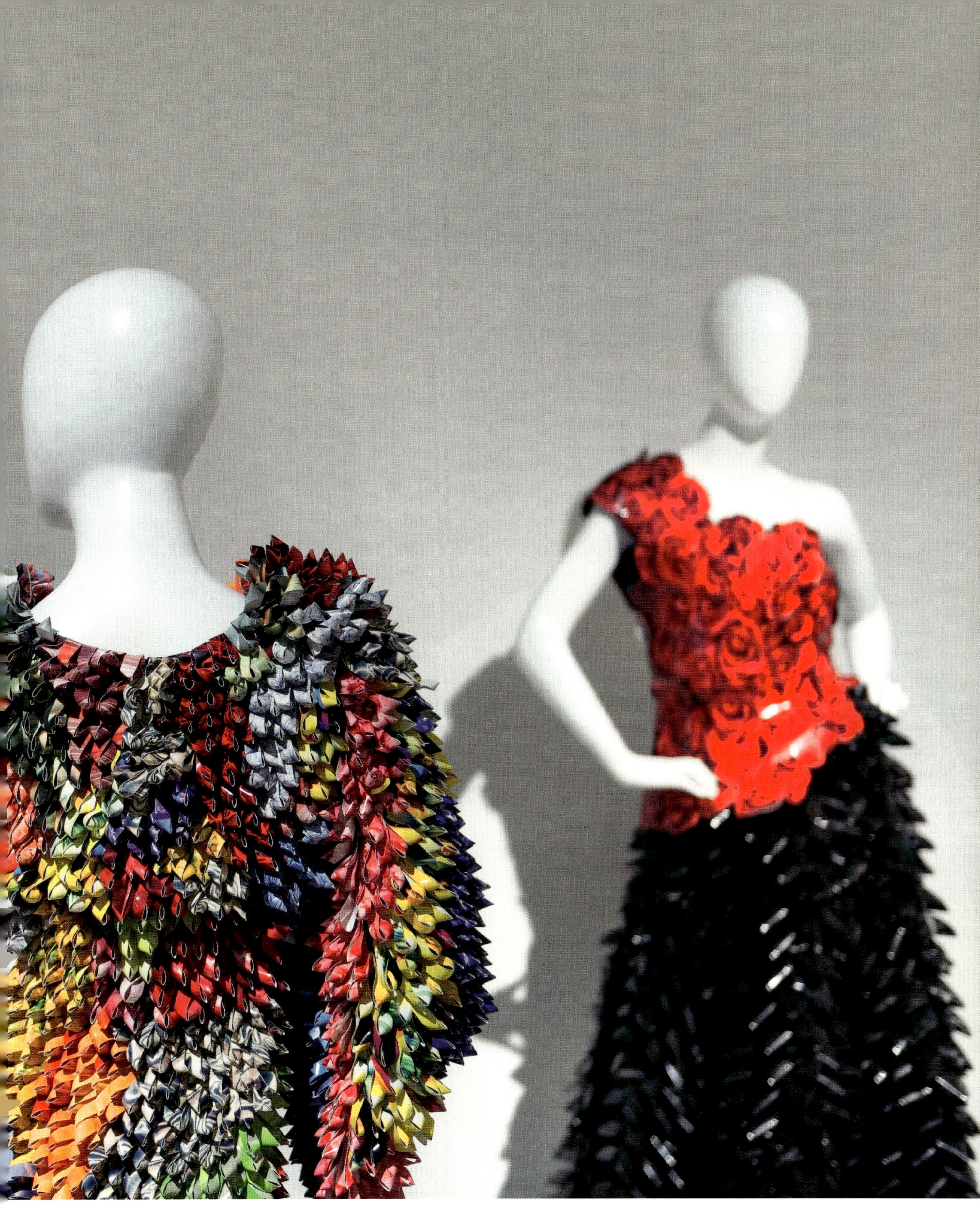

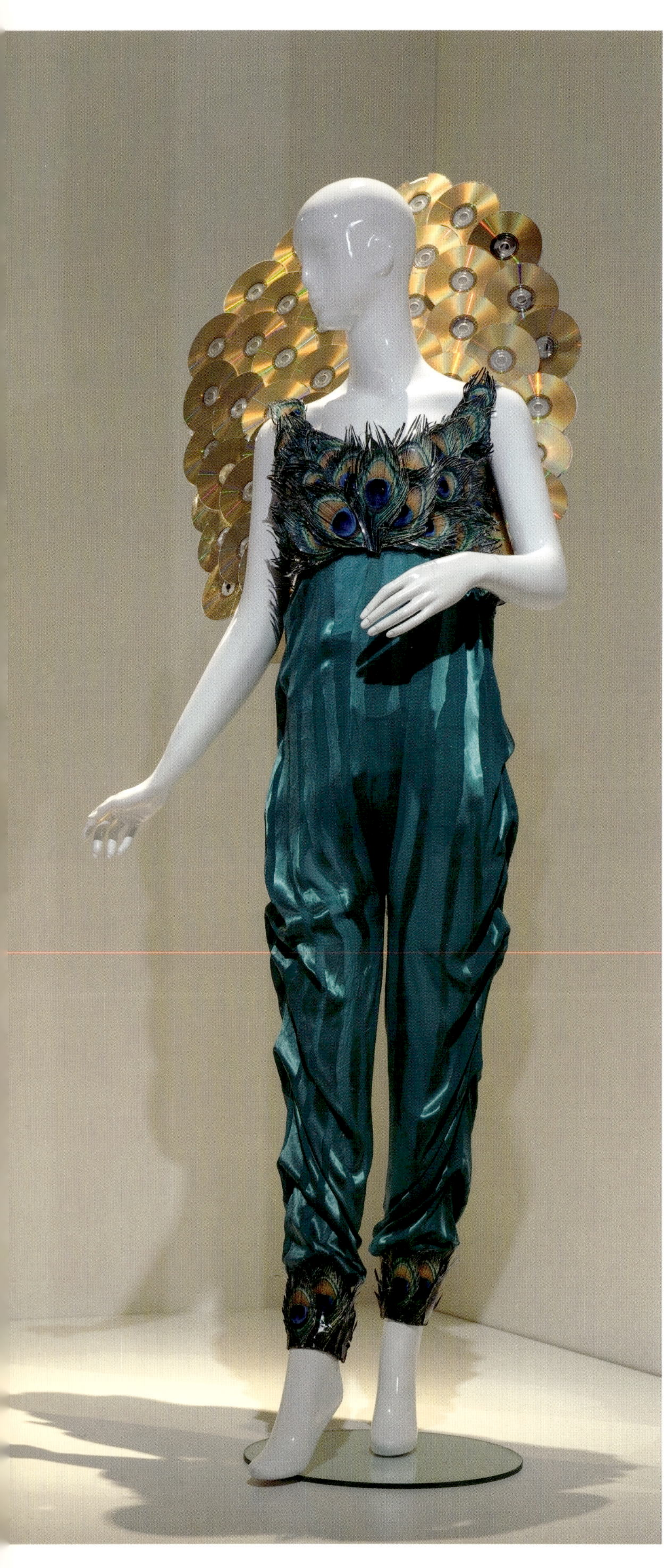

links / left:
Peacock, 2000
Bedrucktes Fotopapier, CDs, Seide
Photographic prints, compact discs, silk

rechts / right:
Passion Forever, 2000
Bedrucktes Fotopapier, Zelluloid
Photographic prints, celluloid

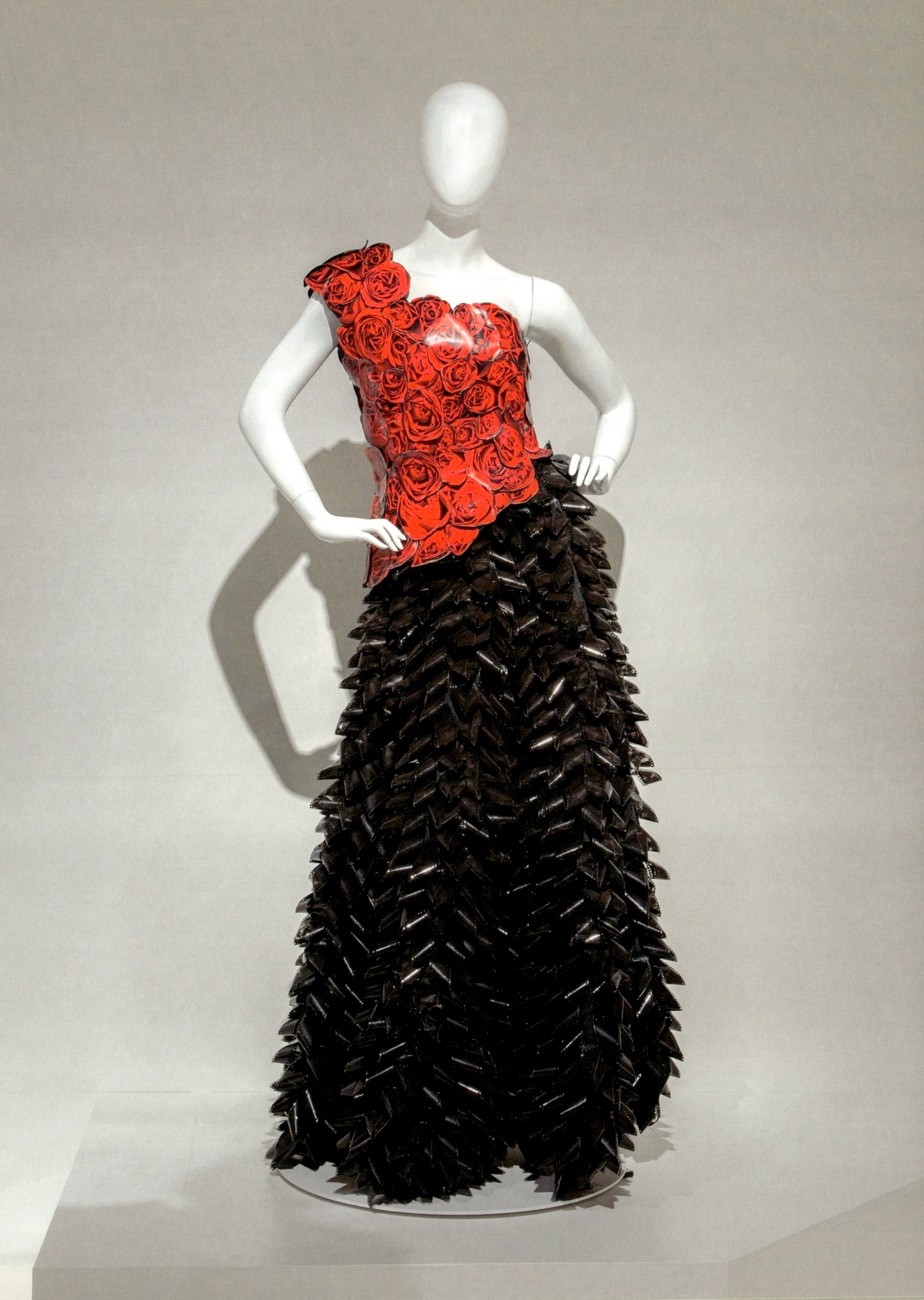

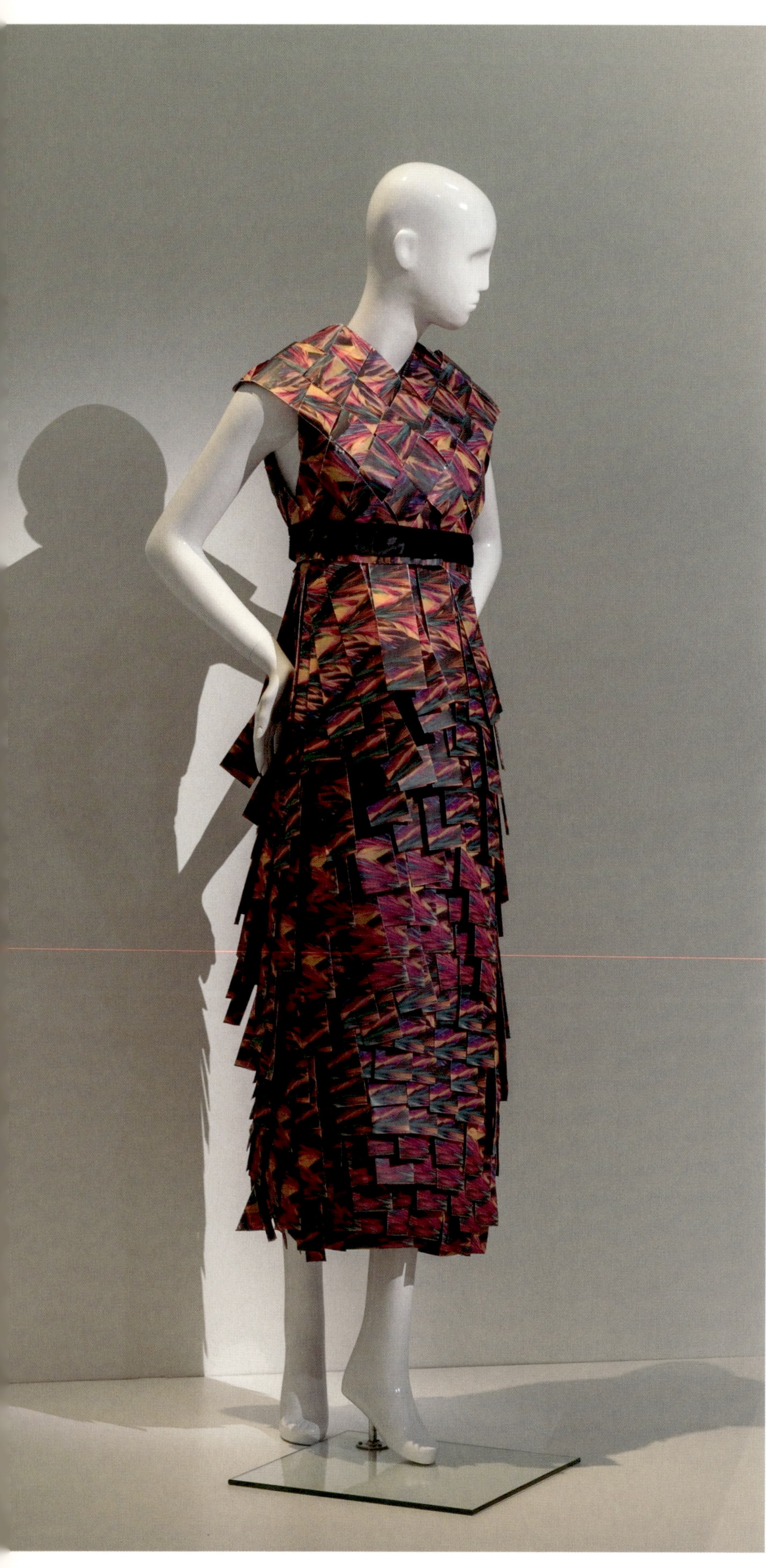

links / left:
Opium, 2000
Bedrucktes Transparentpapier, Satinband
Tracing paper prints, satin ribbon

rechts / right:
Vulcanic Heat, 2000
Bedrucktes Fotopapier, Tapegewebe
Photographic prints, videotape

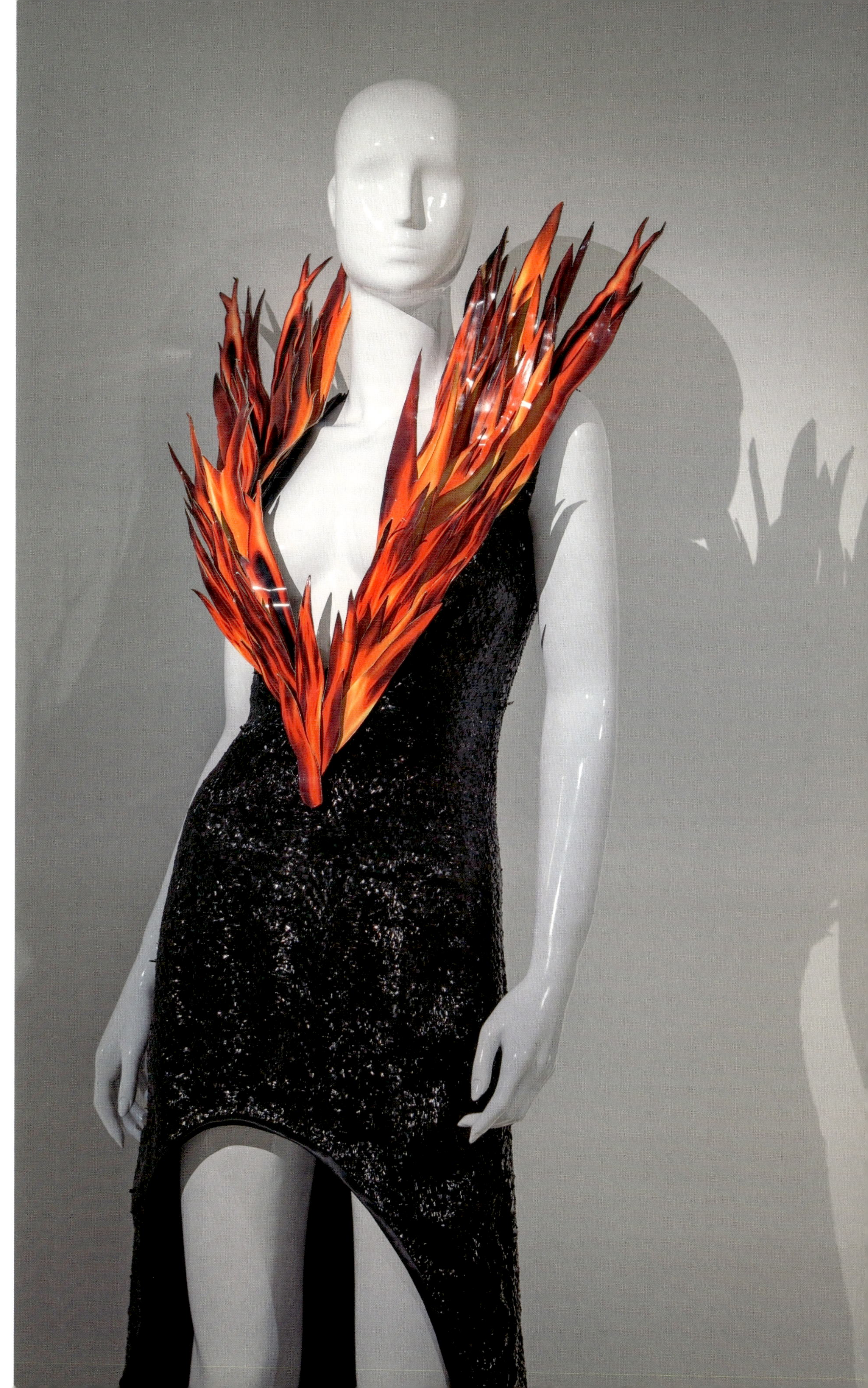

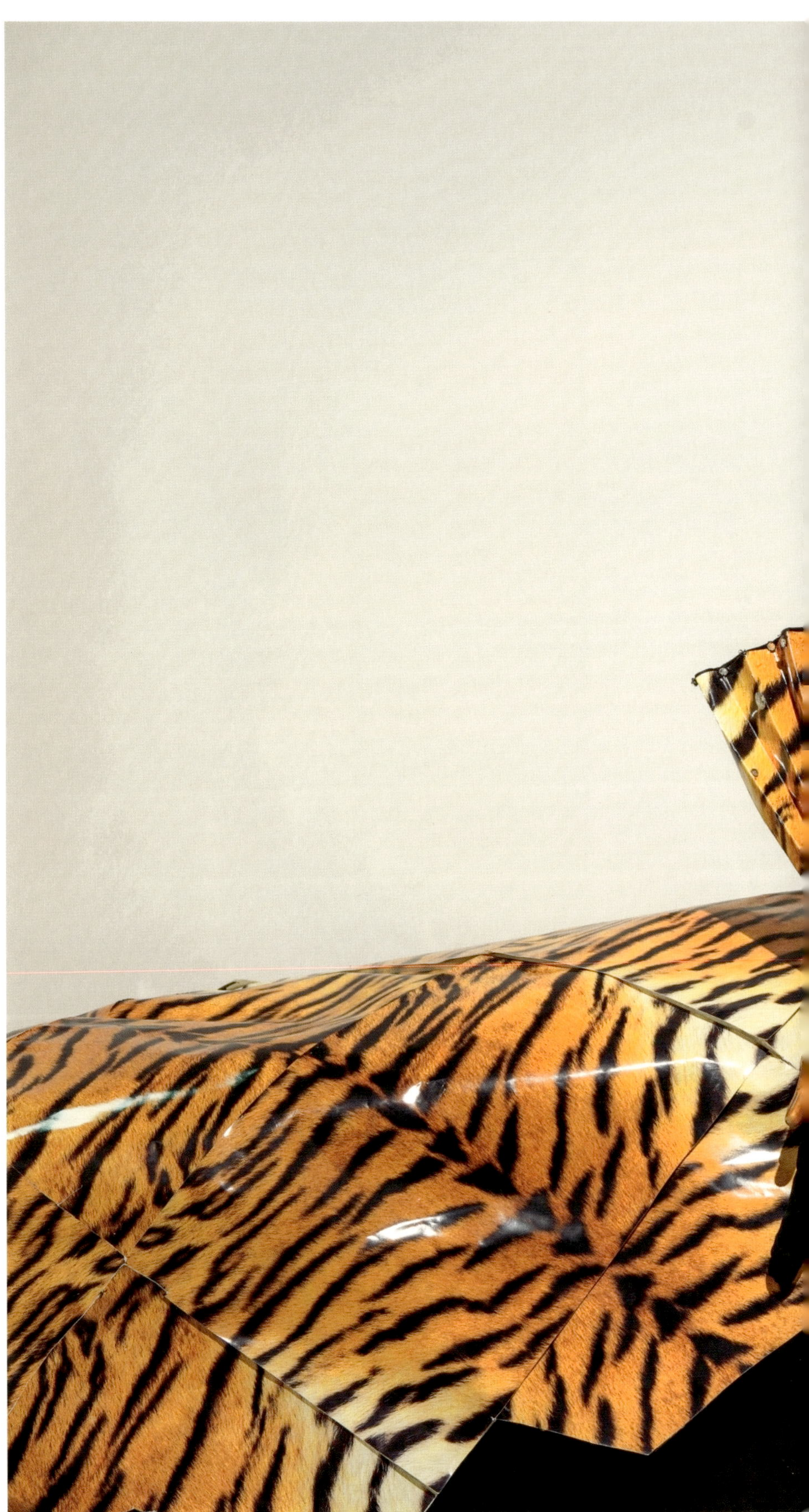

Hunting Queen, 2000
Bedrucktes Fotopapier,
Crêpe Georgette, Strass
Photographic prints,
crêpe georgette, rhinestone

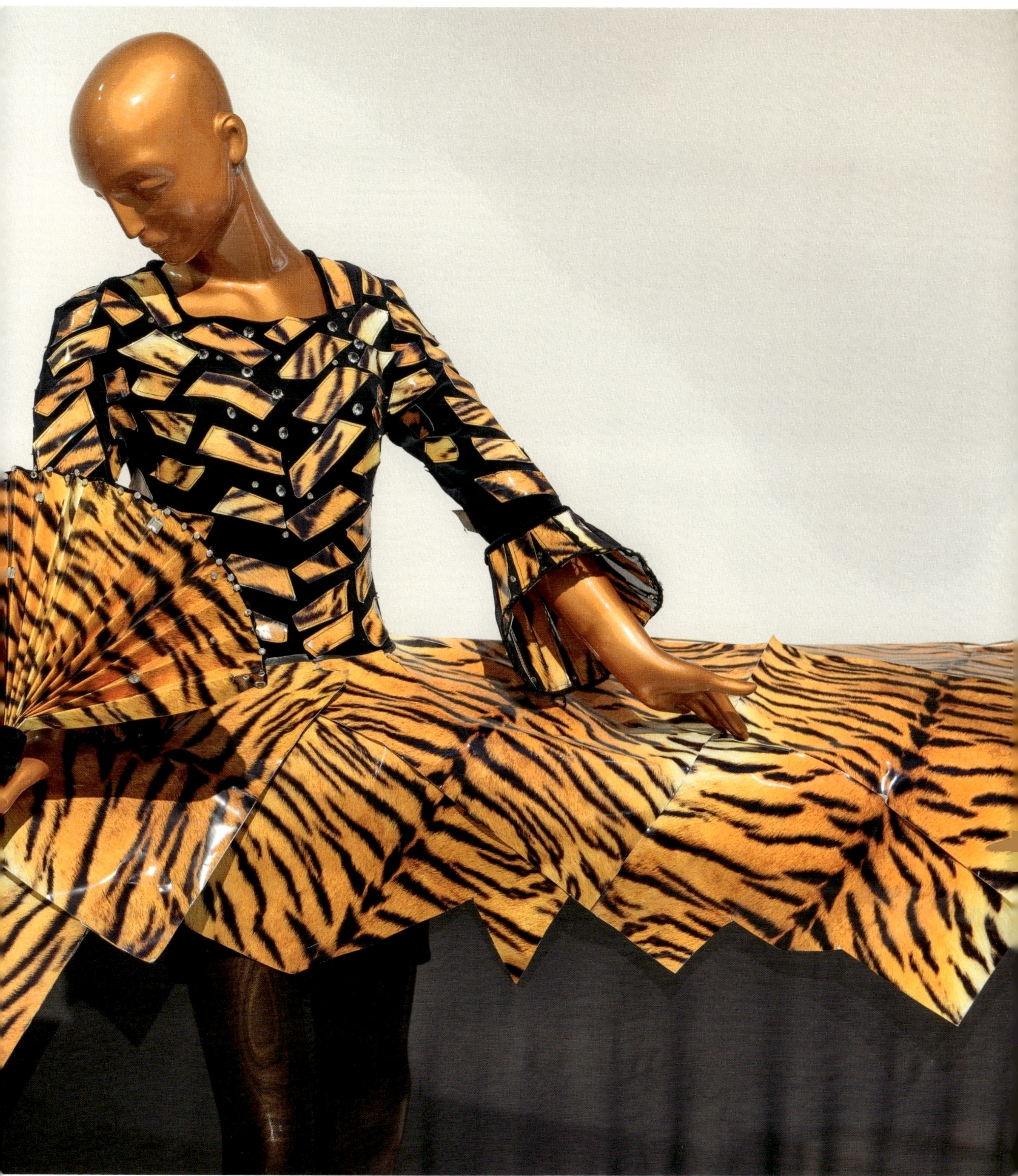

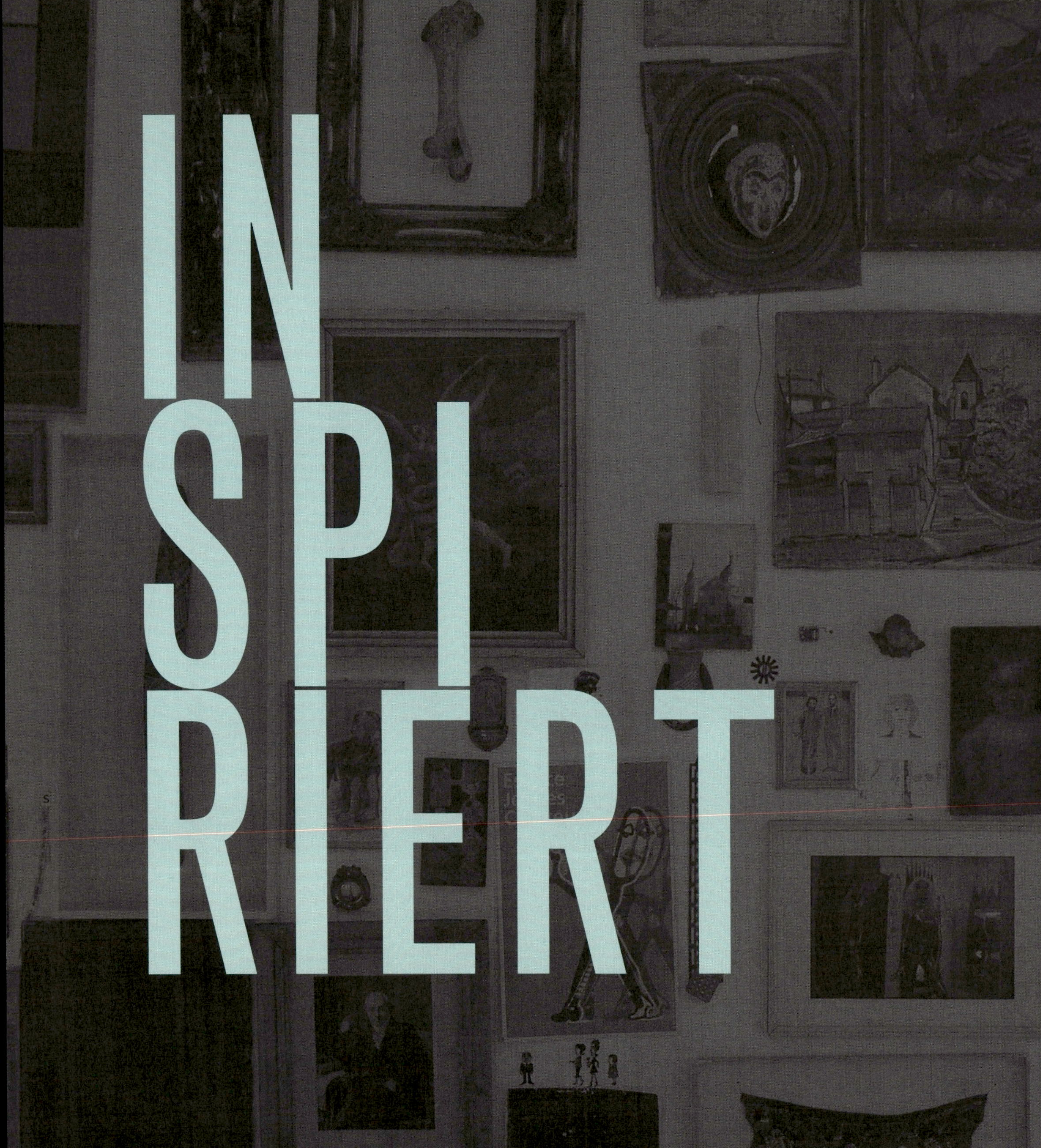

IN
SPI
RIERT

INSPIRIERT

Die mit zahlreichen Kulturobjekten bestückte Wand erlaubt einen tiefen Einblick in den Kosmos der Inspirationen, die Stephan Hann leiten. Für die Dauer der Augsburger Ausstellung hat sich der Künstler von all diesen Objekten getrennt, die normalerweise – genau solchermaßen komponiert – an einer Wand in seiner Berliner Wohnung hängen – eine Ordnung, die über die Zeit hinweg immer Änderungen erfahren hat und erfährt. Diese Wand gibt zunächst Aufschluss über konkrete künstlerische Inspirationen, aus denen Hann vielfältige Anregungen für seine Arbeiten zieht – gleich, ob es sich um ein altes Foto, ein Bügeleisen, einen Stuckkopf, eine Puppe, eine afrikanische Maske oder ein altägyptisches Relikt aus Holz handelt. So zeigt diese Wand Hann zuerst als Sammler, der im Lauf seines Lebens verschiedenste Gegenstände zusammengetragen hat, die wie Souvenirs ihre Bedeutung allein aus der Biografie des sammelnden Künstlers schöpfen. Dieser legt hier seine besondere Wertschätzung für materielle Dinge offen, die gleichsam als magische Erinnerungsträger fungieren. Aus der Perspektive des Sammlers entscheidet nicht der monetäre Wert, sondern allein der Erinnerungswert der Dinge über deren Rang in der Sammlung. Noch allgemeiner gewendet, führt die Hannsche Souvenir-Wand, die nach Art der sogenannten Petersburger Hängung arrangiert ist, eine produktive Kulturtechnik vor Augen, die dazu befähigt, Sinn zu stiften, indem sie Dinge ganz verschiedener Gattungen in eine räumliche Beziehung zueinander setzt. Dadurch kommunizieren diese Gegenstände gleichsam miteinander, fordern sich gegenseitig heraus und reichern sich mit neuen Bedeutungen an. Nicht zuletzt erinnert diese Wand, die doch Dinge verschiedenster Provenienz und nicht vergleichbaren Wertes versammelt, an frühneuzeitliche Wunderkammern, die Objekte verschiedener Herkunft und unvergleichlichen Wertes präsentierten. Dahinter verbargen sich dingliche Ordnungen des Wissens, die im virtuellen Zeitalter des 21. Jahrhunderts anregende Denkanstöße bieten können.

INSPIRED

The wall featuring numerous objects of culture allows deep insight into the cosmos of inspirations that guide Stephan Hann. For the duration of the Augsburg exhibition, the artist has parted with all these objects which normally – in precisely this formation – hang on the wall of his Berlin apartment – an arrangement that has experienced constant change over time and continues to do so. This wall first provides information on specific artistic inspirations from which Hann draws wide-ranging impulses for his work – stretching from an old photograph or an iron to a stucco head, a puppet, an African mask or an ancient Egyptian wooden relic. The wall thus shows Hann to be a collector who, in the course of his life, has gathered together a wide range of different objects, which, like souvenirs, draw their meaning entirely from the biography of the collecting artist. He reveals here his particular appreciation of material things which seem to function as magical bearers of memories. From the perspective of the collector, it is not the monetary value, but rather the remembrance value alone that determines the rank within the collection. To put it in more general terms, Hann's souvenir wall, which is arranged according to the so-called Petersburg Hanging, depicts a productive culture technique that enables the creation of meaning by placing objects of very different genres in a spatial relationship to one another. In this way, the objects seem to communicate with one another, challenge one another and enrich one another with new meaning. This wall, which gathers together objects of varying origins and incomparable value, reminds one not least of an early modern cabinet of curiosities, designed to present precisely such a varied combination of interesting items. These cabinets were based on tangible categorisations of knowledge which, in the virtual age of the 21st century, can provide interesting impulses for consideration.

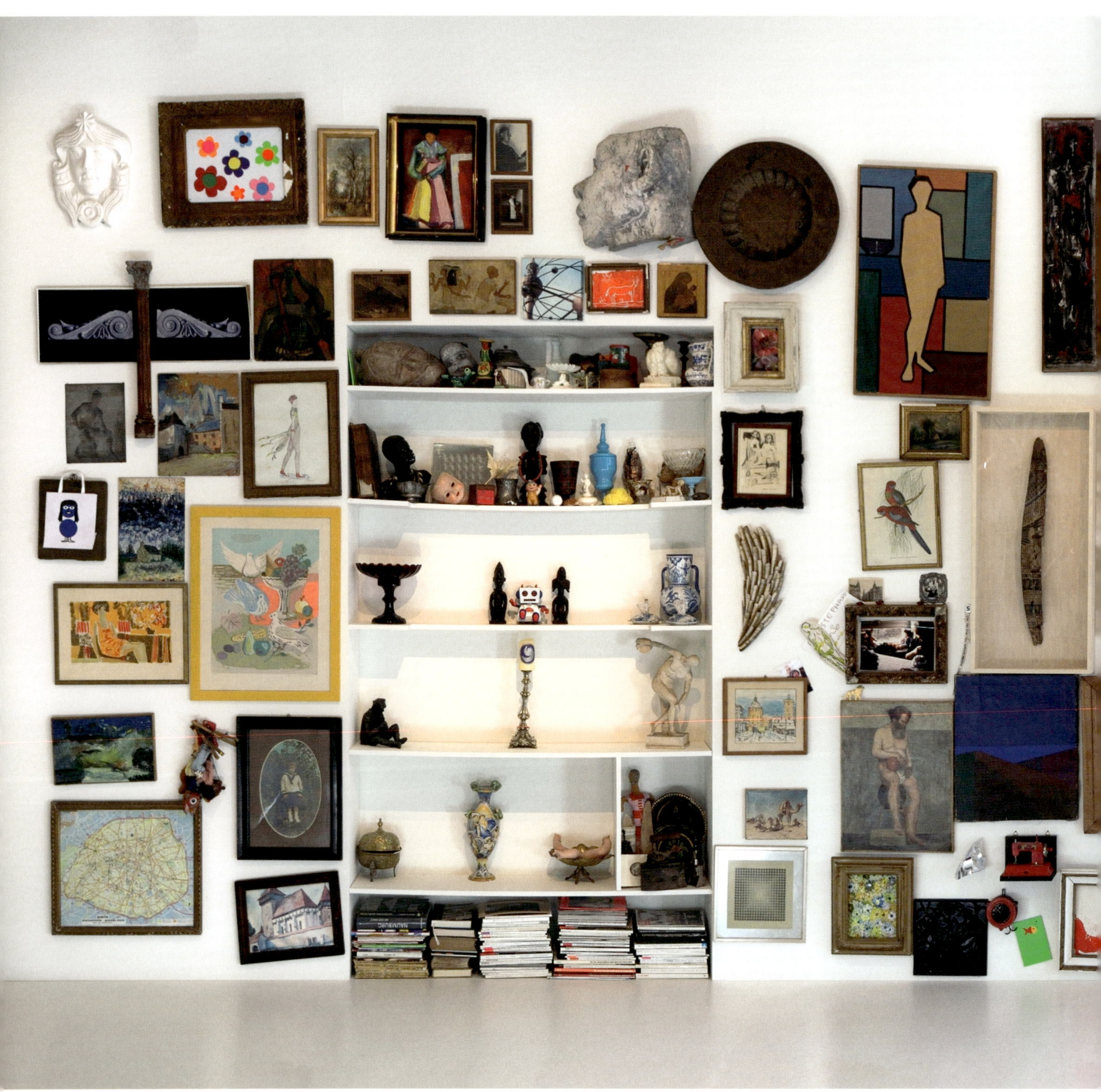

Kreuzberger Hängung / **Kreuzberg salon-style hang,** 2006–2018
Seiten / Pages 84–87:
Details / Details

82

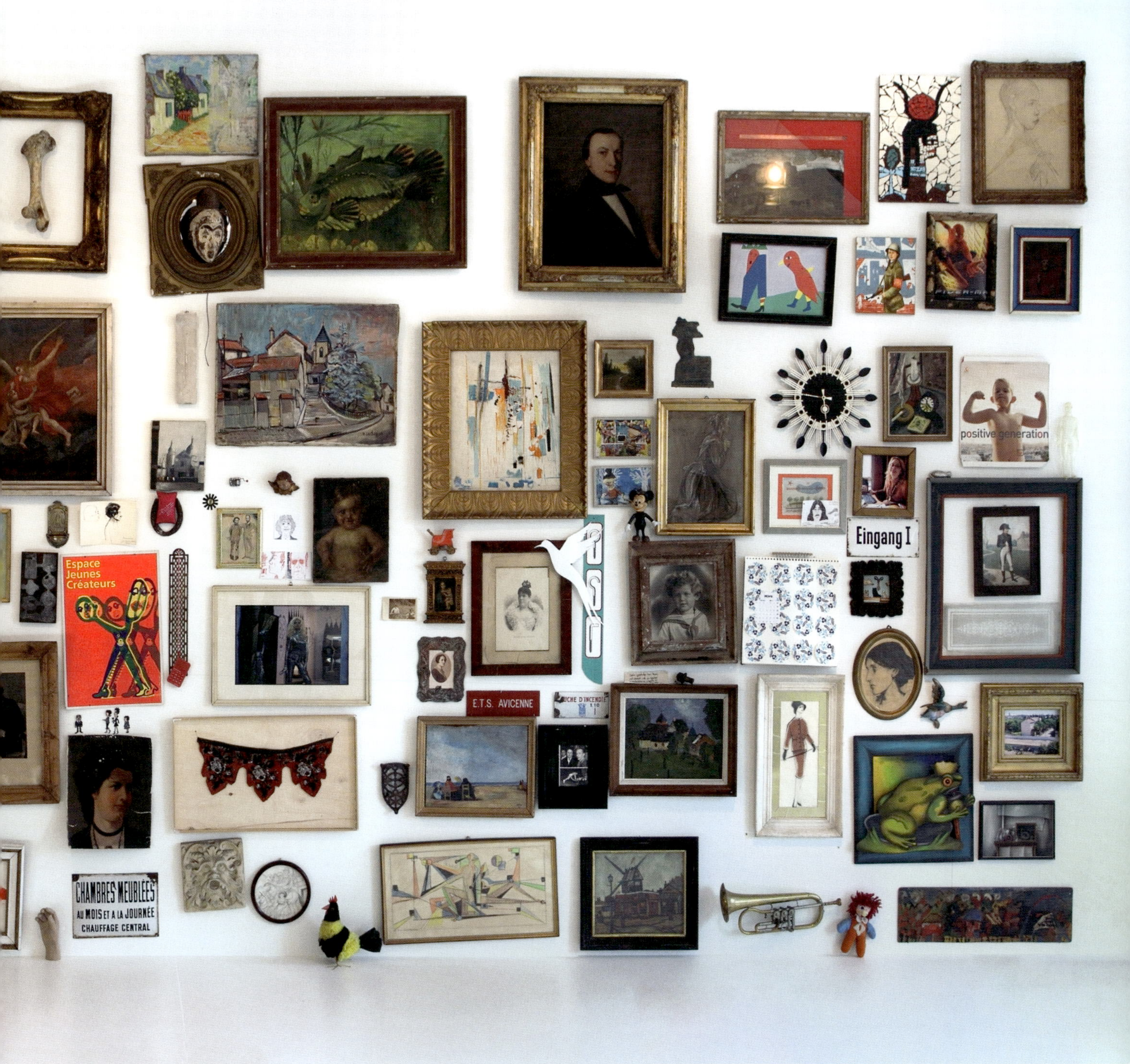

Espace
Jeunes
Créateurs
positive generation
Eingang I
E.T.S. AVICENNE
CHAMBRES MEUBLÉES
AU MOIS ET A LA JOURNÉE
CHAUFFAGE CENTRAL

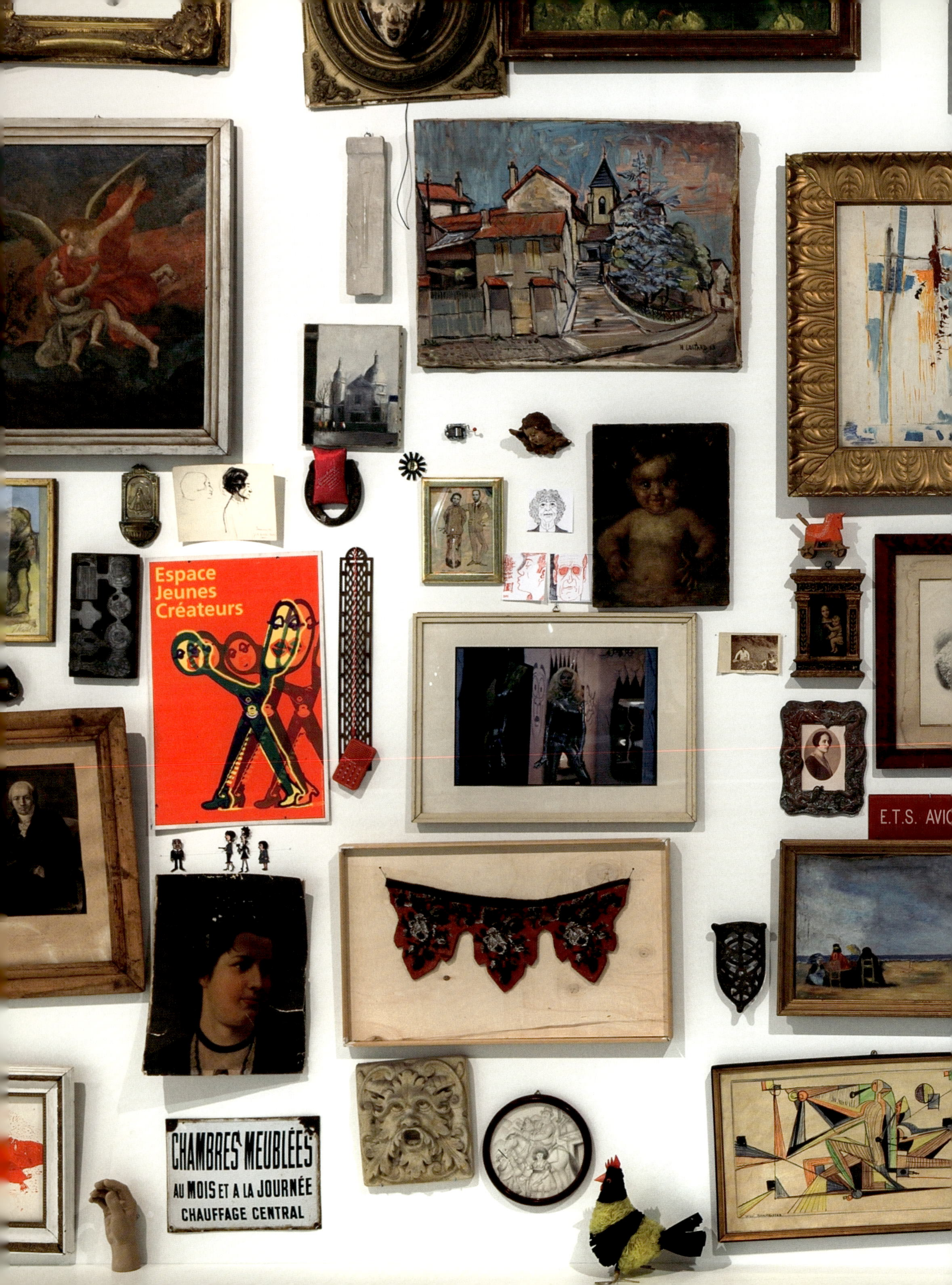
Espace
Jeunes
Créateurs
E.T.S. AVIG
CHAMBRES MEUBLÉES
AU MOIS ET A LA JOURNÉE
CHAUFFAGE CENTRAL

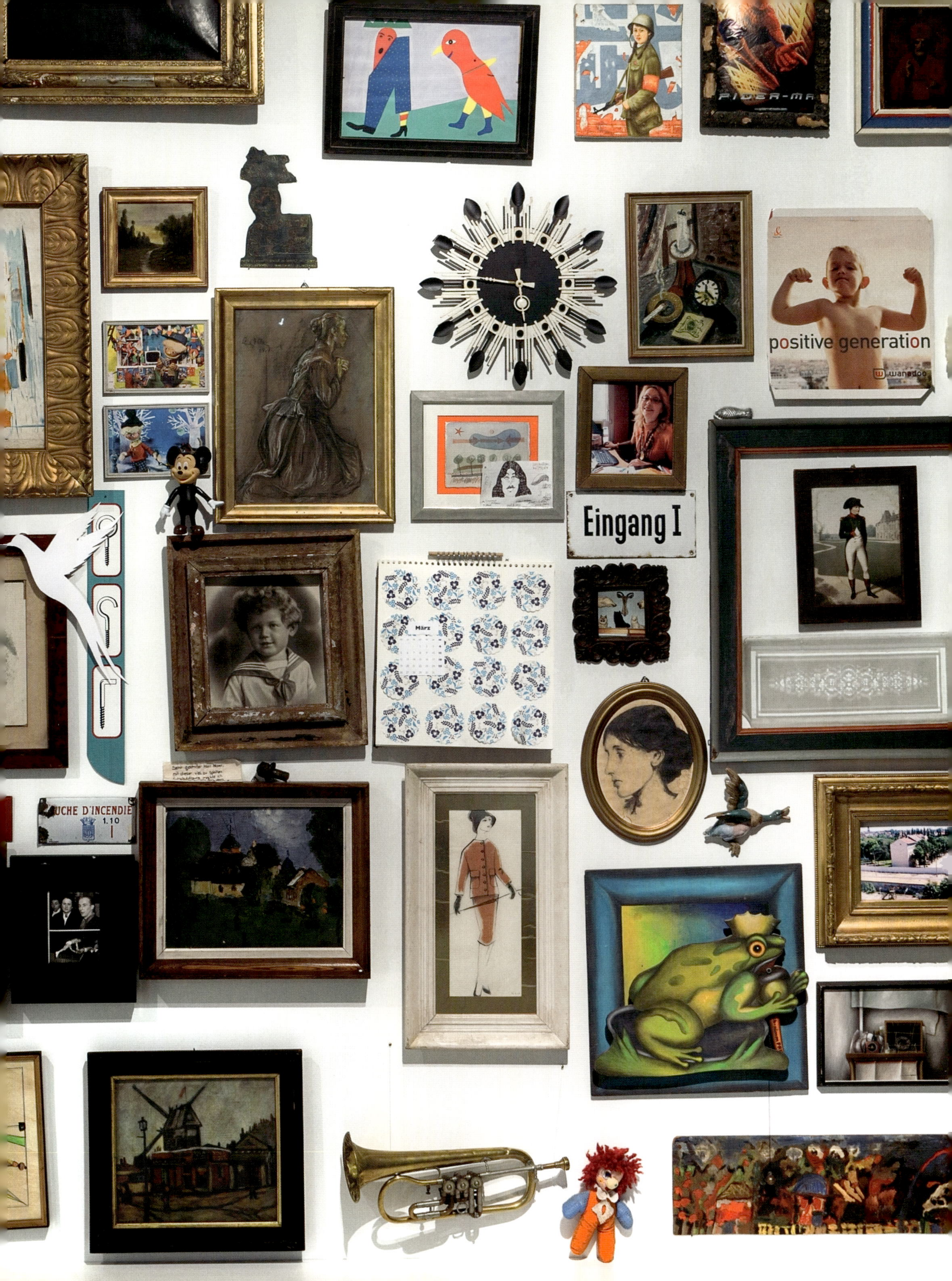

positive generation
wanadoo
Eingang I
UCHE D'INCENDIE
1.10

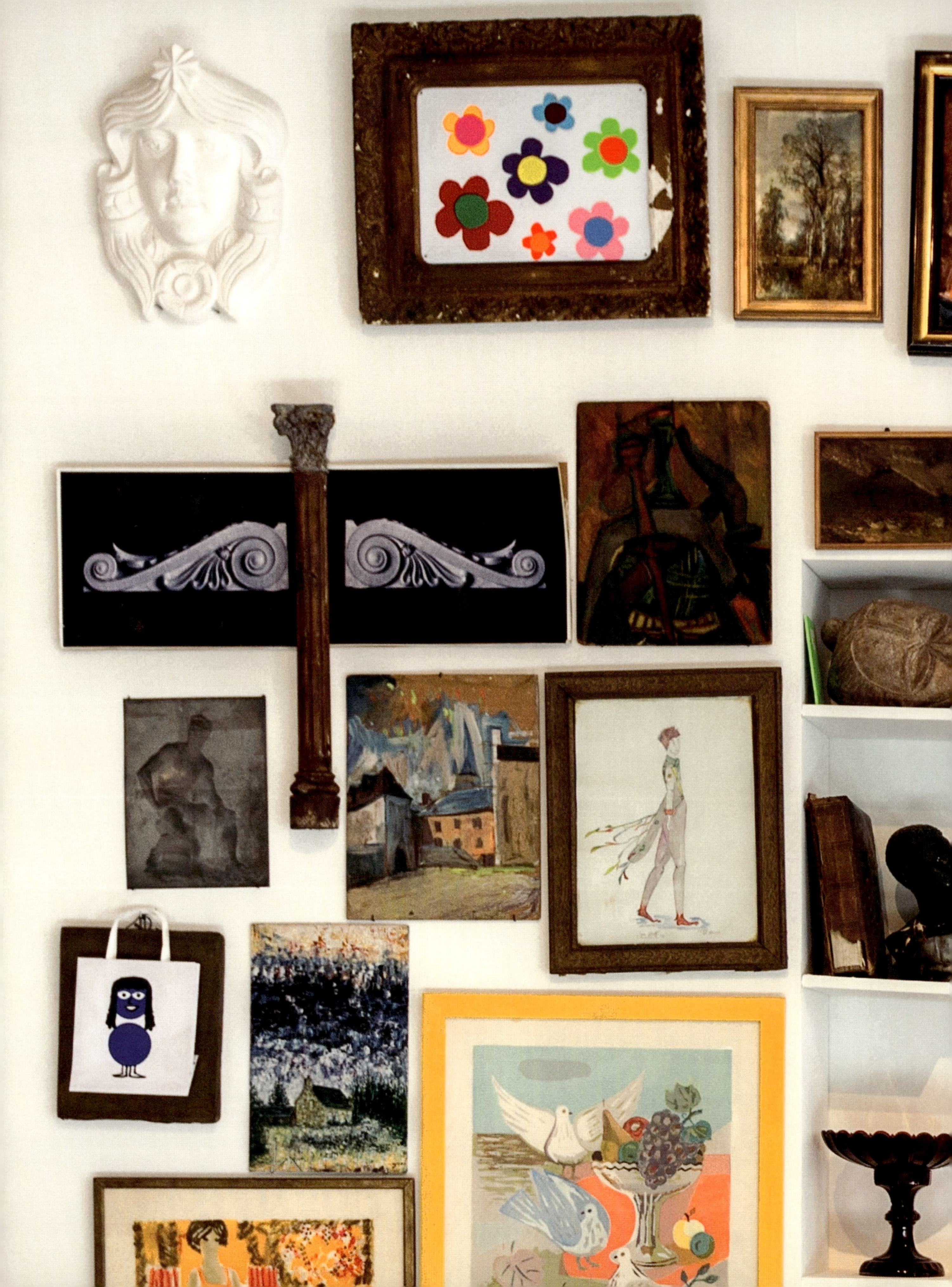

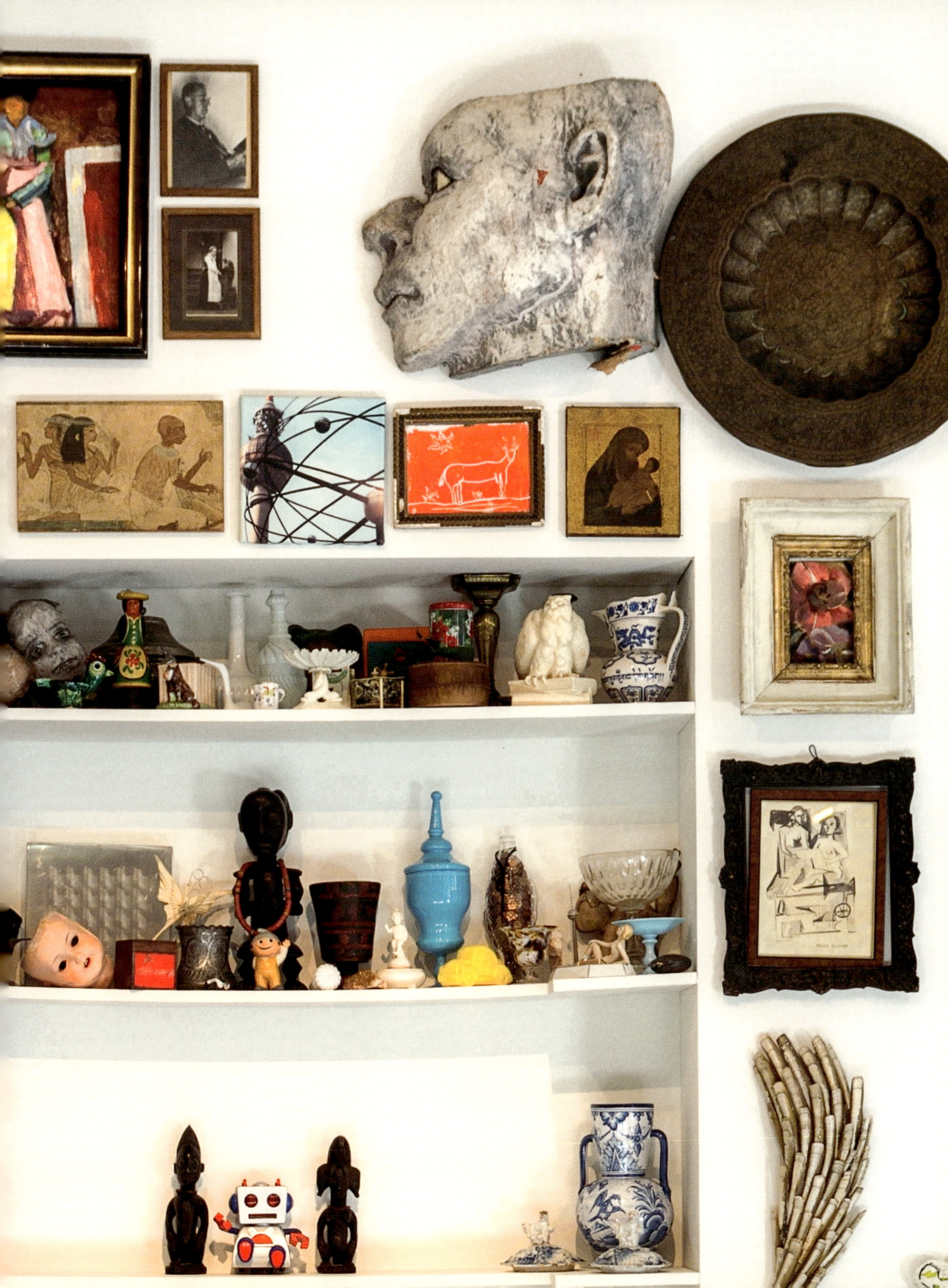

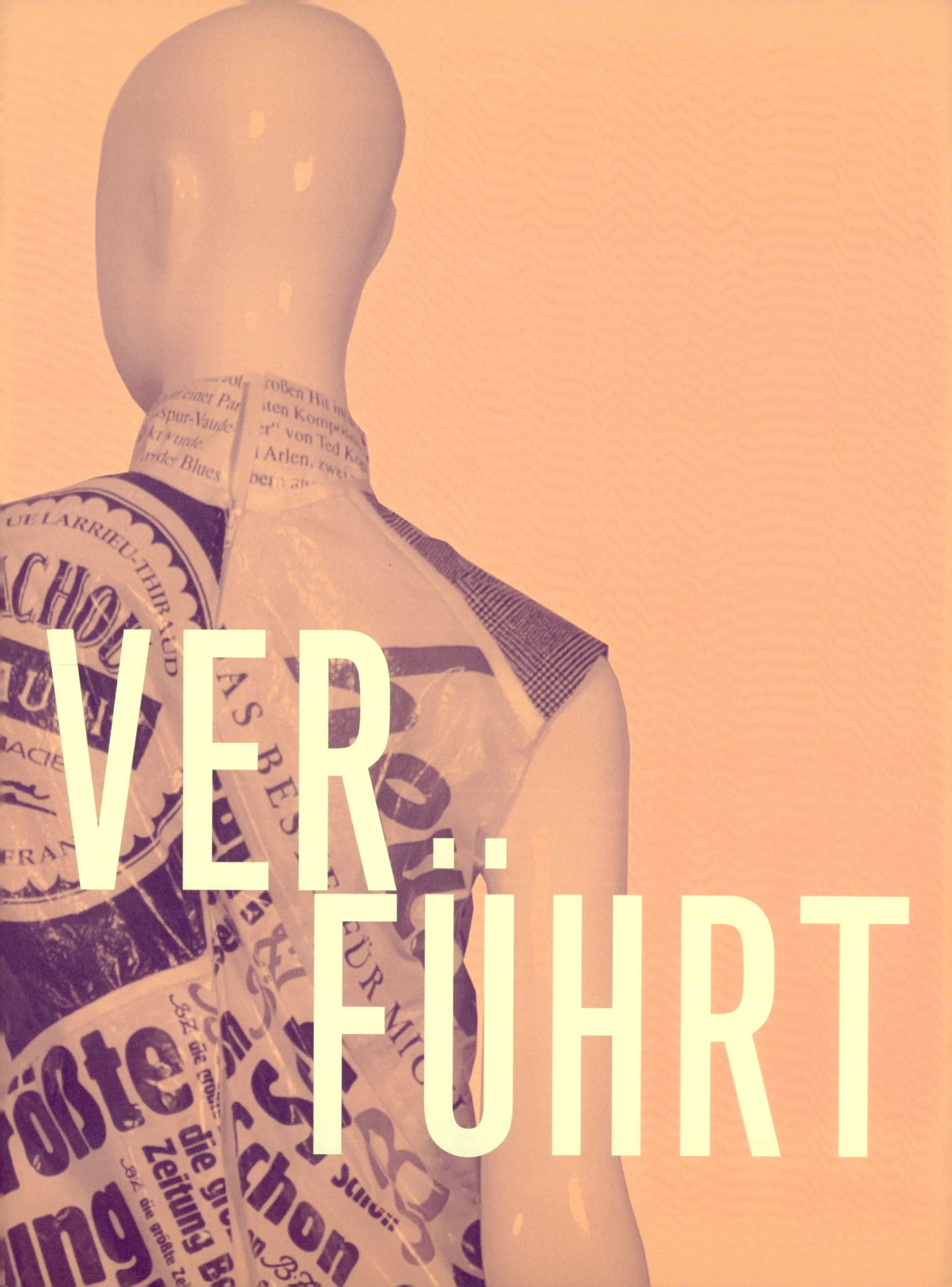

VER.
FÜHRT

VERFÜHRT

Diese Werkgruppe Stephan Hanns handelt von einer spe-
ziellen Verführung, wie sie vom Konsum ausgeht. Dieser
begegnet uns unentwegt beim Einkauf und Verbrauch
von alltäglichen Produkten, die wir in Taschen nach
Hause tragen und dann konsumieren. Seltener vielleicht
gelingt der Genuss von Luxusgütern, den sehr viele für
unerschwinglich, manche jedoch für unverzichtbar halten. Der Konsum von Tabletten wiederum rettet den einen
das Leben, andere wiederum führt er in die abhängig
machende Sucht.

Hanns Modeobjekte zeigen den Konsum in all seiner Am-
bivalenz. Zeugt Konsum einerseits von vitaler Lebens-
freude, wirft er andererseits die Frage nach dem ver-
antwortungsvollen Umgang mit den zur Verfügung ste-
henden Ressourcen auf. Hinter einem über alle Maßen
erhitzten Konsum steht die unerbittliche Steigerungs-
logik des Kapitalismus, der mit seiner Massenproduktion
den ungebremsten Konsumhunger zu stillen versucht.
Indem Hanns Modeobjekte den beschleunigten Konsum
ästhetisch festhalten, machen sie dessen umstürzende
Dynamik augenfällig.

SEDUCED

This group of Hann's works deals with the particular
seduction that stems from consumerism. We encounter
this constantly when shopping and using day-to-day products that we carry home in bags and then consume.
More rarely perhaps, we are able to enjoy luxury goods
that many consider to be unaffordable, while others believe them to be indispensable. Then there is the consumption of pills, which saves lives while also leading
to addiction.

Hann's fashion items display consumerism in all its am-
bivalence. While consumerism is a sign of lively enjoyment of life on the one hand, it raises the question on
the other hand of a responsible management of the available resources. Behind the catastrophically overheated
consumption, we find the relentless growth logic of ca-
pitalism, which attempts to fulfil the unchained consumption hunger with its mass production. By aesthetically preserving this accelerated consumerism, Hann's
fashion items demonstrate its destructive dynamics.

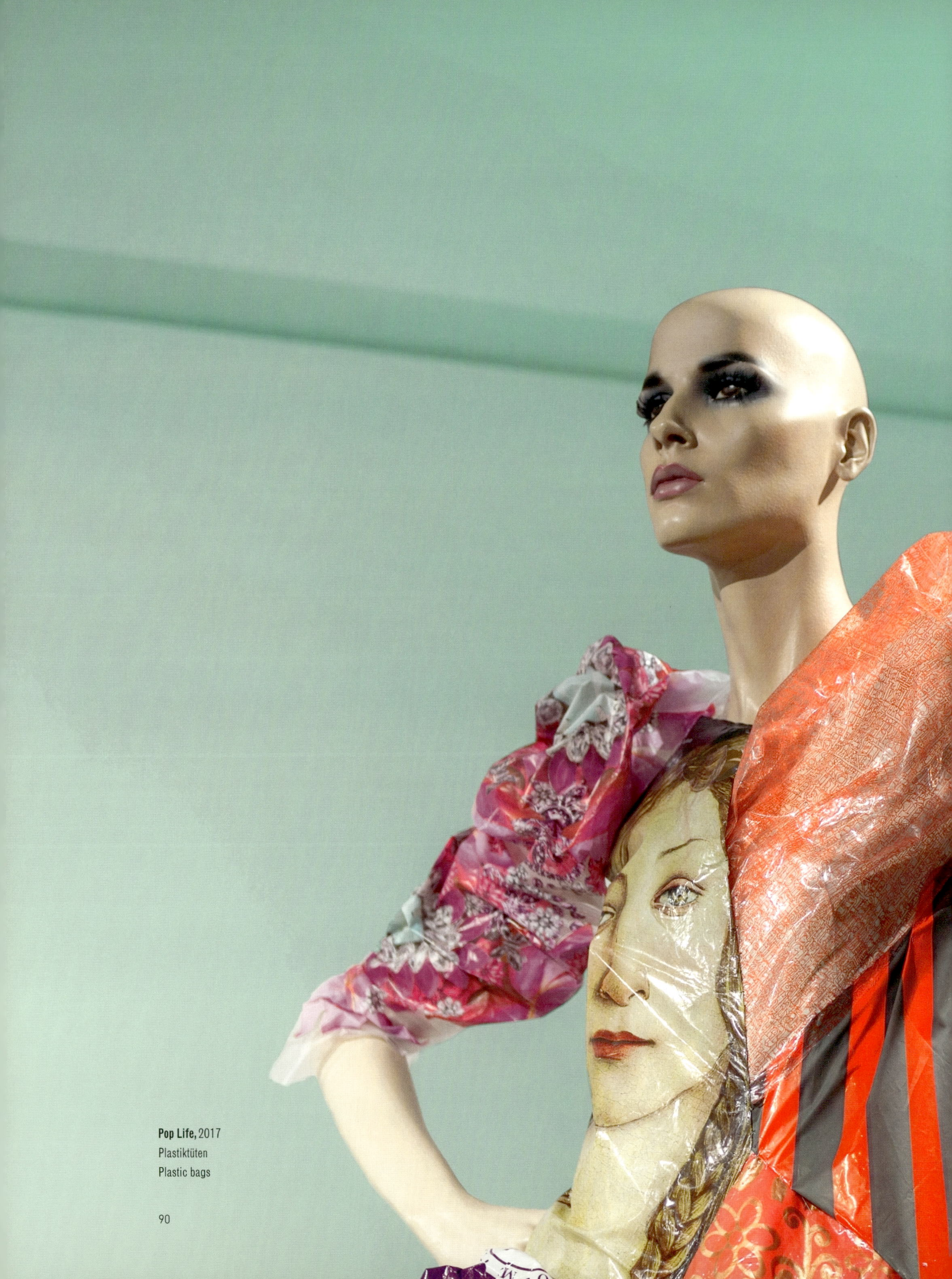

Pop Life, 2017
Plastiktüten
Plastic bags

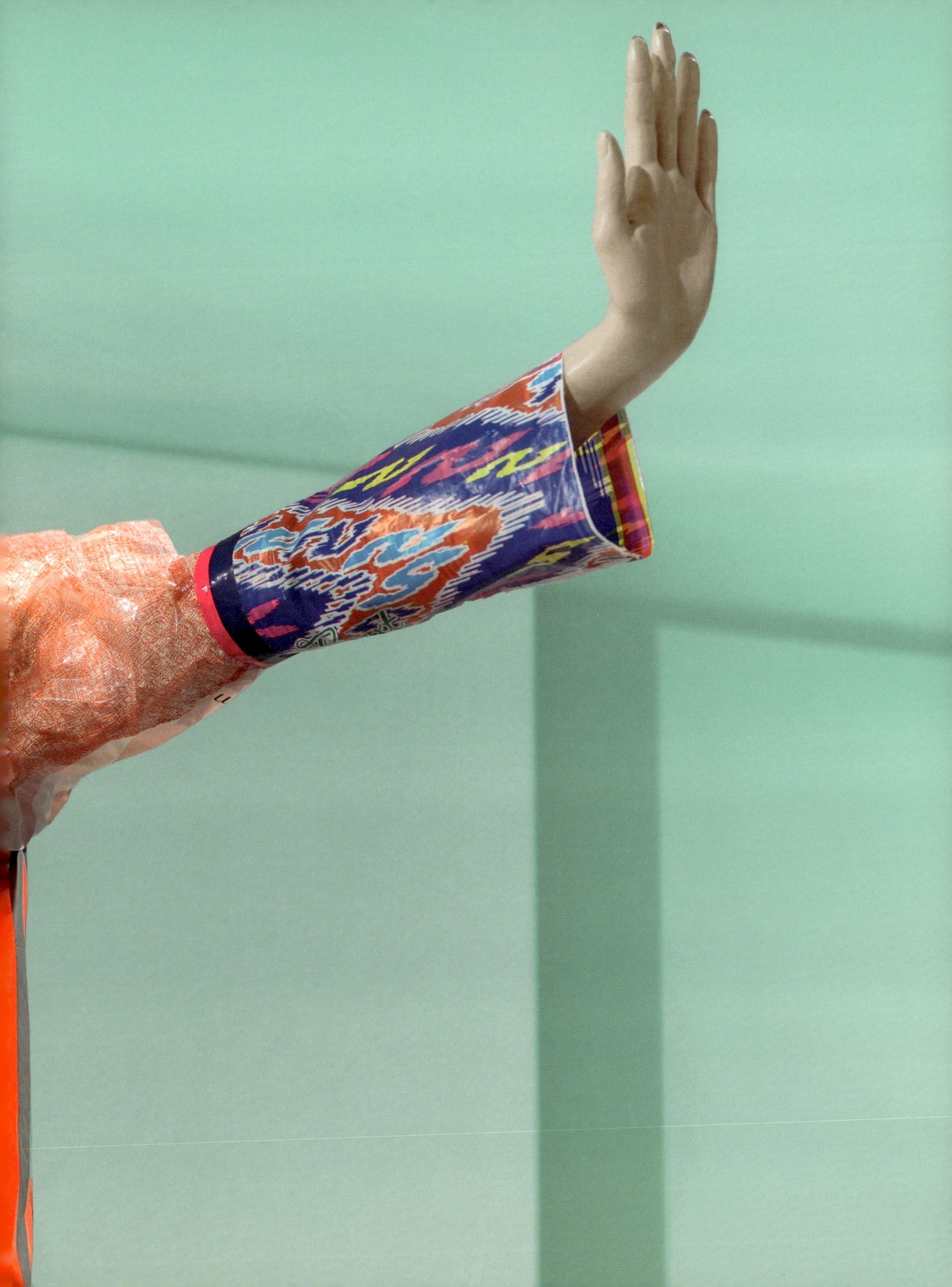

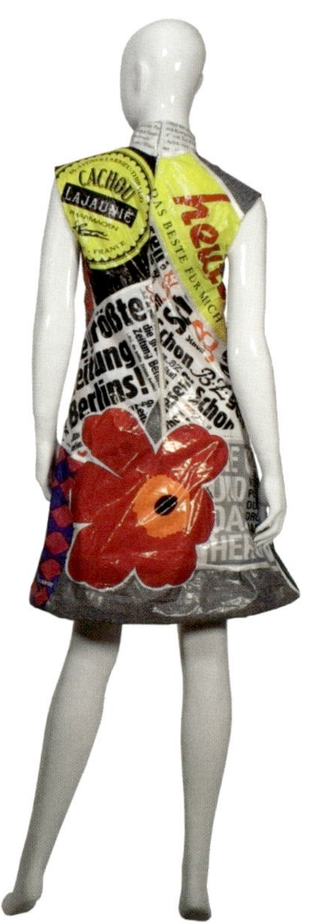

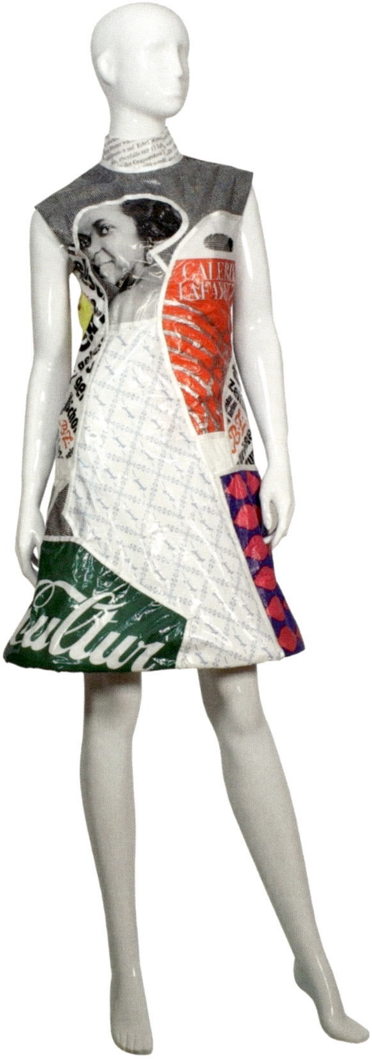

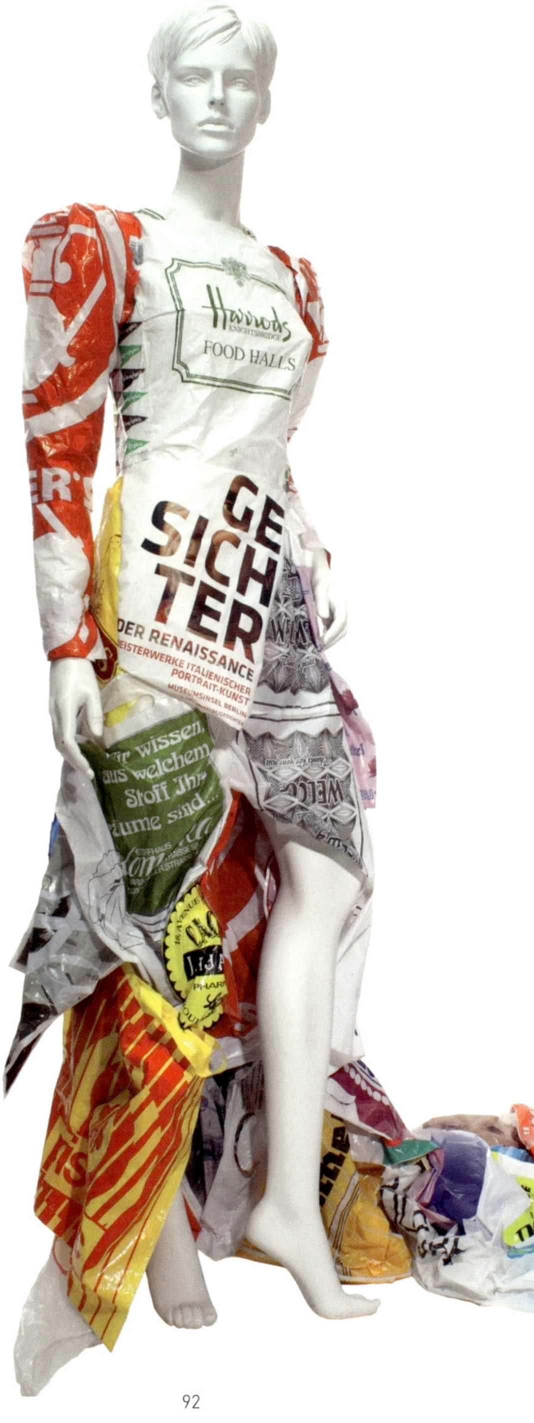

links / left:
Shopping, 2011
Plastiktüten / Plastic bags

Plastic Dreams, Vorderseite / Front, 2008
Plastiktüten / Plastic bags

Plastic Dreams, Rückseite / Back, 2008
Plastiktüten / Plastic bags

rechts / right
Kunstmarkt / Art Market, 2016
Plastiktüten / Plastic bags

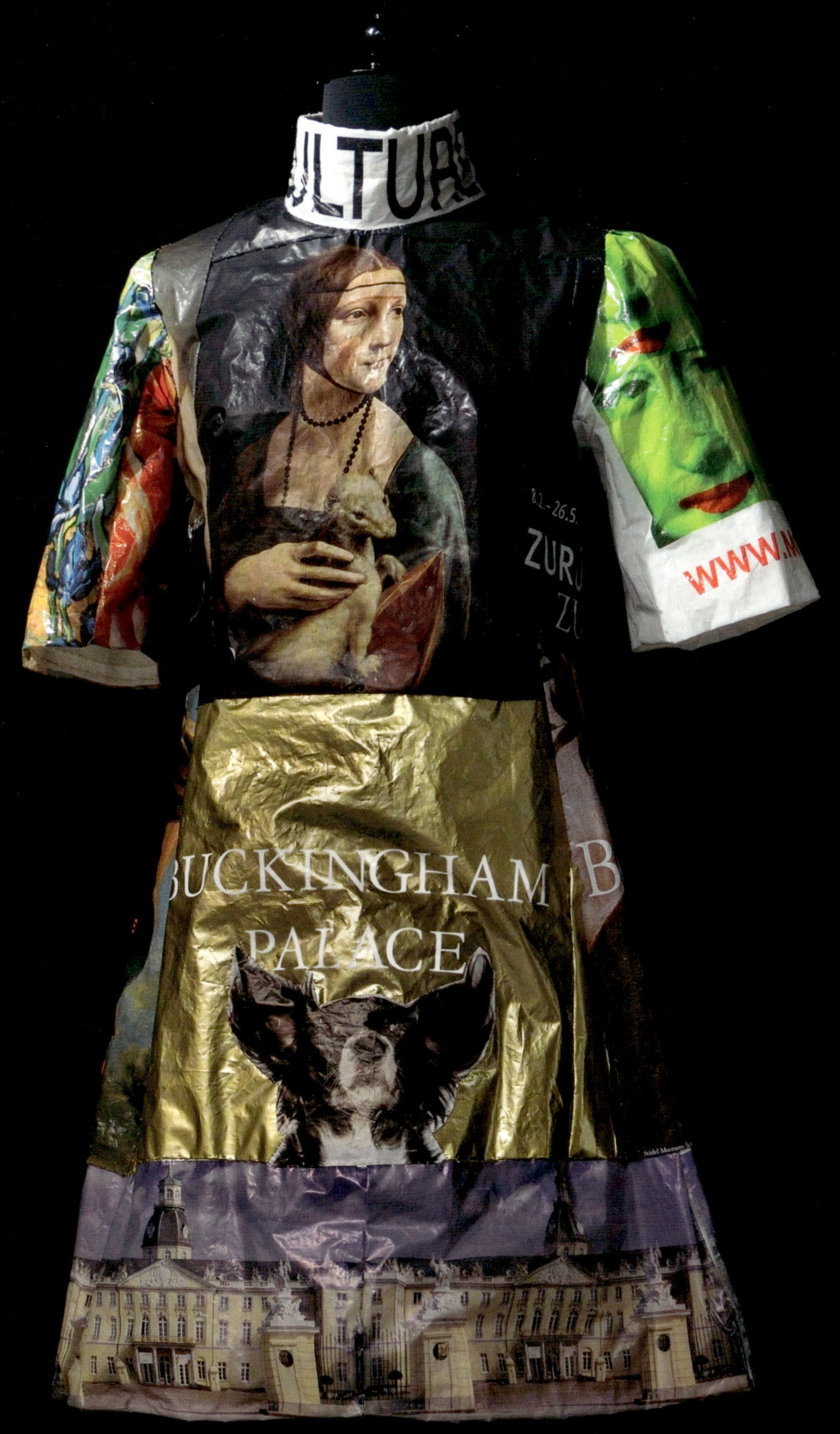

ULTURE
8.1. - 26.5.
ZURÜ
ZÜ
WWW.M
BUCKINGHAM B
PALACE

Nicht im Vergessen,
sondern im Sicherinnern
besteht das Geheimnis der Erlösung.

Forgetfulness leads to exile; remembering is the key to redemption.
Baal Schem Tov (ca. 1700-1760)

Swiss, 2006
Plastiktüten / Plastic bags

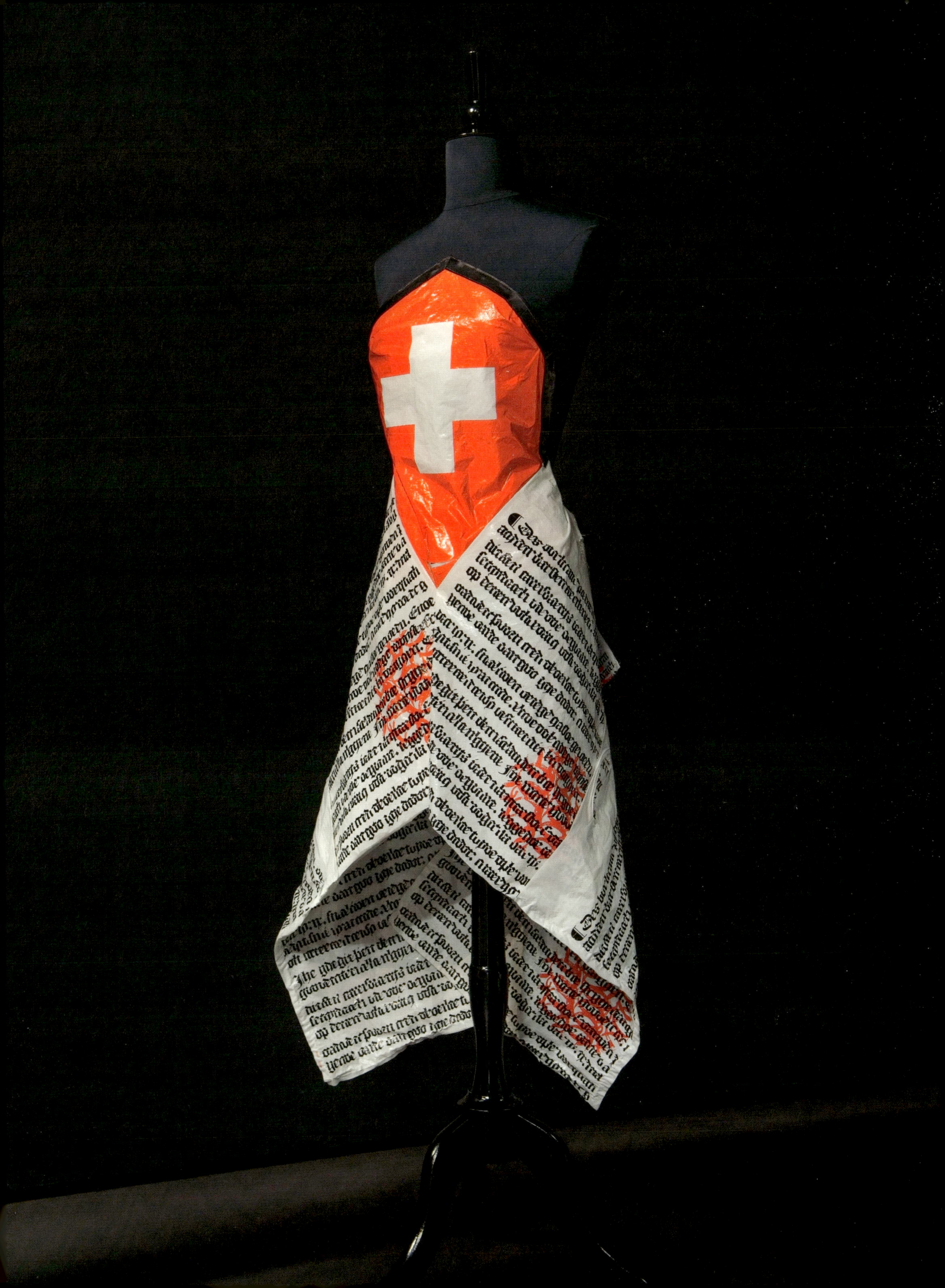

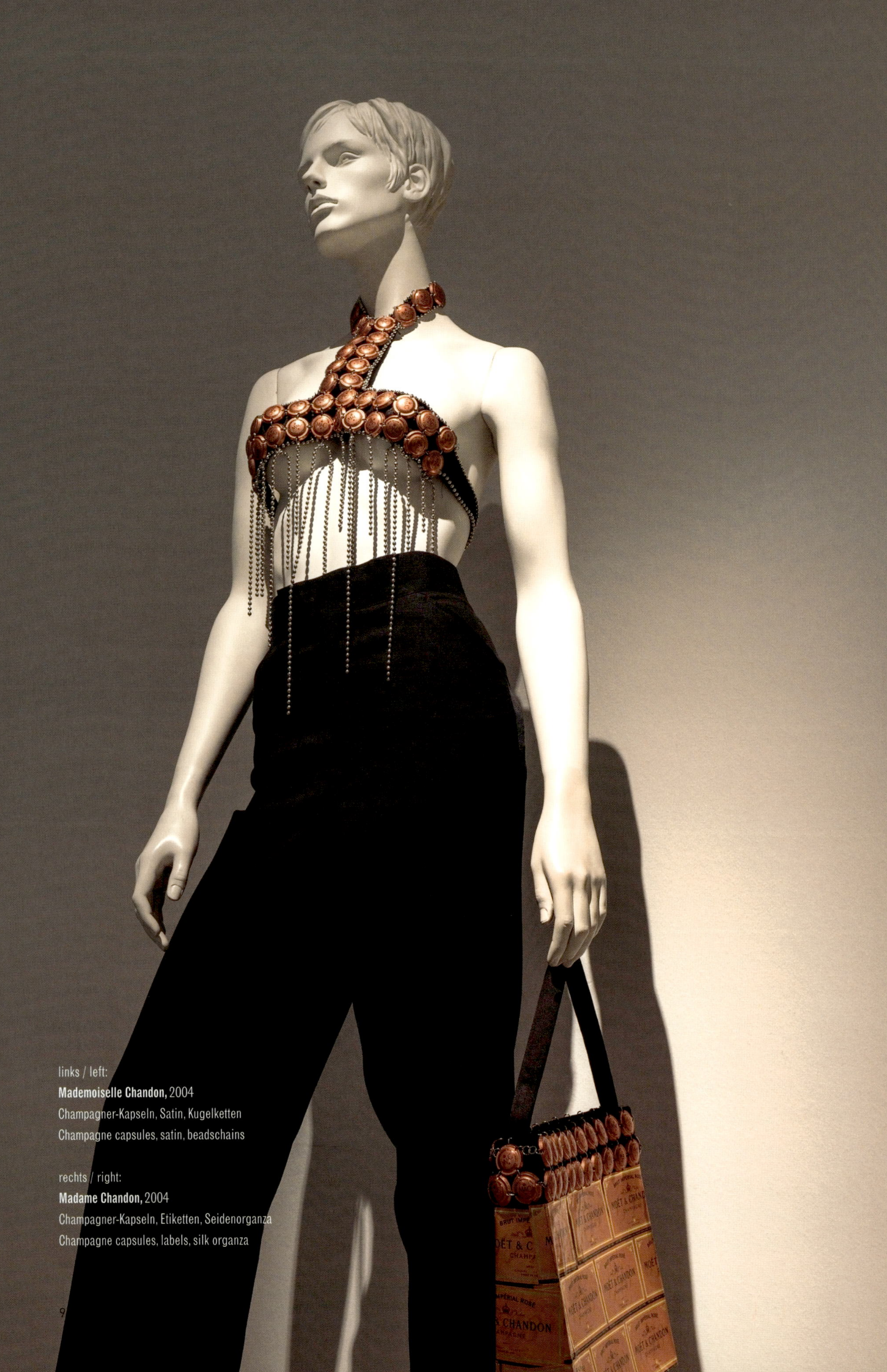

links / left:
Mademoiselle Chandon, 2004
Champagner-Kapseln, Satin, Kugelketten
Champagne capsules, satin, beadschains

rechts / right:
Madame Chandon, 2004
Champagner-Kapseln, Etiketten, Seidenorganza
Champagne capsules, labels, silk organza

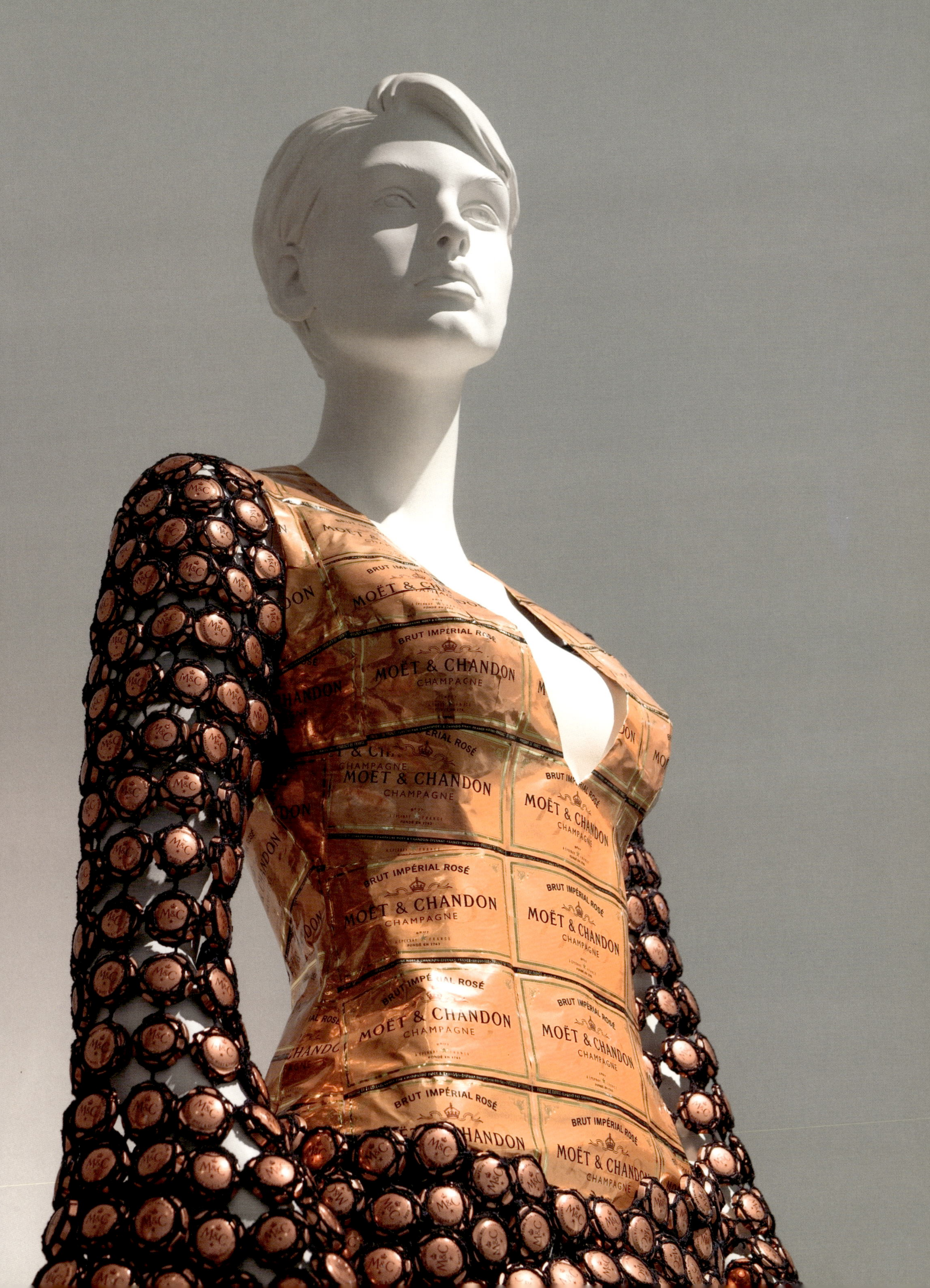

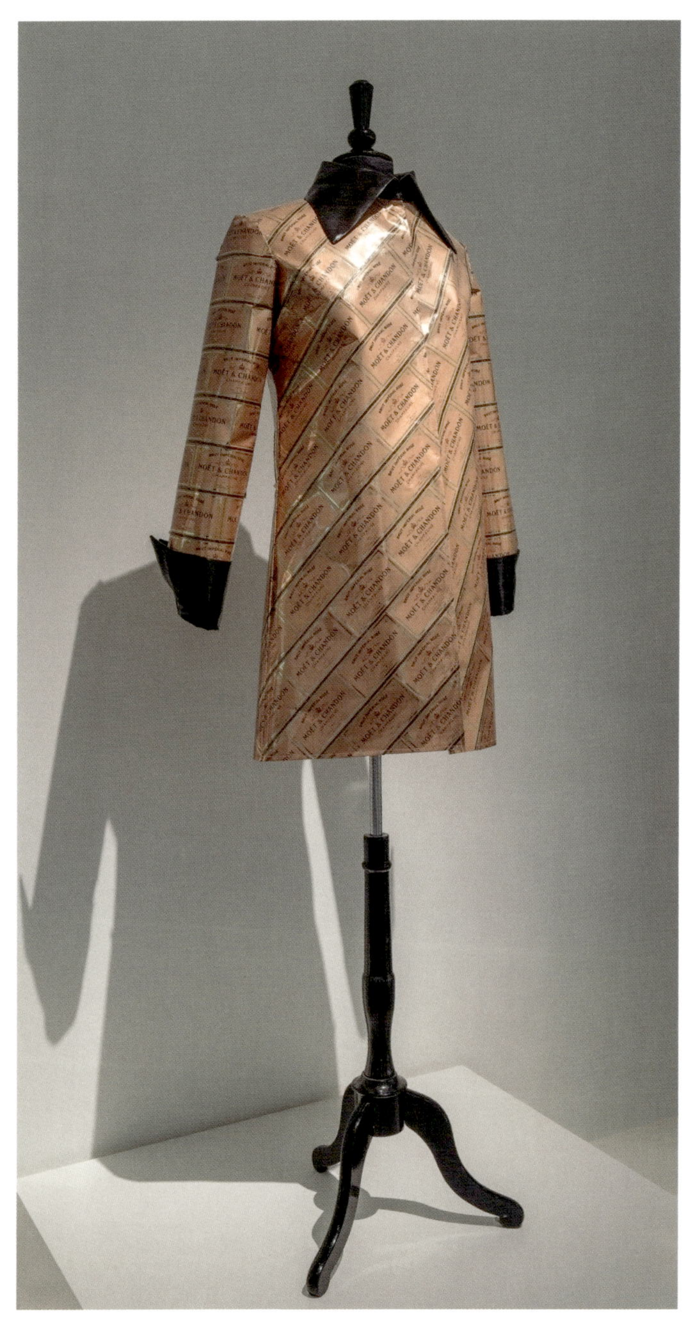

links / left:
Madame Moët, 2004
Etiketten, Lackstoff
Labels, varnished fabric

rechts / right:
Bigger than Live, 2009
Swarovskikristalle, Papier
Swarovski crystals, paper

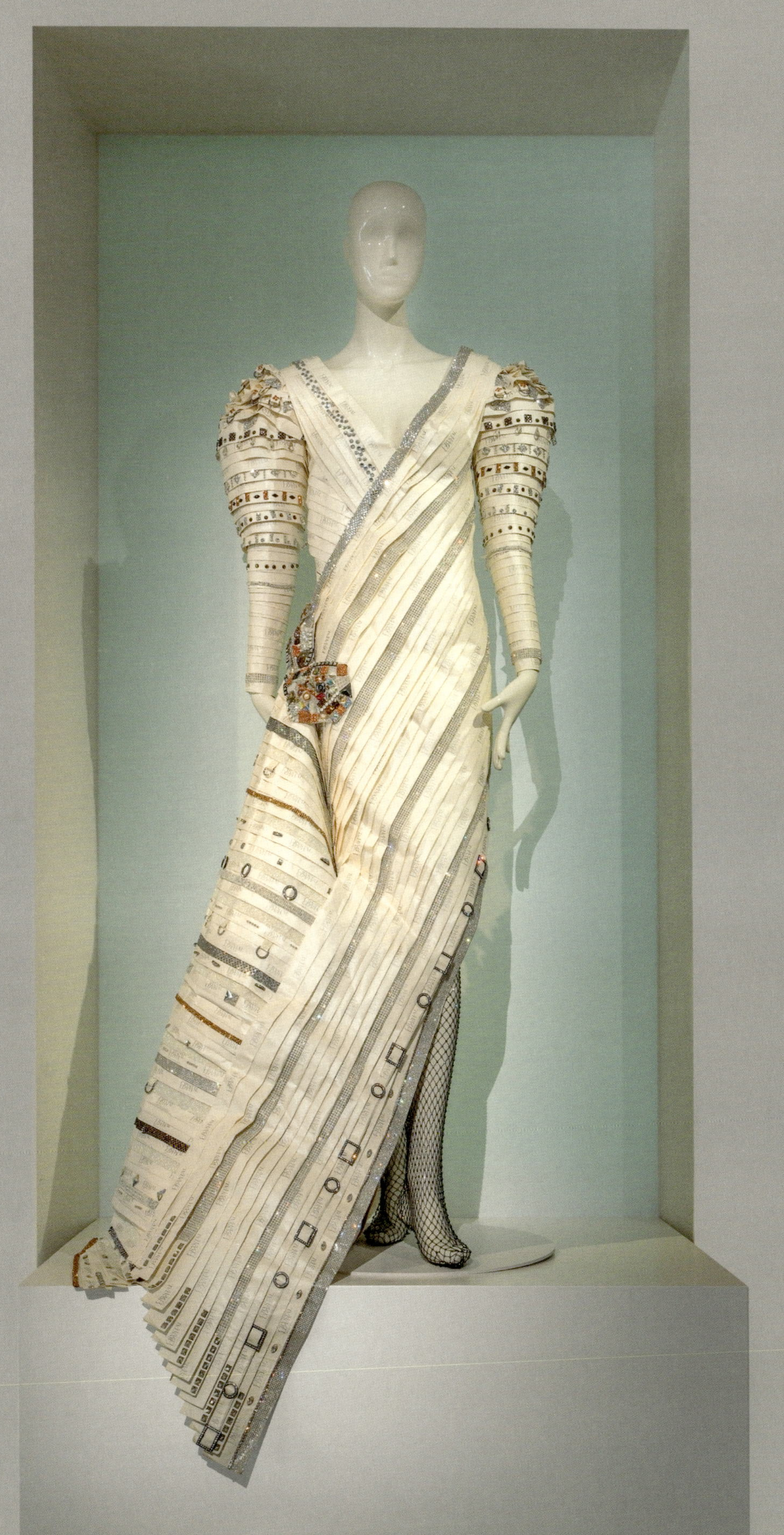

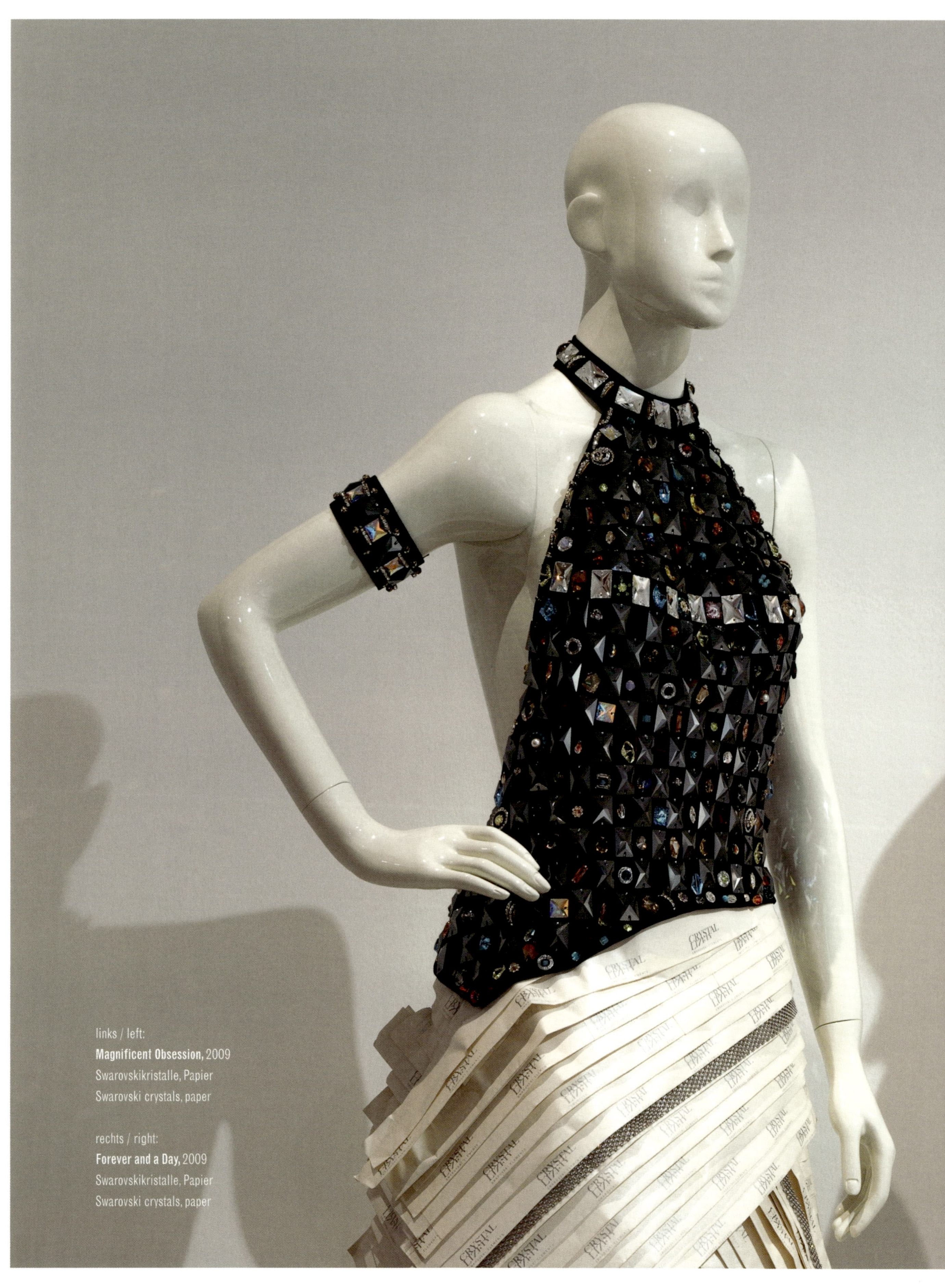

links / left:
Magnificent Obsession, 2009
Swarovskikristalle, Papier
Swarovski crystals, paper

rechts / right:
Forever and a Day, 2009
Swarovskikristalle, Papier
Swarovski crystals, paper

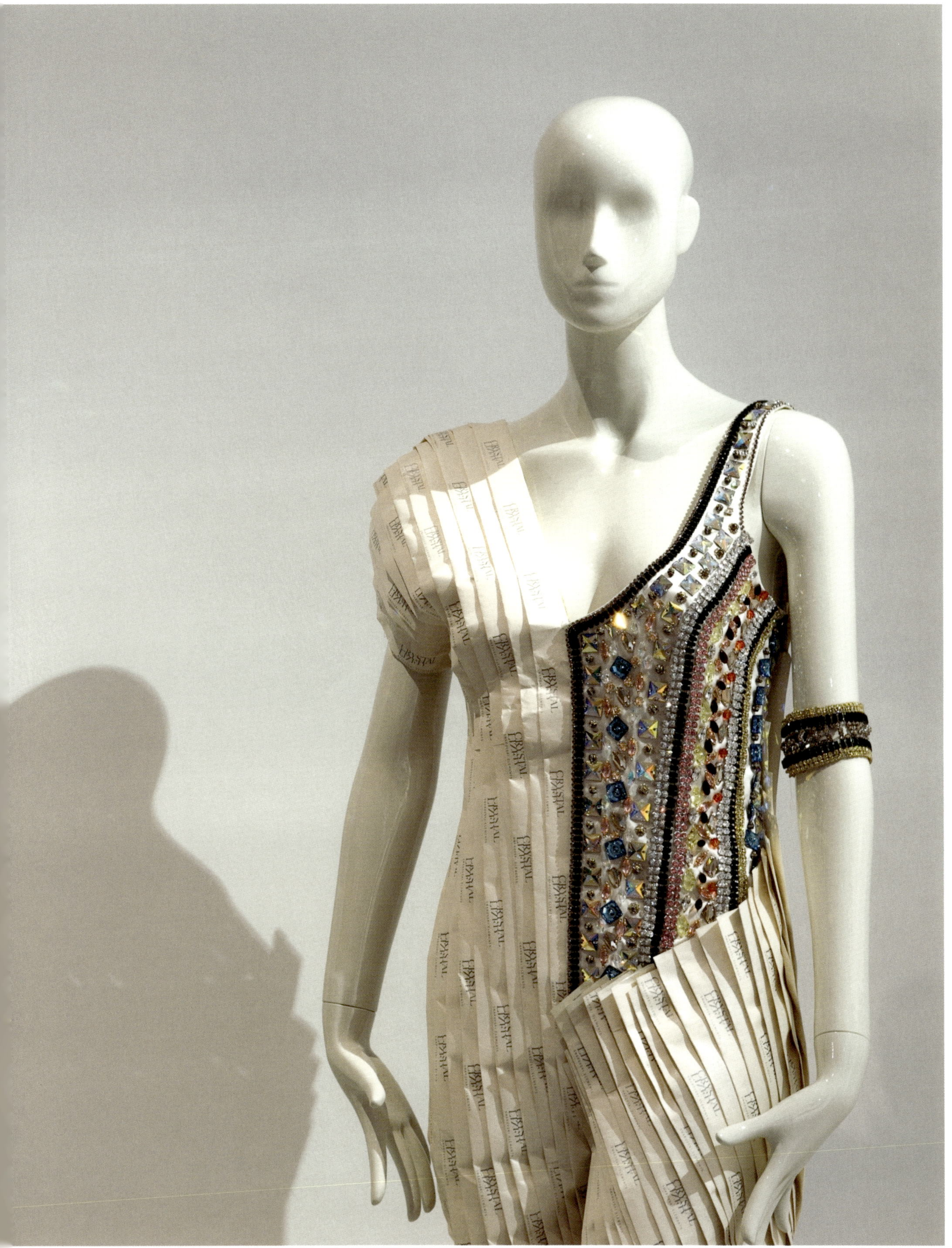

Kiel, 2011
Klebeetiketten / Adhesive labels

Trash Barock, 2018
Metallfolien / Space blankets

Wismar, 2011
Klebeetiketten / Adhesive labels

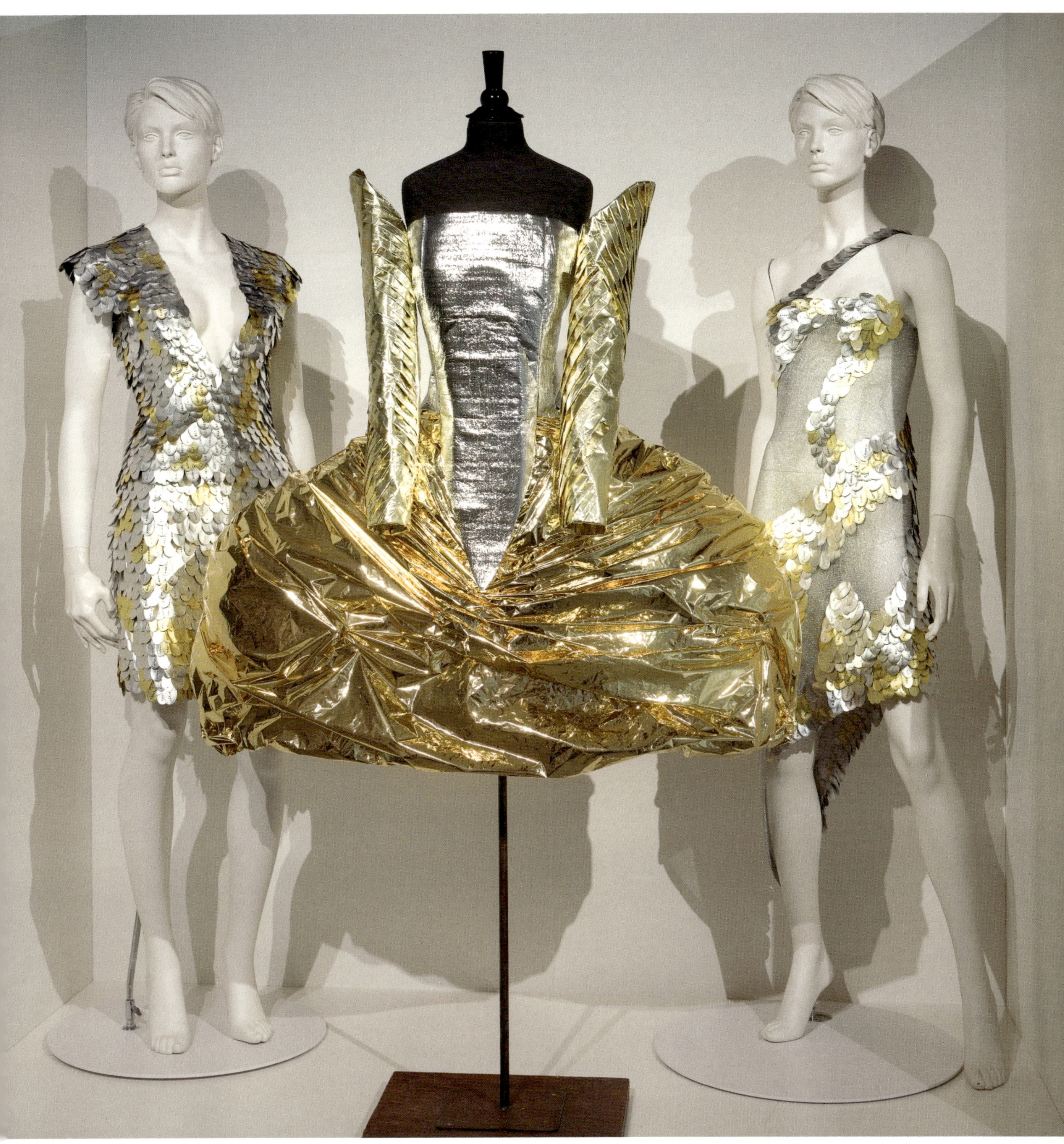

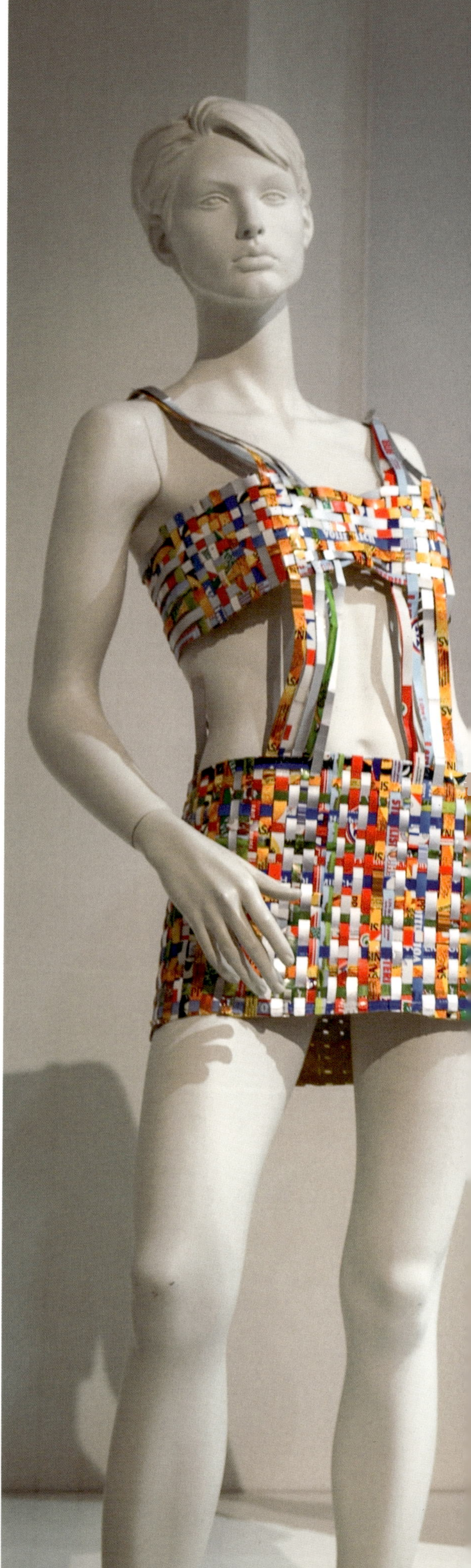

links / left:
Lola, 2003
Tetra Pak / Tetra Pak

rechts / right:
Liesel, 2003
Tetra Pak / Tetra Pak

Lulu, 2003
Tetra Pak / Tetra Pak

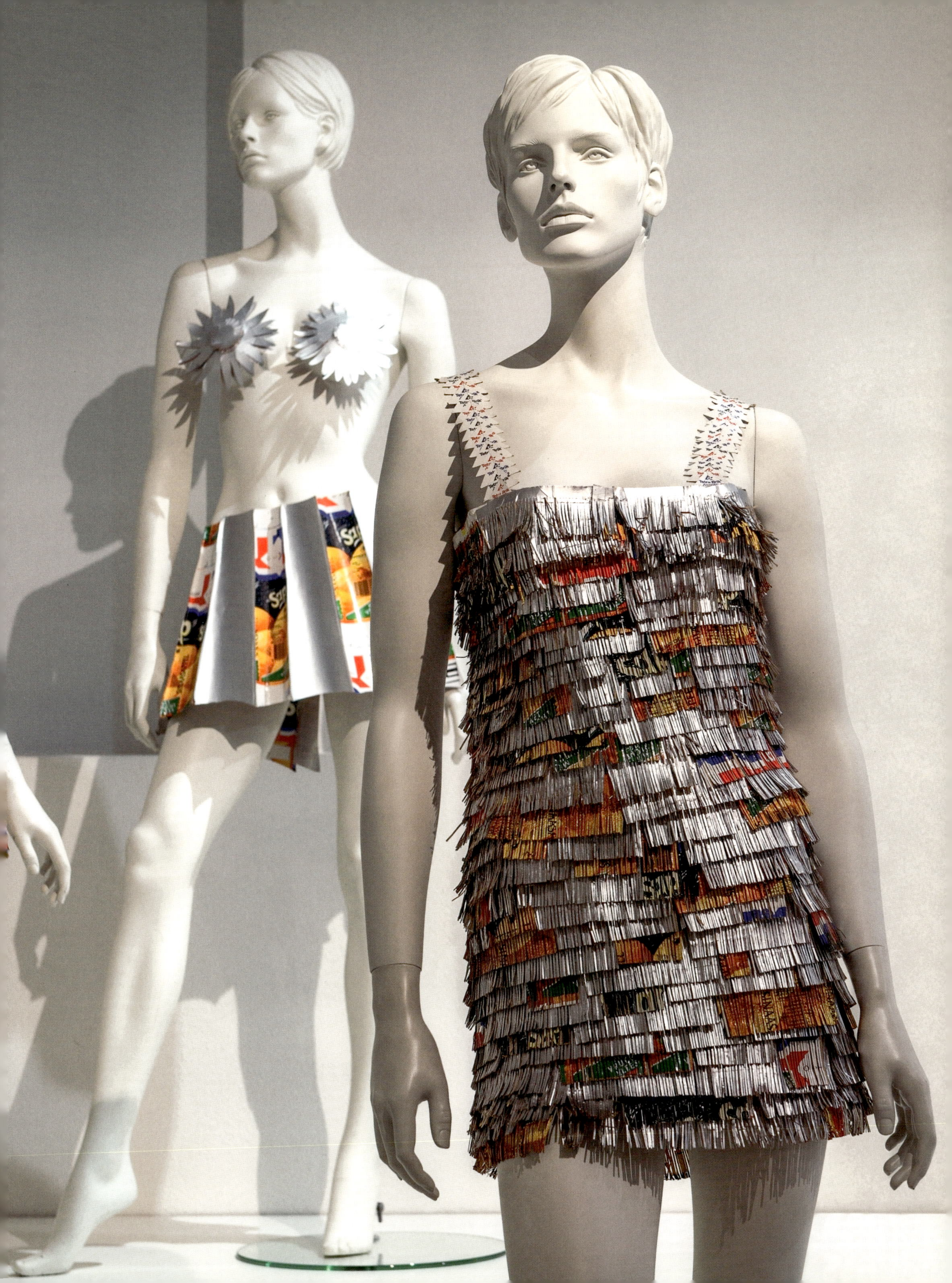

GE
SCHÜTZT

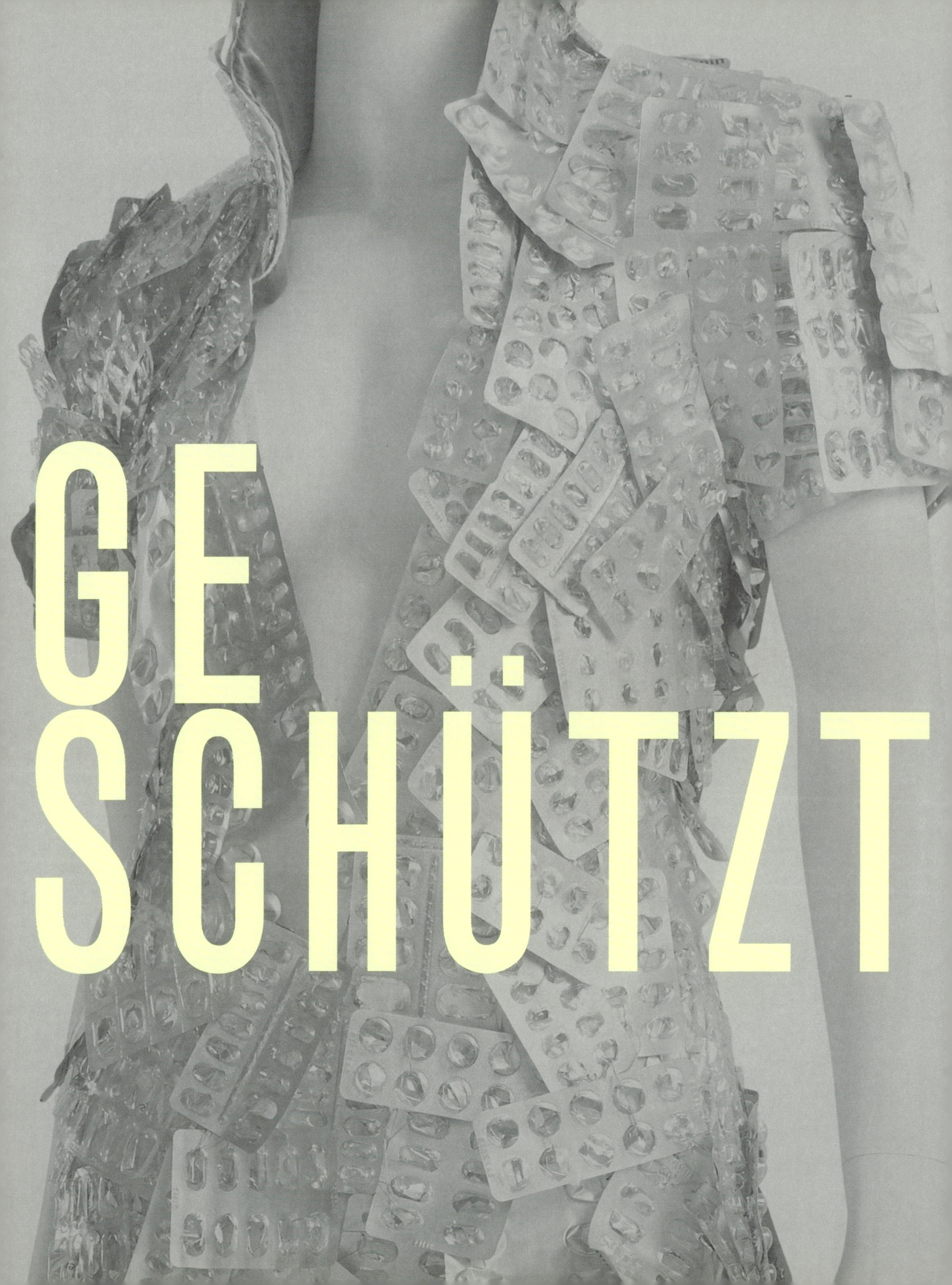

GESCHÜTZT

Einen besonderen Stellenwert im Werk von Stephan Hann nehmen die Kleider aus Tetra-Pak-Karton ein. Die rhythmisch gemusterten Oberflächen, bei denen die metallisch-silberne Farbigkeit ins Auge fällt, nehmen den Betrachter unmittelbar in Beschlag.

Der Herstellungsprozess für diese Kunstkleider begann mit einem mühsamen Zerreißen der Getränkeverpackungen in viele kleine Stücke. Deren silberne Innenseite wendete der Künstler dann nach außen und fügte die einzelnen Stücke wie Schuppen übereinander. So entstand eine hautartige Oberfläche, die an einen Insektenpanzer oder an eine Rüstung erinnert. Diese Anmutung bringt die schützende Funktion von Kleidung eindringlich zu Bewusstsein.

Die tiefere anthropologische Bedeutung der Schutzfunktion von Kleidung enthüllt etwa die christliche Religionsgeschichte, die zahlreiche Schutzgebete kennt, die von Gott oder Jesus als Brustpanier oder Brustharnisch sprechen. In Irland berühmt ist das Gebet „St. Patrick's Breastplate". In diesem Sinne heißt es bereits im Paulusbrief an die Epheser „Zieht die Rüstung Gottes an!"

PROTECTED

Of particular significance among the works of Stephan Hann are the dresses made from Tetra-Pak cartons. The rhythmically patterned surfaces with their striking metallic silver colours make an immediate impression on the observer.

The production process for these art dresses began with an arduous ripping up of the drink packaging into many small pieces. The artist then turned their silver inner surfaces outwards and placed the individual pieces over one another like scales. This created the skin-like surface reminiscent of an insect's shell or of armour. This impression strikingly highlights the protective function of clothing.

The deeper anthropological significance of the protective function of clothing is revealed by the history of the Christian religion, for example, which contains numerous prayers for protection that refer to God or Jesus as a banner or a breastplate. The prayer „St. Patrick's Breastplate" is famous in Ireland, and the Epistle to the Ephesians of the New Testament commands us to "put on the full armour of God".

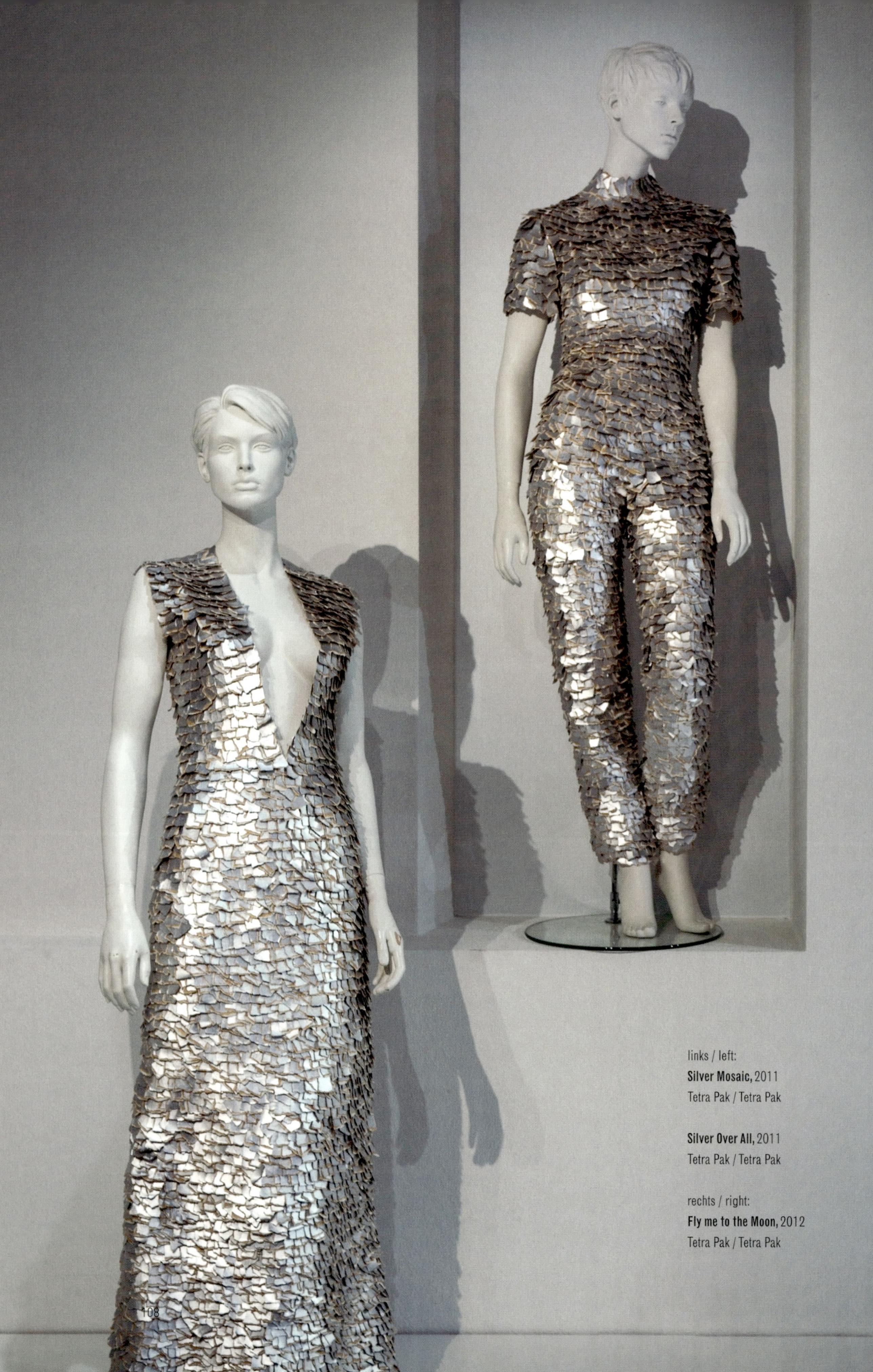

links / left:
Silver Mosaic, 2011
Tetra Pak / Tetra Pak

Silver Over All, 2011
Tetra Pak / Tetra Pak

rechts / right:
Fly me to the Moon, 2012
Tetra Pak / Tetra Pak

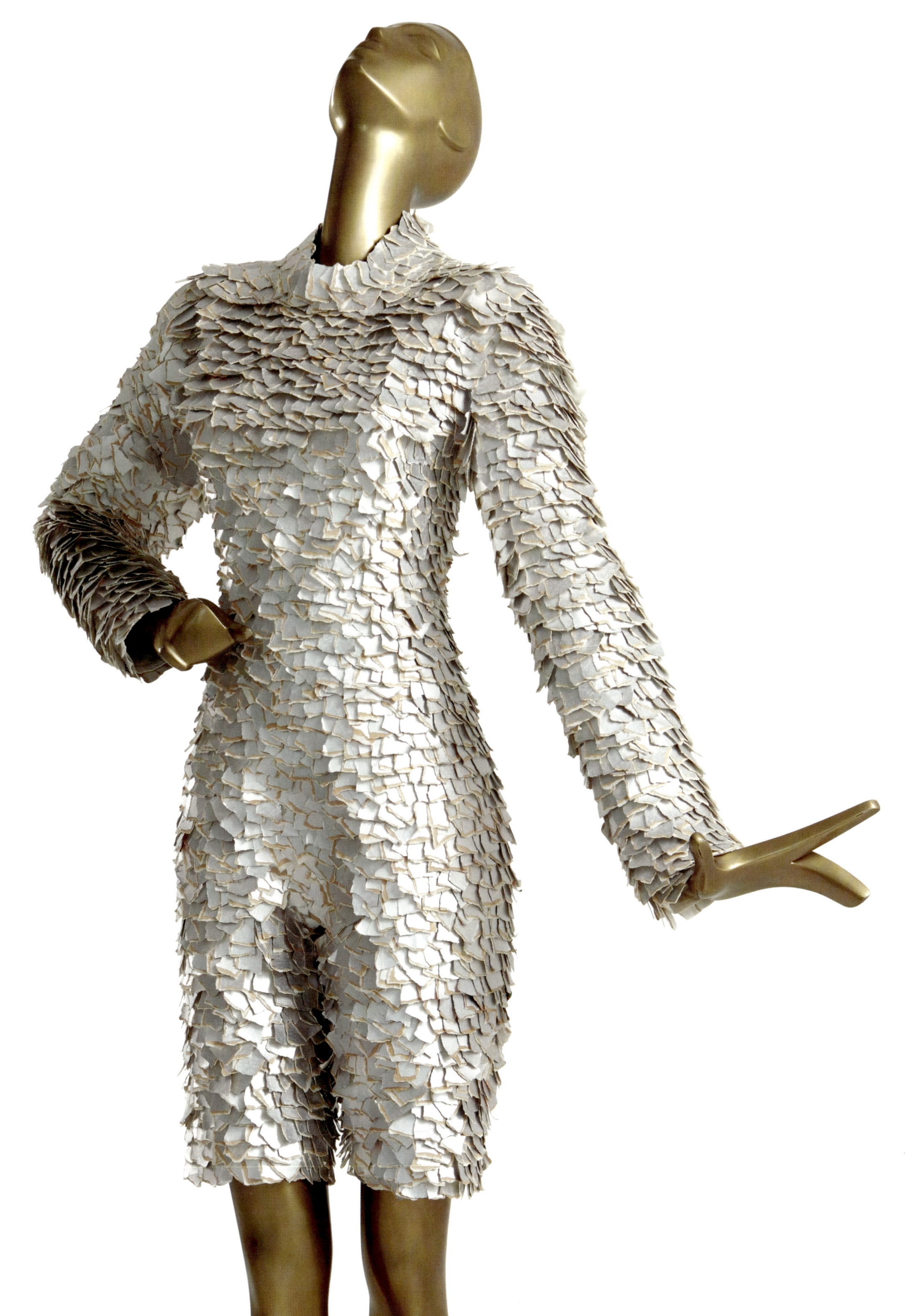

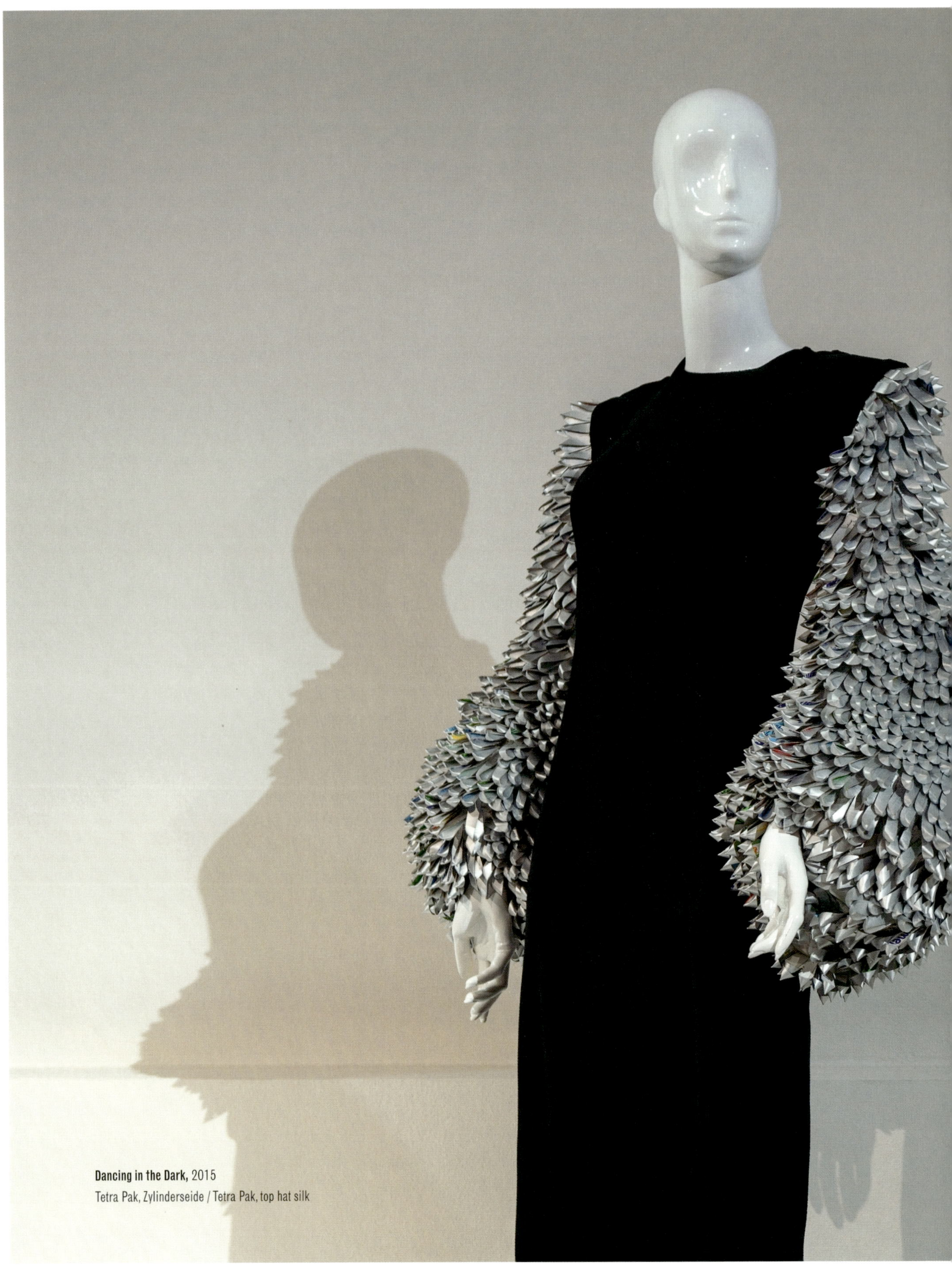

Dancing in the Dark, 2015
Tetra Pak, Zylinderseide / Tetra Pak, top hat silk

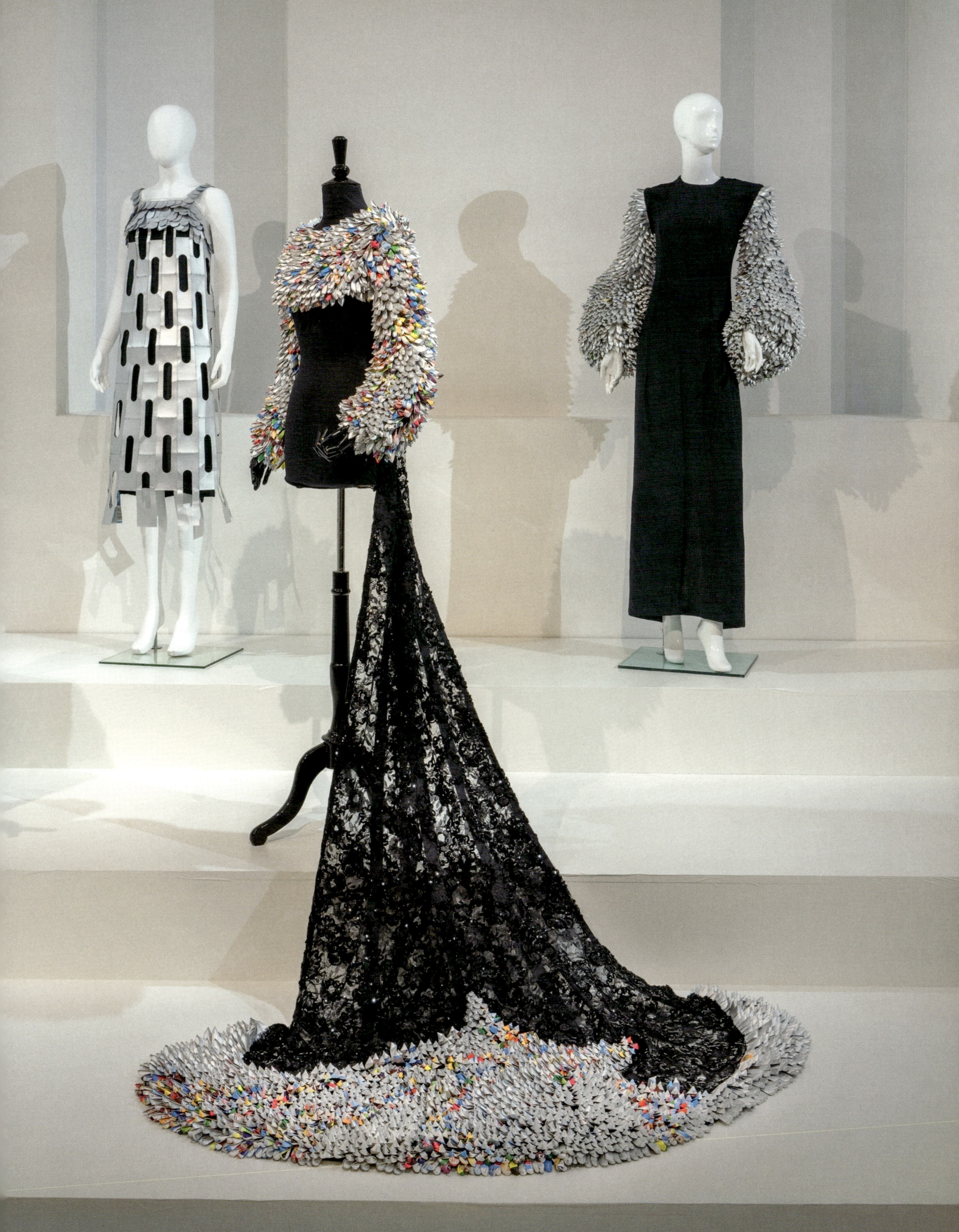

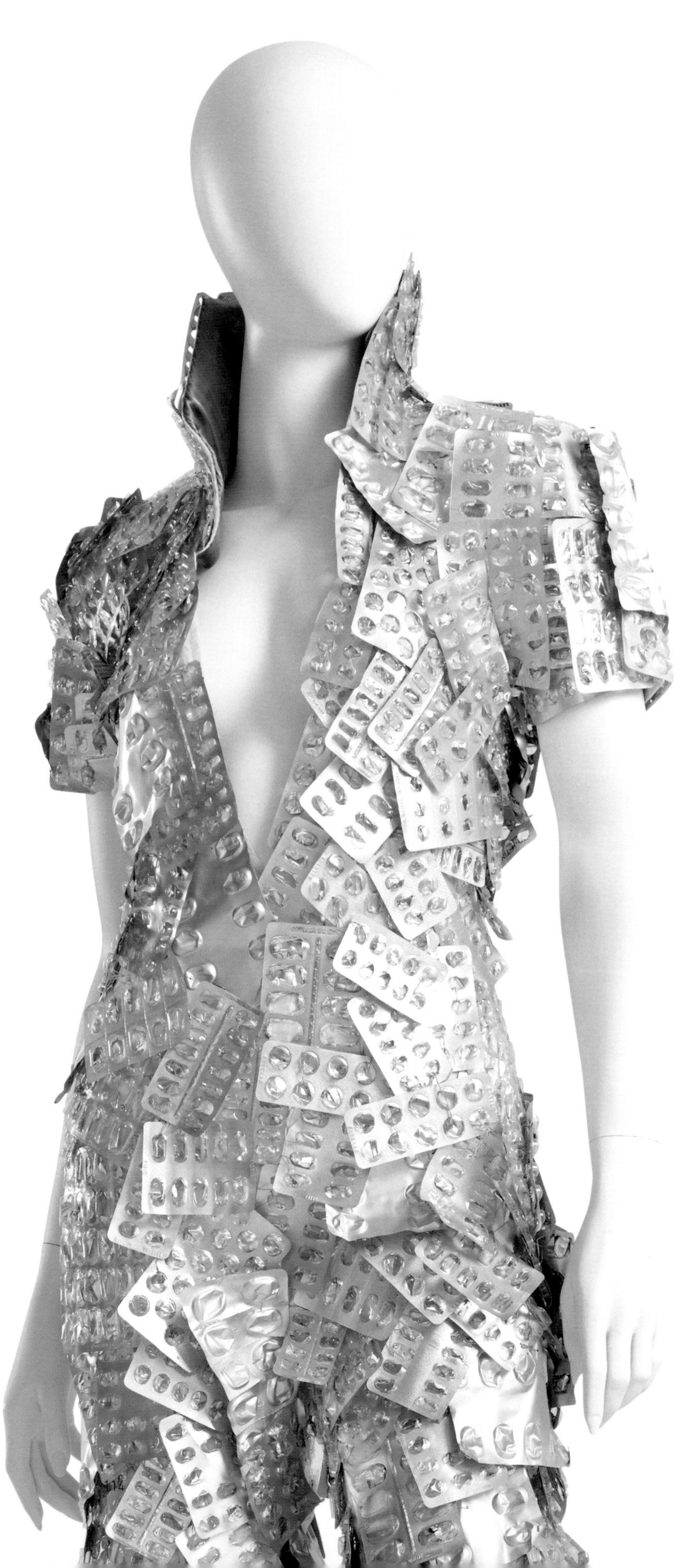

links / left:
Silver Bird II, 2015
Medikamentenblister / Blister

rechts / right:
Silver Bird II, 2015
Medikamentenblister / Blister

Nur noch eine I / Just one more I, 2017
Medikamentenblister / Blister

Nur noch eine II / Just one more II, 2017
Medikamentenblister / Blister
Leihgabe Stift Neuburg
Stift Neuburg loan

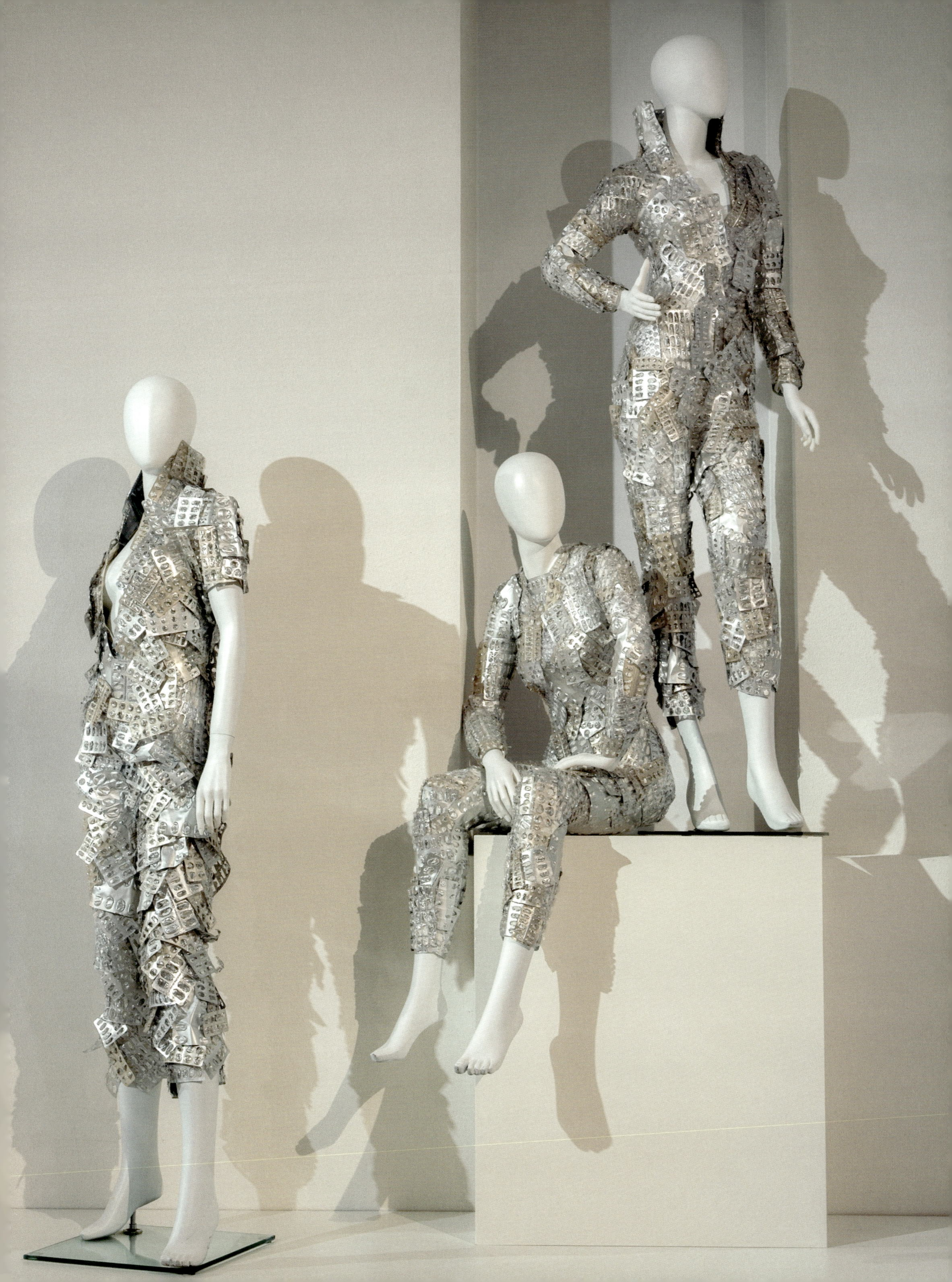

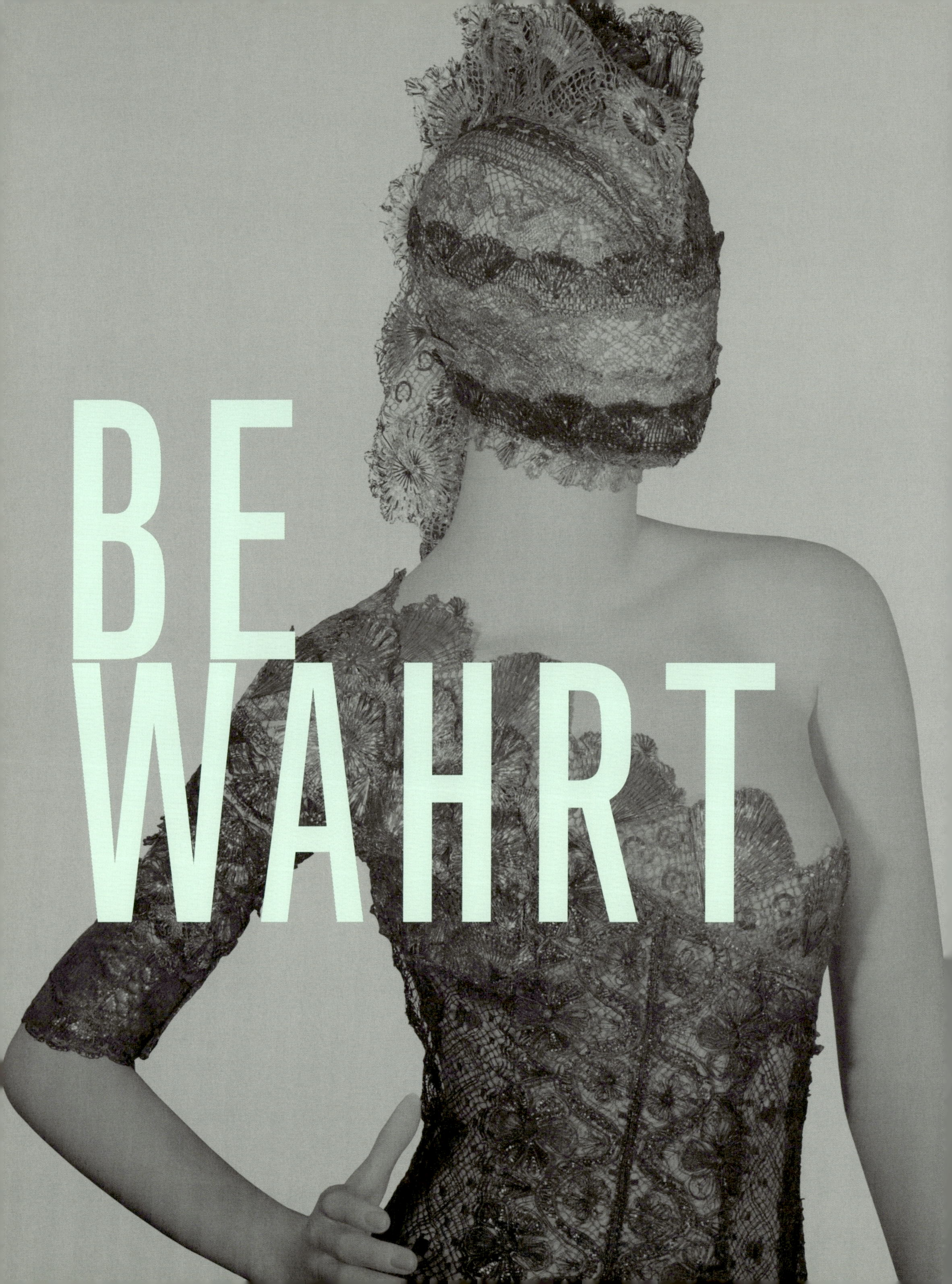
BE
WAHRT

BEWAHRT

Die hier versammelten Modeobjekte zeichnen sich allesamt durch die ihnen eigene Werthaftigkeit aus, die in verschiedenerlei Richtungen ihren Ausdruck findet. Edel muten die historischen Spitzen aus dem 18. Jahrhundert an, aus denen Stephan Hann den „Golden Punk" kreiert hat. Das Swarovski-Kleid enthält verschiedene Kristallglas-Steine, die der Berliner Künstler nach seiner Vorstellung gestaltet hat. Bei dem Telefonbuchkleid und – mehr noch – bei dem Overall aus Rosenblättern („La vie en rose") begegnet indes eine kaum mehr zu steigernde Fragilität der verarbeiteten Materialien, die ebenso verletzlich wie wehrhaft wirken. Der mehrdeutige Titel „La vie en rose" ruft nicht zuletzt das Lied von Edith Piaf in Erinnerung, die von einer rosigen Verliebtheit sang – ein Gefühl, das gleichermaßen erhebend wie zerbrechlich erscheinen kann. Wie auch das Telefonbuchkleid, führt die Kreation „La vie en rose" ein ästhetisches Paradox vor Augen, indem sie der Vergänglichkeit der Mode ein Denkmal von künstlerischer Dauer setzt.

Formal dem Rosenoverall verwandt ist „Au revoir", ein gleichsam metallisch gewappneter Engel, der in die Höhe entschwebt.

SAFEGUARDED

The fashion items collected here are all distinguished by their own intrinsic value which expresses itself in various ways. The historical laces from the 18th century, from which Hann created the "Golden Punk", make a noble impression. The Swarovski dress contains a number of different crystal stones which the Berlin artist shaped according to his own design. In the telephone book dress and – even more so – in the overalls made of rose petals ("La vie en rose"), we encounter, on the other hand, the greatest possible fragility of the materials used, making an impression that is as vulnerable as it is fortified. The ambiguous title "La vie en rose" reminds us not least of the song by Edith Piaf, who sang of a rosy love – a feeling that can seem both uplifting and fragile. As with the telephone book dress, the creation "La vie en rose" presents an aesthetic paradox by creating a permanent monument to the transient medium of fashion.

Formally related to the rose overalls is "Au revoir", an angel with a seemingly metallic armour wafting away up above.

folgende Doppelseite / following pages:
Golden Punk, 2017
Historische Gold- und Silberspitze
Historic gold and silver lace

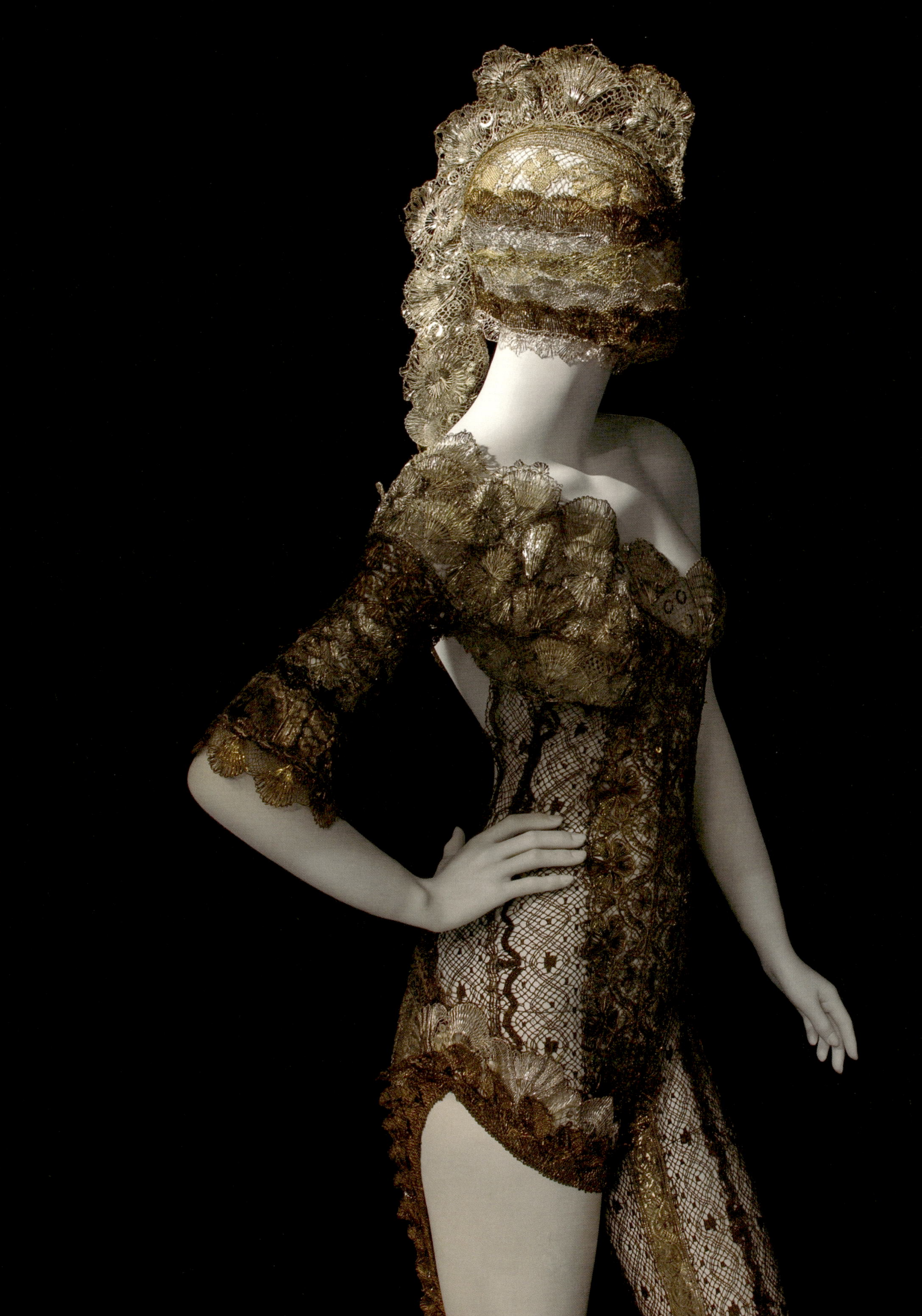

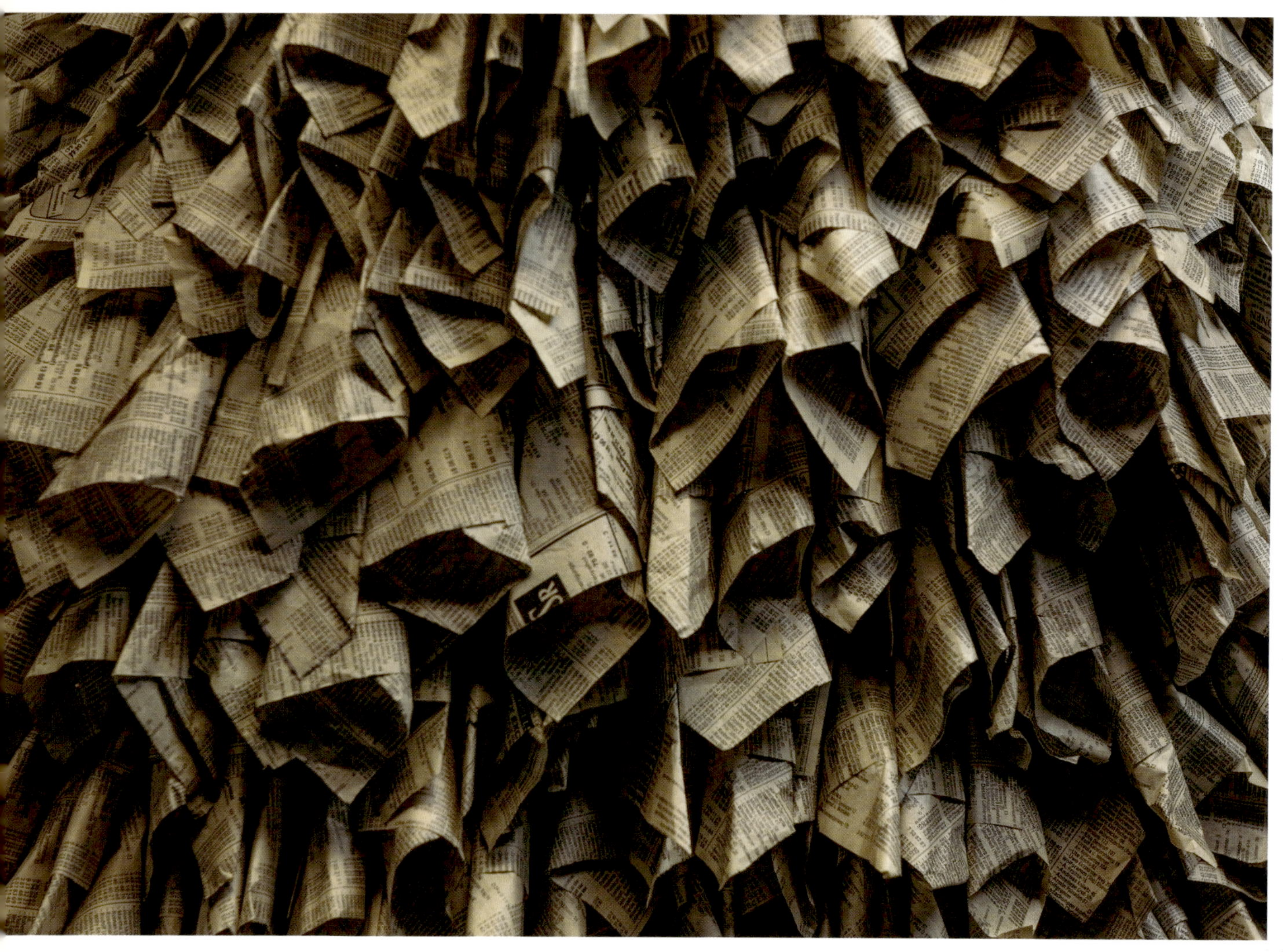

left / links:
Detail / Detail

rechts / right:
Opernball / Opera Ball, 1985
Telefonbuchseiten / Telephone book pages

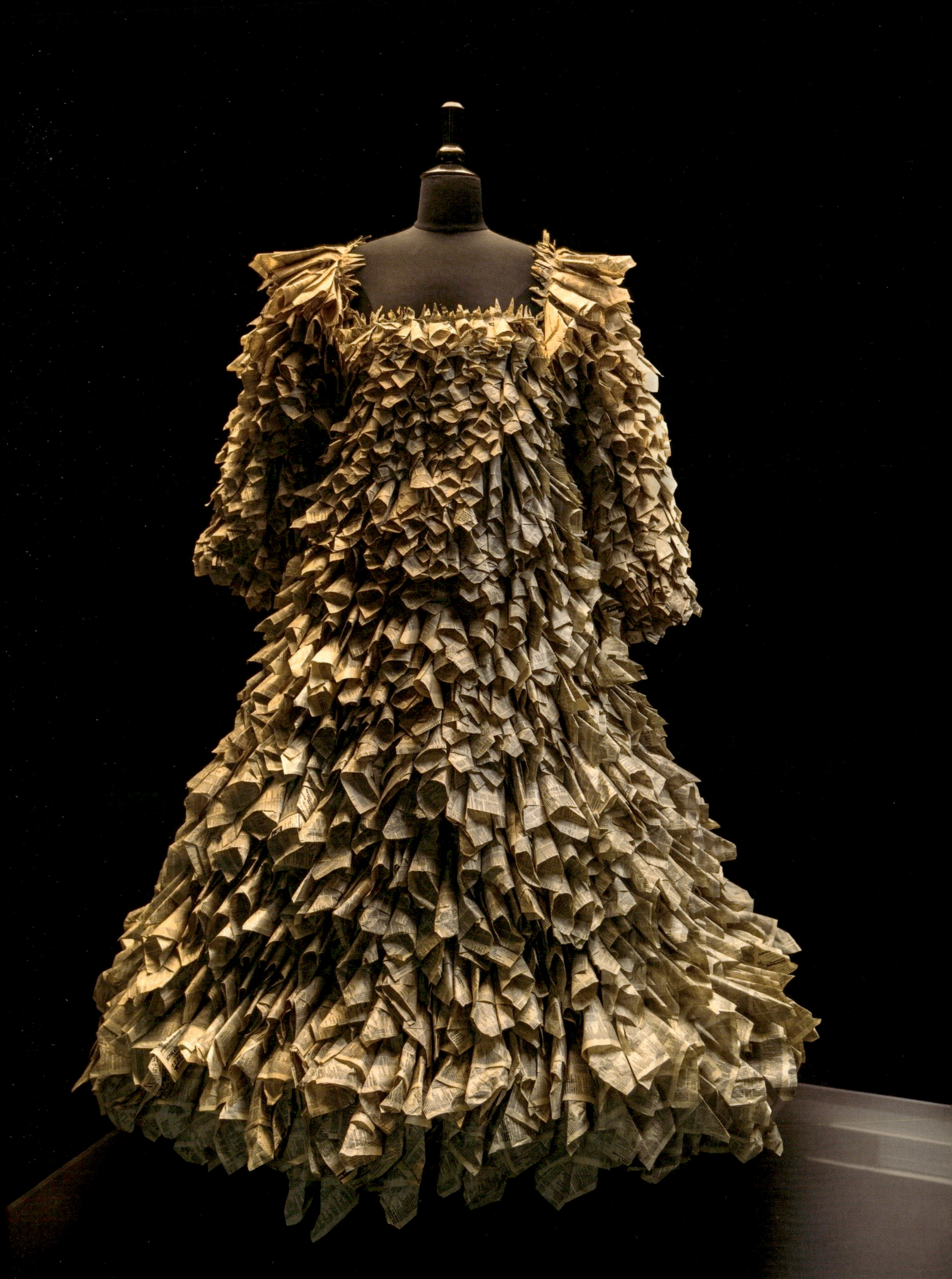

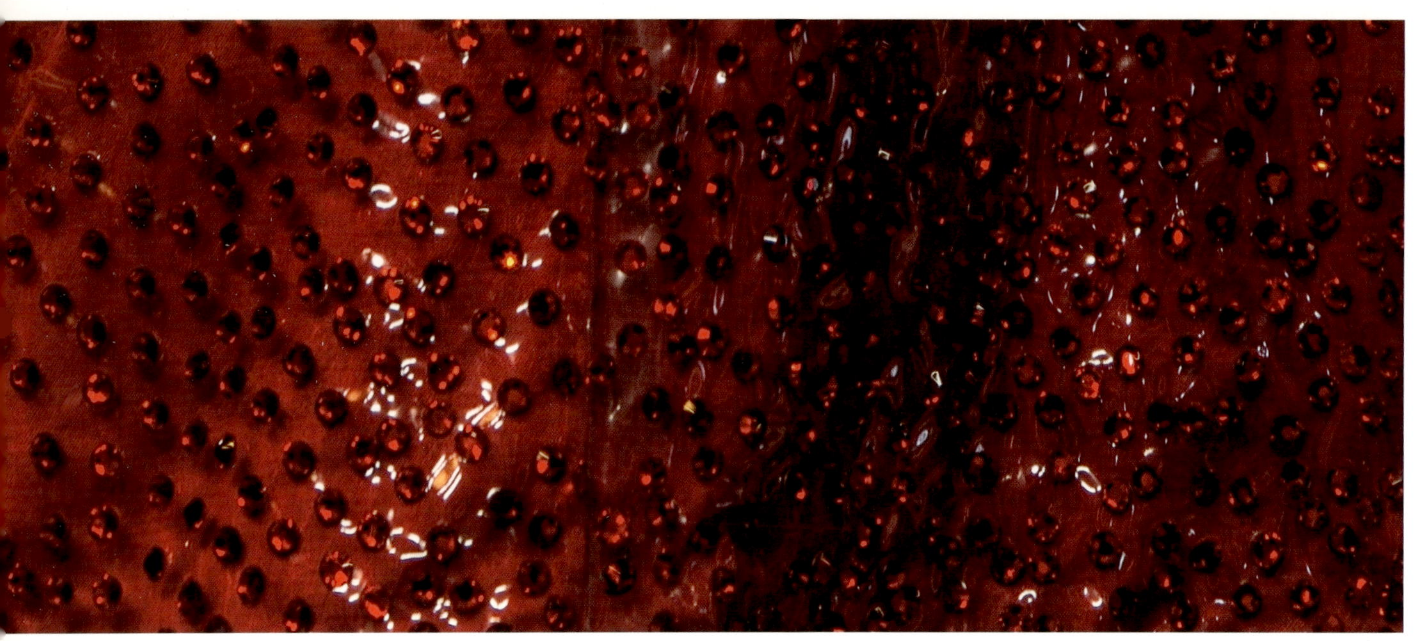

left / links:
Detail / Detail

rechts / right:
Crystals Are Forever, 2007
Swarovskikristalle, PVC, Seidensatin
Swarovski crystals, PVC, silk satin

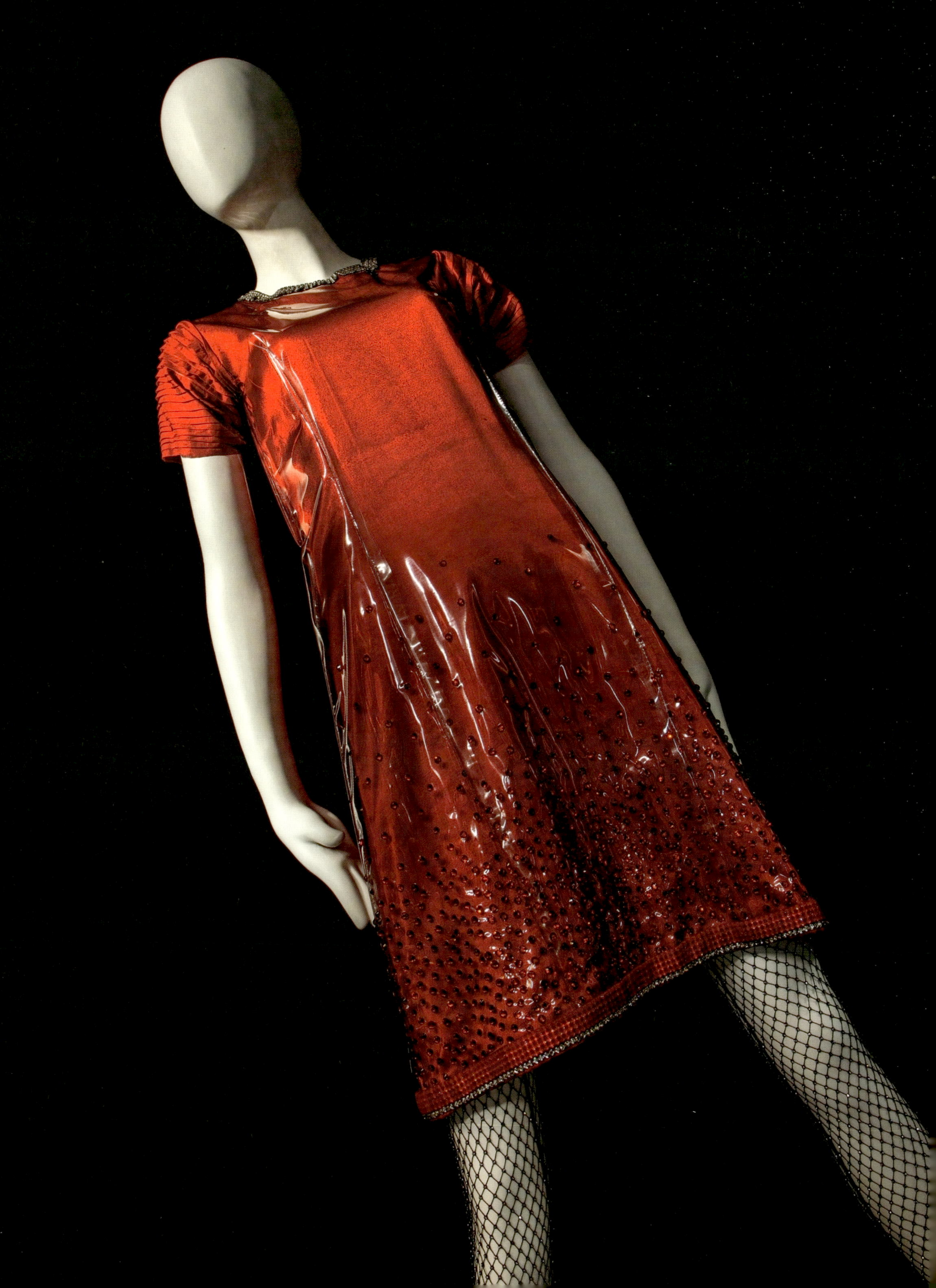

Die Erinnerung ist das einzige Paradies, aus dem wir nicht vertrieben werden können.

Memory is the only paradise from which we cannot be banished.
Jean Paul (1763 - 1825)

Mythe, 2002
Swarovskikristalle, Leder, Hasenfell / Swarovski crystals, leather, rabbit fur

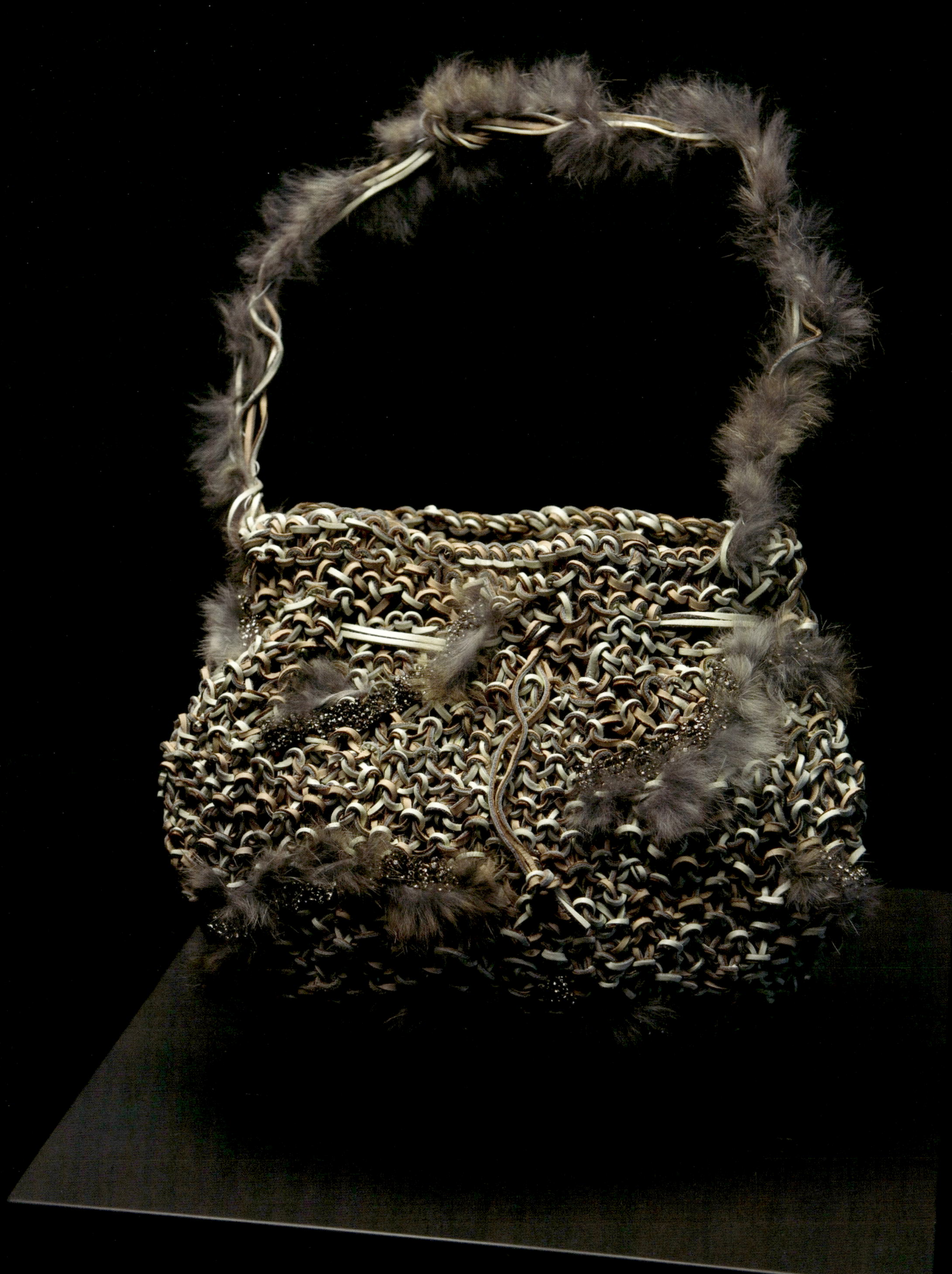

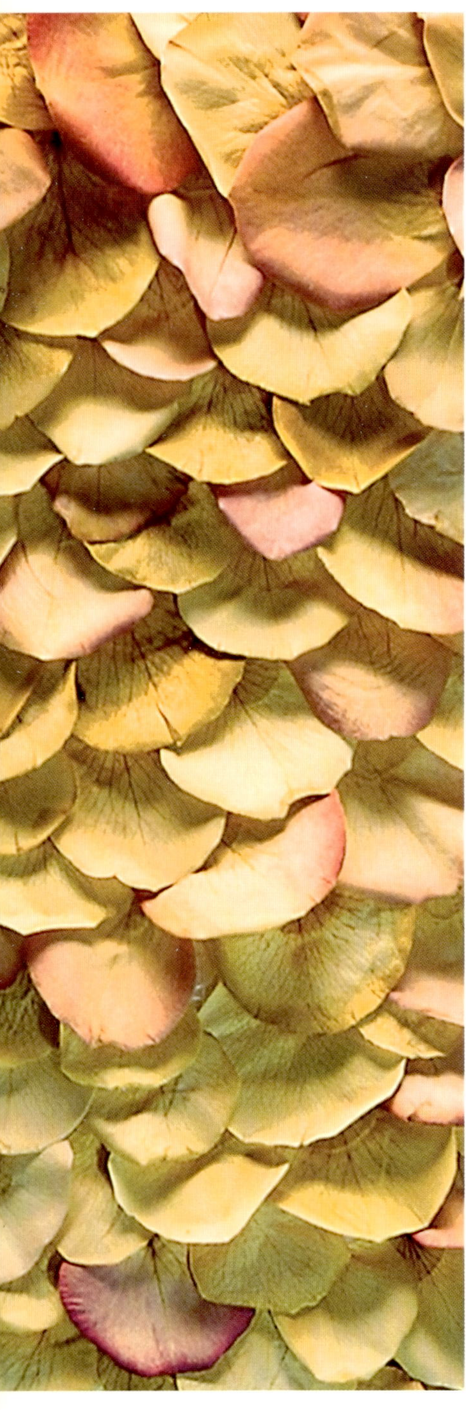

rechts / right:
La vie en rose, 2013
Rosenblätter / Rose petals

left / links:
Detail / Detail

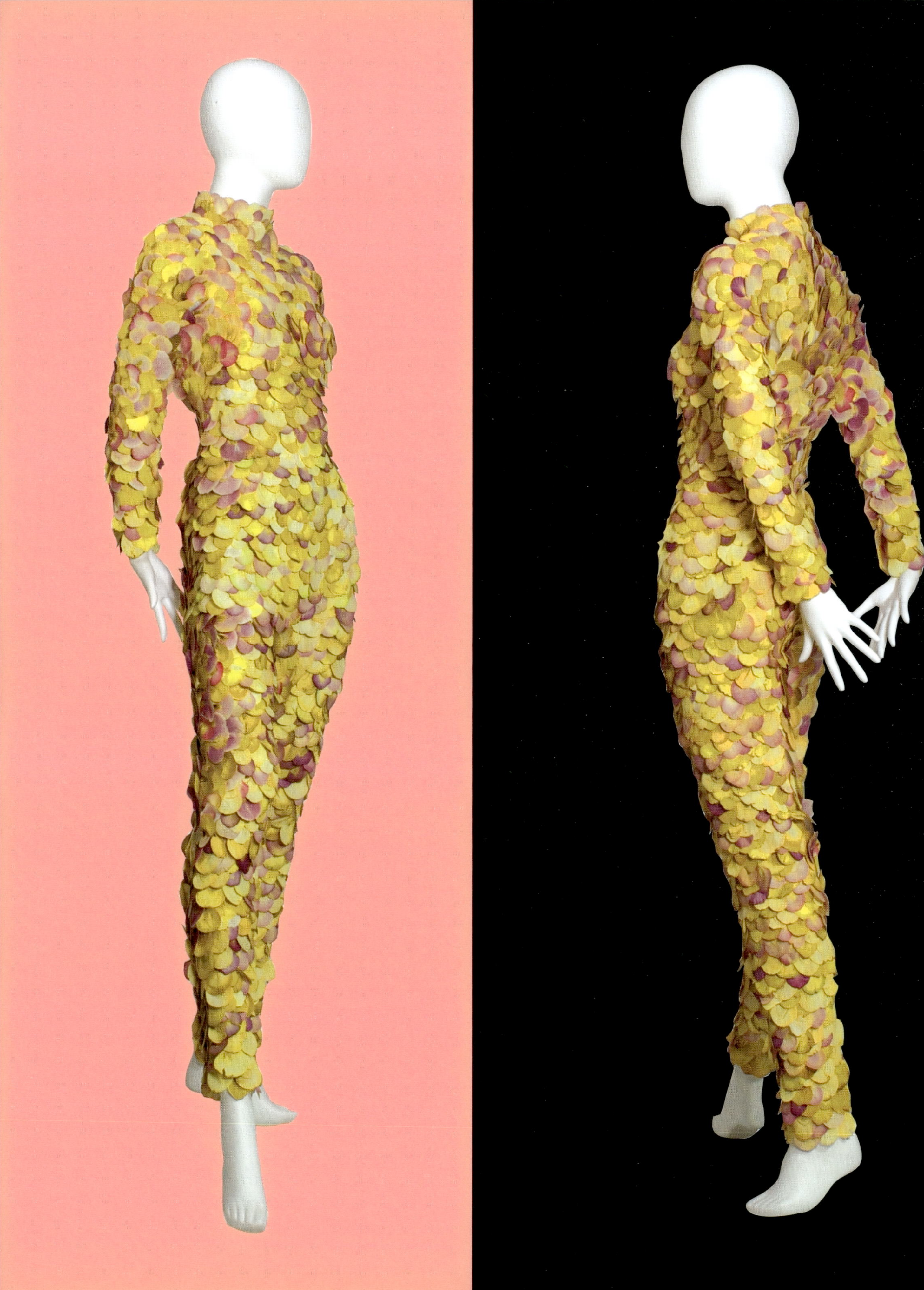

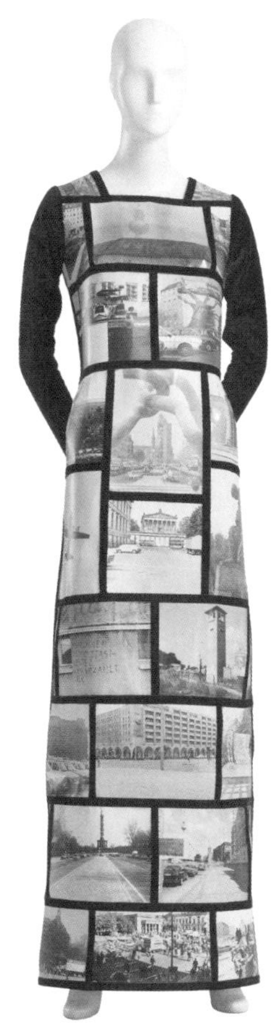

left / links:
Mauerfall, 2016
Berlin-Fotografien der Jahre 1989/1990, Samt, Samtband
Berlin photographs 1989/1990, velvet, velvet ribbon

rechts / right:
Detail / Detail

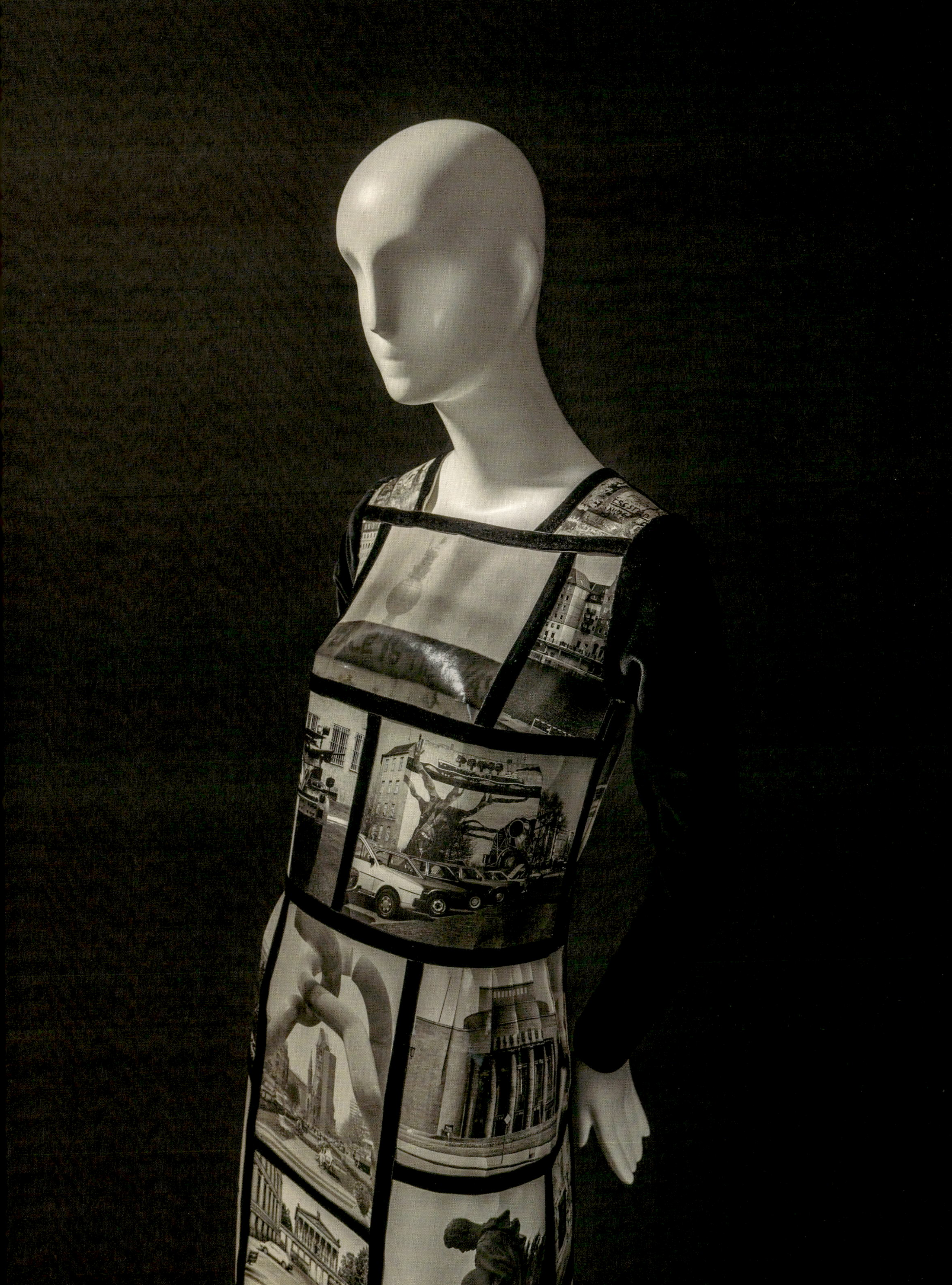

Hand-Tasche / Hand-Bag, 2015
Lederhandschuhe
Leather gloves

Tressage, 2004
Plastikgürtel
Platic belts

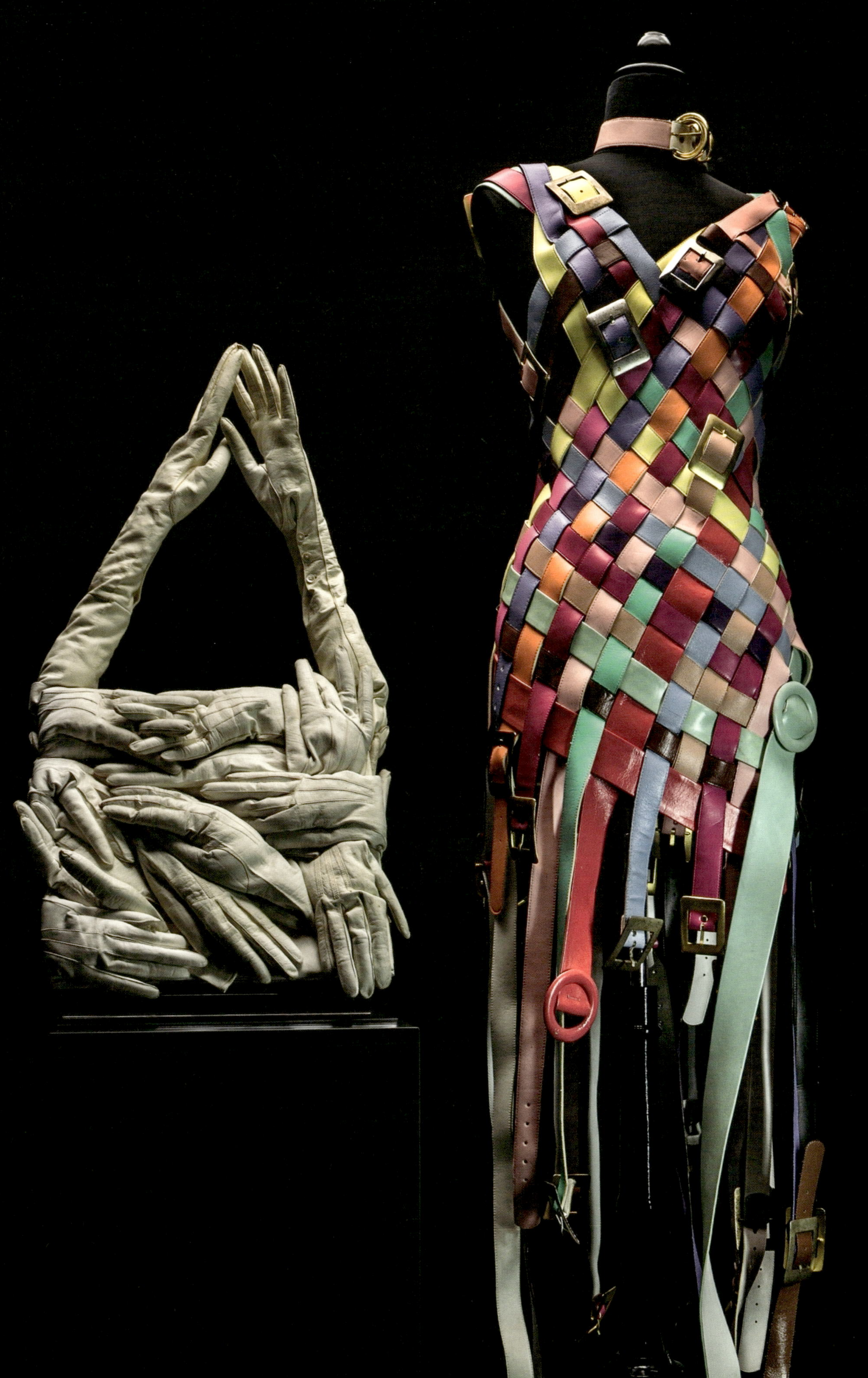

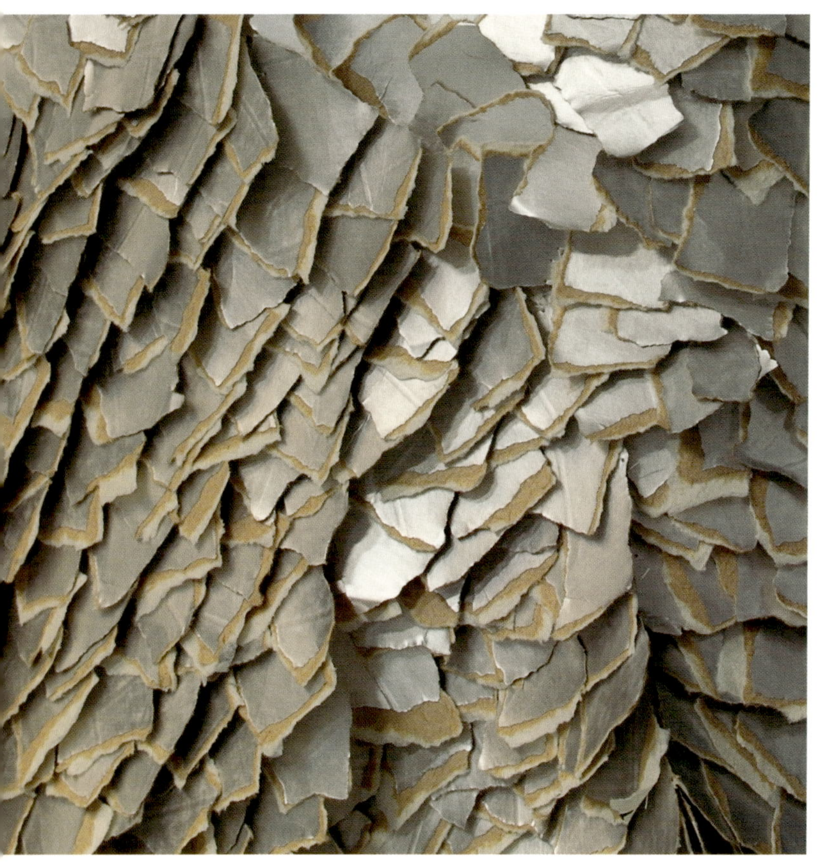

left / links:
Detail / Detail

rechts / right:
Au revoir, 2014
Tetra Pak / Tetra Pak

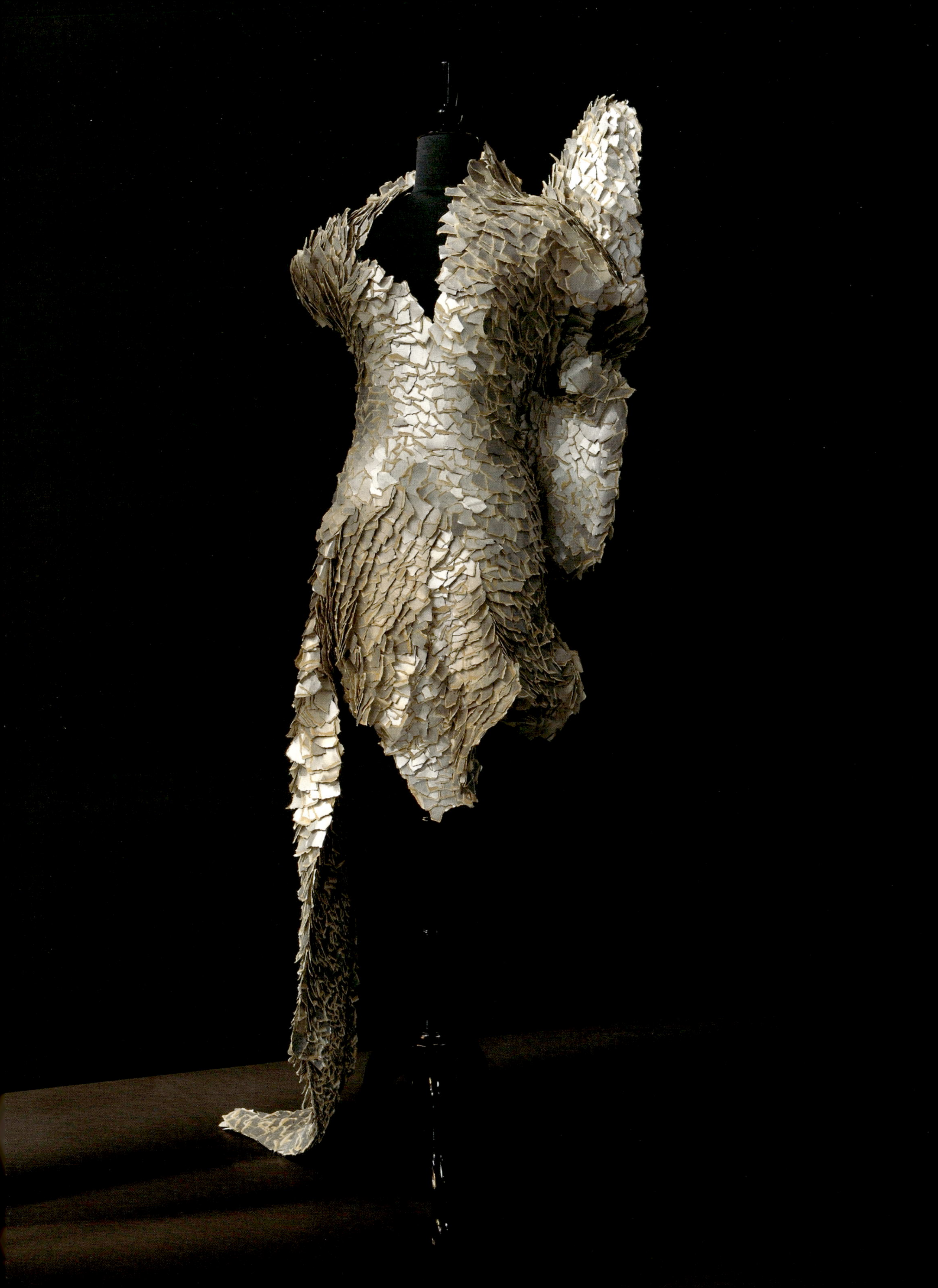

ZELE
BRIERT

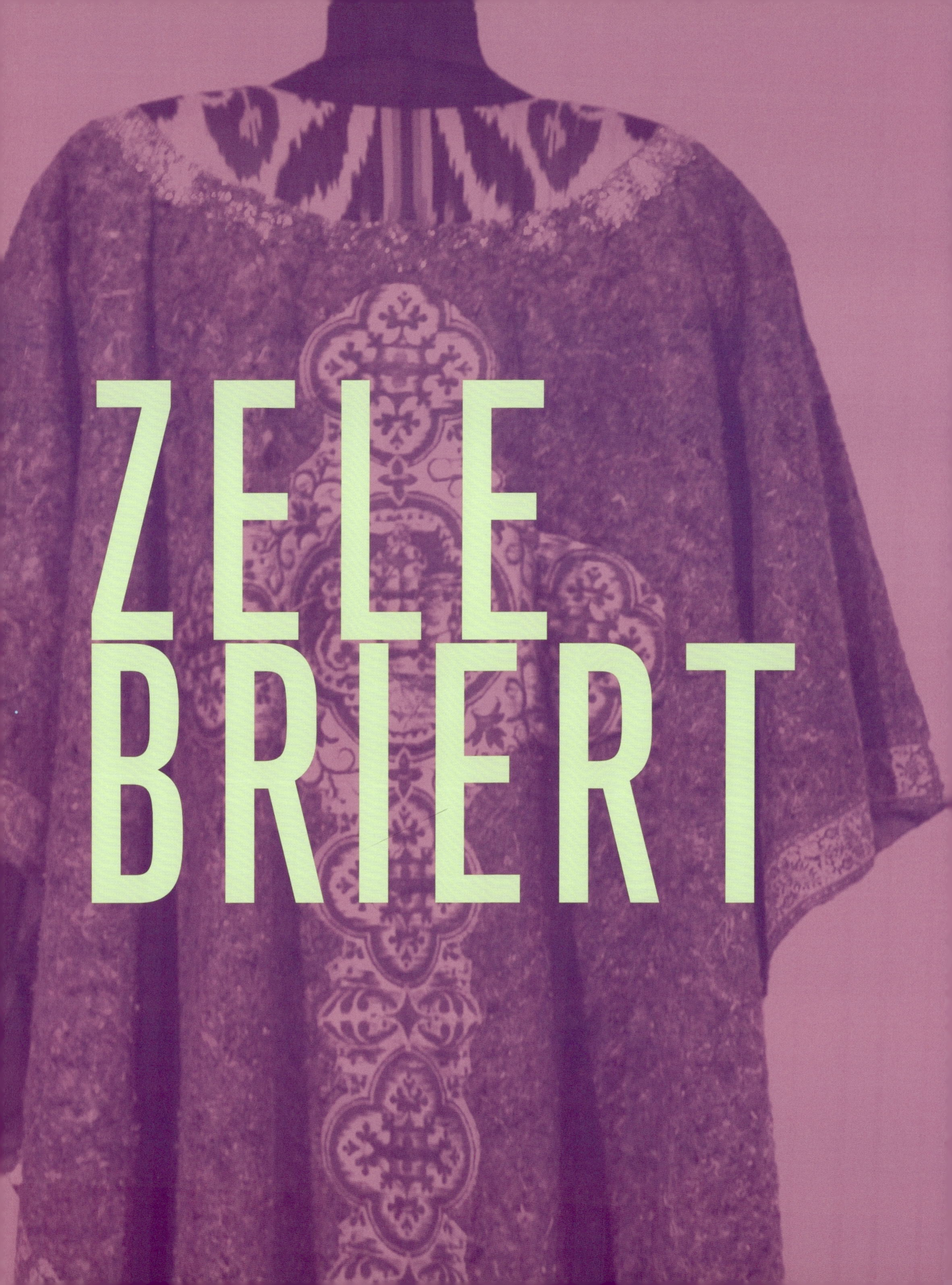

ZELEBRIERT

In den Jahren 2013/2014 hat Stephan Hann erstmals liturgische Gewänder entworfen, die das Benediktinerstift Admont (Steiermark, Österreich) in Auftrag gegeben hat. Anlässlich der Augsburger Ausstellung sind zwei neue Gewänder entstanden, die für den Einsatz im Gottesdienst gedacht sind.

Mit seinen liturgischen Gewändern geht Hann bewusst über die bloße Sphäre der Kunst hinaus, die gleichsam in den Dienst der christlichen Religion genommen wird. Damit kommt zur künstlerischen Interpretation eine theologische Deutung hinzu. Wenn Hann hier etwa getragene Jeans verarbeitet, verweist das auf die Menschwerdung Gottes in Gestalt von Jesus Christus, der sich bis in den gewöhnlichen Stoff des Alltags in die Welt hinein entäußert und damit mit allen Menschen solidarisiert hat. Die Einarbeitung von goldenen Stoffen versinnbildlicht zugleich die Herrlichkeit Gottes, die im liturgischen Geschehen aufscheinen soll. Messgewänder tragen dazu bei, in der liturgischen Feier eine Begegnung zwischen Gott und Mensch zu ermöglichen — eine Feier, die das Wunder der Gnade zelebriert.

CELEBRATED

In 2013/2014, Stephan Hann designed liturgical robes for the first time, commissioned by the Benedictine monastery Admont (Styria, Austria). For the Augsburg exhibition, two new sets of robes have been created which are intended to be used in church services.

With his liturgical robes, Hann takes a deliberate step beyond the sphere of art, which is seemingly taken into the service of the Christian religion. This adds a theological interpretation to the artistic one. When Hann uses worn jeans in his work, for example, this points to the incarnation of God in the form of Jesus Christ, who was realised in the world and in the normal fabric of daily life, thus embodying solidarity with all people. The incorporation of golden fabrics at the same time epitomises the glory of God which supposedly shines through in the liturgical process. Eucharistic vestments contribute to enabling an encounter between man and God in the liturgical celebration — a celebration that honours the miracle of grace.

Kasel / Chasuble, 2018
Getragene Jeans, französisches Gewebe (19. Jahrhundert)
Used jeans, french fabric (19th century)

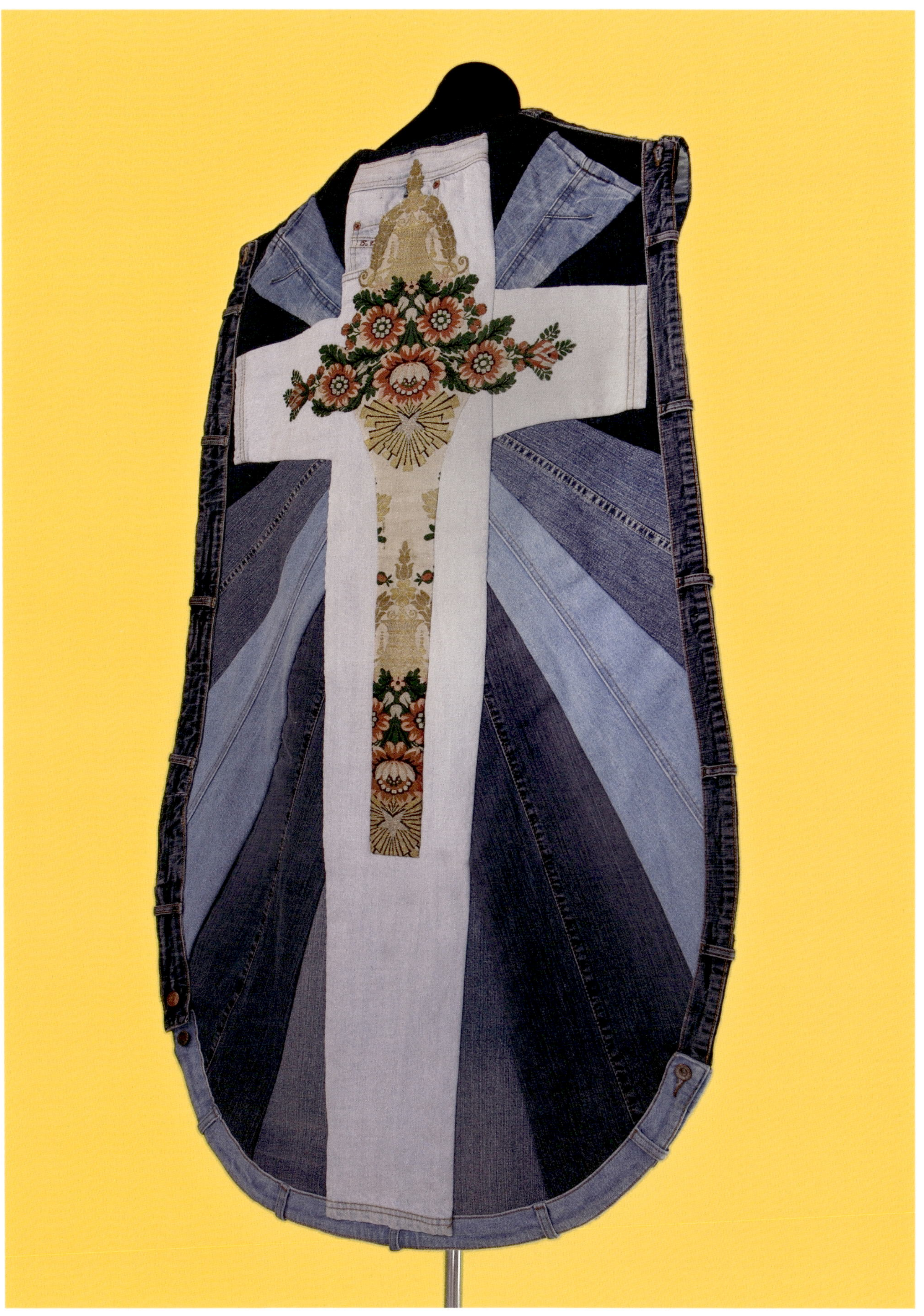

Alle Erinnerung ist Gegenwart.

Memory is nothing but presence.
Novalis (1772 - 1801)

Kasel / Chasuble, 2018
Ikat-Stoff, Goldspitze, indischer Kattun, französisches Gewebe (alle 19. Jahrhundert),
Ikat-Stoff, Vlies (beide 21. Jahrhundert) /
Ikat fabric, gold lace, indian calico, french fabric (all 19th century),
ikat-fabric, Fleece (both 21st century)

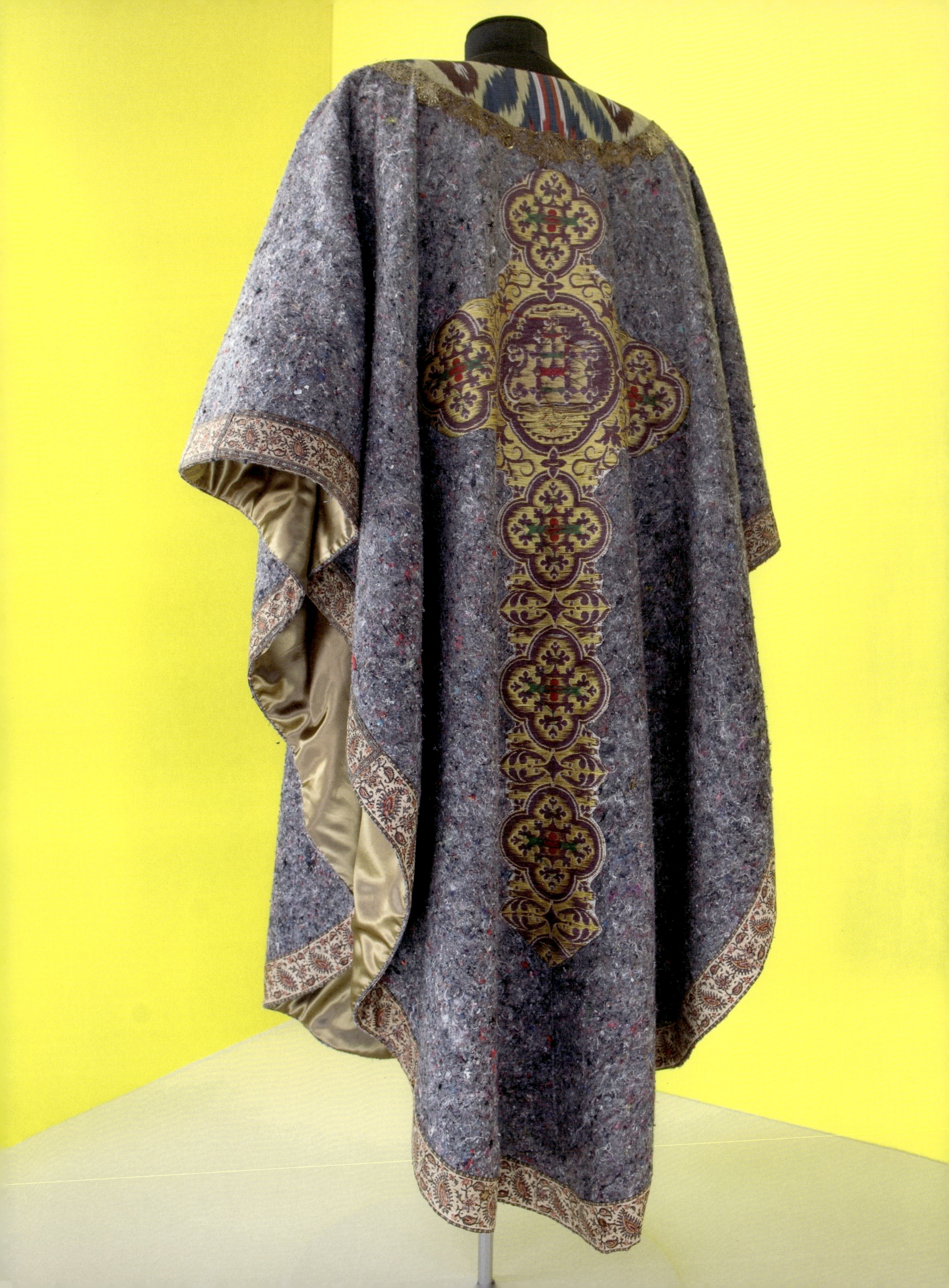

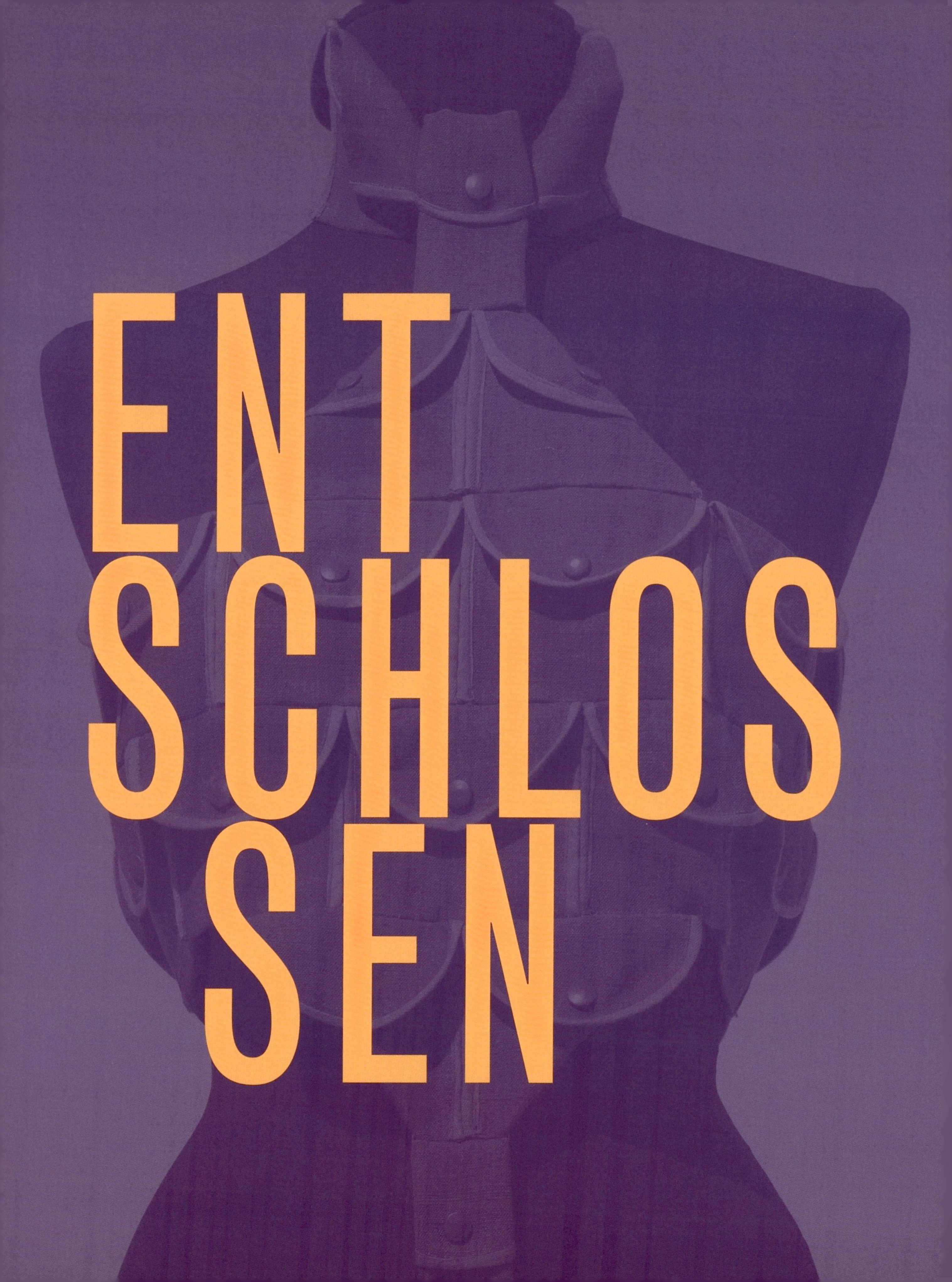

ENT
SCHLOS
SEN

ENTSCHLOSSEN

Eine außergewöhnliche Formensprache lassen die Arbeiten von Stephan Hann erkennen, die ganz und gar aus Geldtaschen (Portemonnaies) bestehen, wie sie im französischen Militär Verwendung fanden. Knapp bemessen, schmiegen sich die Geldtaschen-Kleider an den Frauenkörper und drücken zugleich einen inneren Widerspruch aus, der an das Spannungsfeld von Erotik und Gewalt denken lässt. Kampfbereit wirken diese Figuren, die sich gewappnet und entschlossen in der Arena des Alltags bewegen. Ob auf Angriff oder auf Abwehr eingestellt — sie vermitteln einen selbstbewussten Umgang mit dem Kampf, der auch als Kampf der Geschlechter gedeutet werden kann. Aber vielleicht enthalten die Taschen auch ein besonderes Souvenir oder einen glückbringenden Talisman, die im Gefecht des Lebens Sicherheit verleihen sollen.

RESOLUTE

An extraordinary formal language is evident in the works of Stephan Hann that consist entirely of money purses as used by the French military. In a slim cut, the purse dresses fit snugly on the female body, expressing an inner contradiction reminiscent of the tension between eroticism and violence. These figures seem ready to fight, moving armed and resolute through the arena of daily life. Whether prepared for attack or defence — they express a confident attitude to battle, which can also be interpreted as a battle of the sexes. But perhaps the purses also contain a special souvenir or a lucky talisman which might provide security in the battle of life.

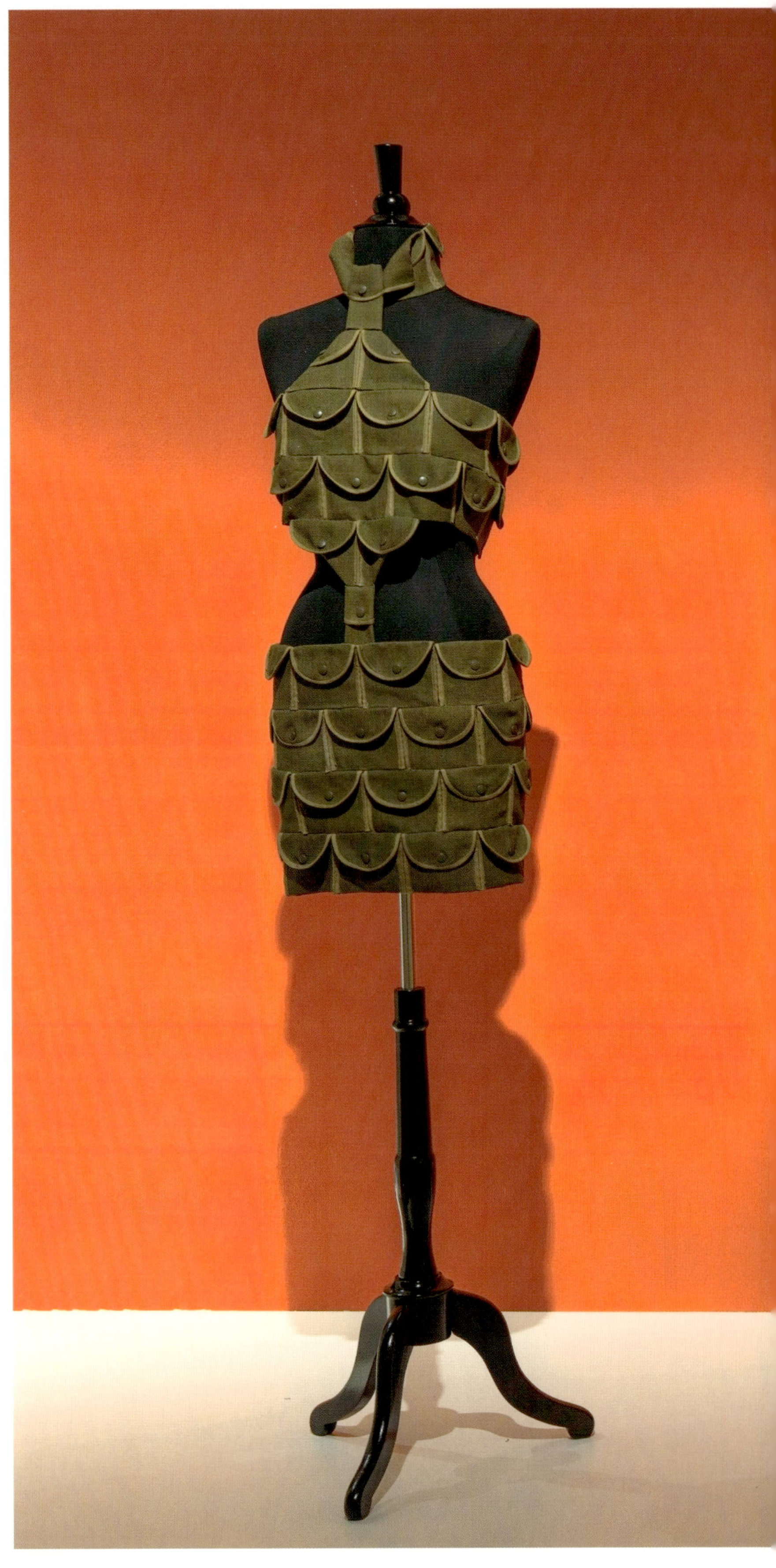

Entschlossen / Resolute

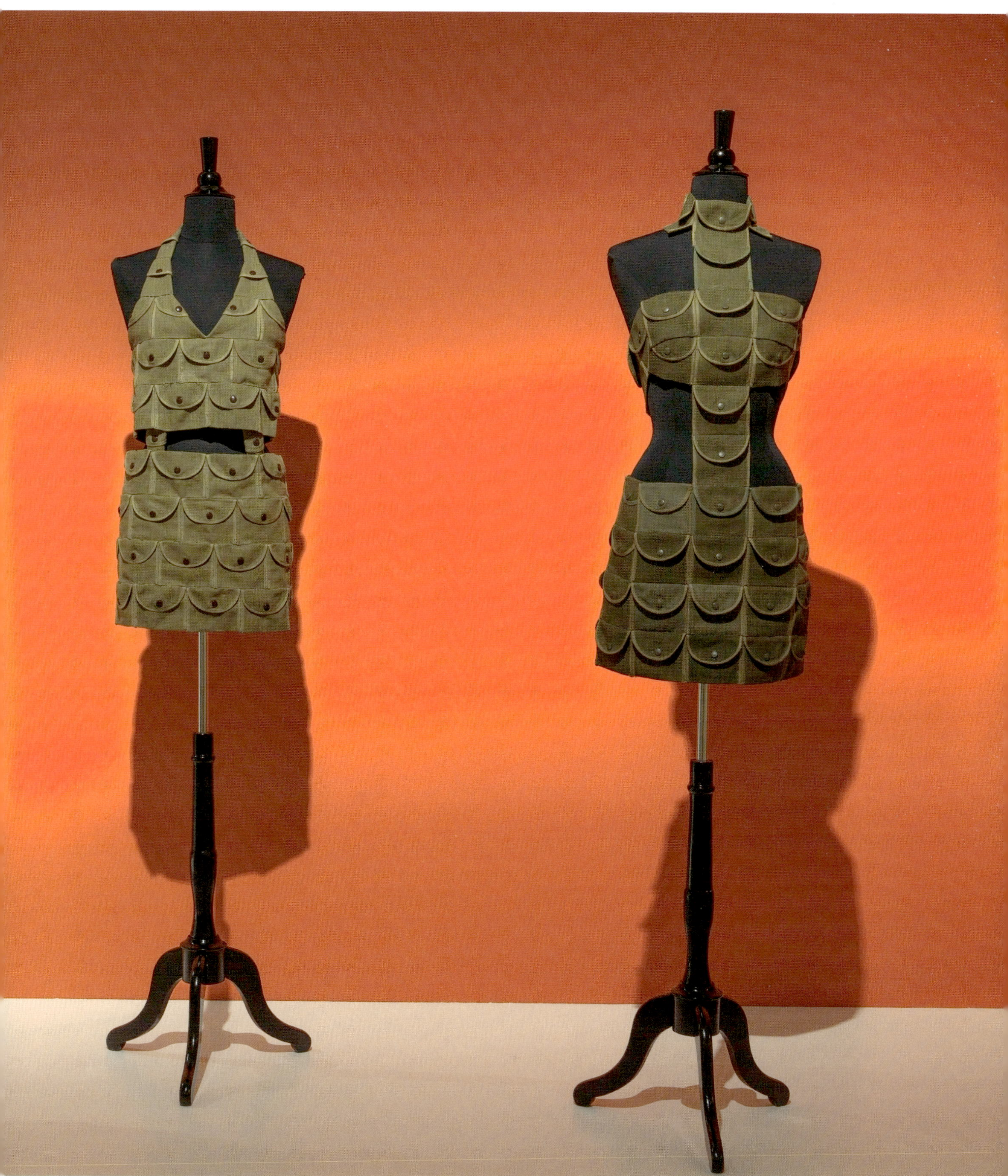

Marie, 2005
Französische Militärgeldbeutel / French military wallets

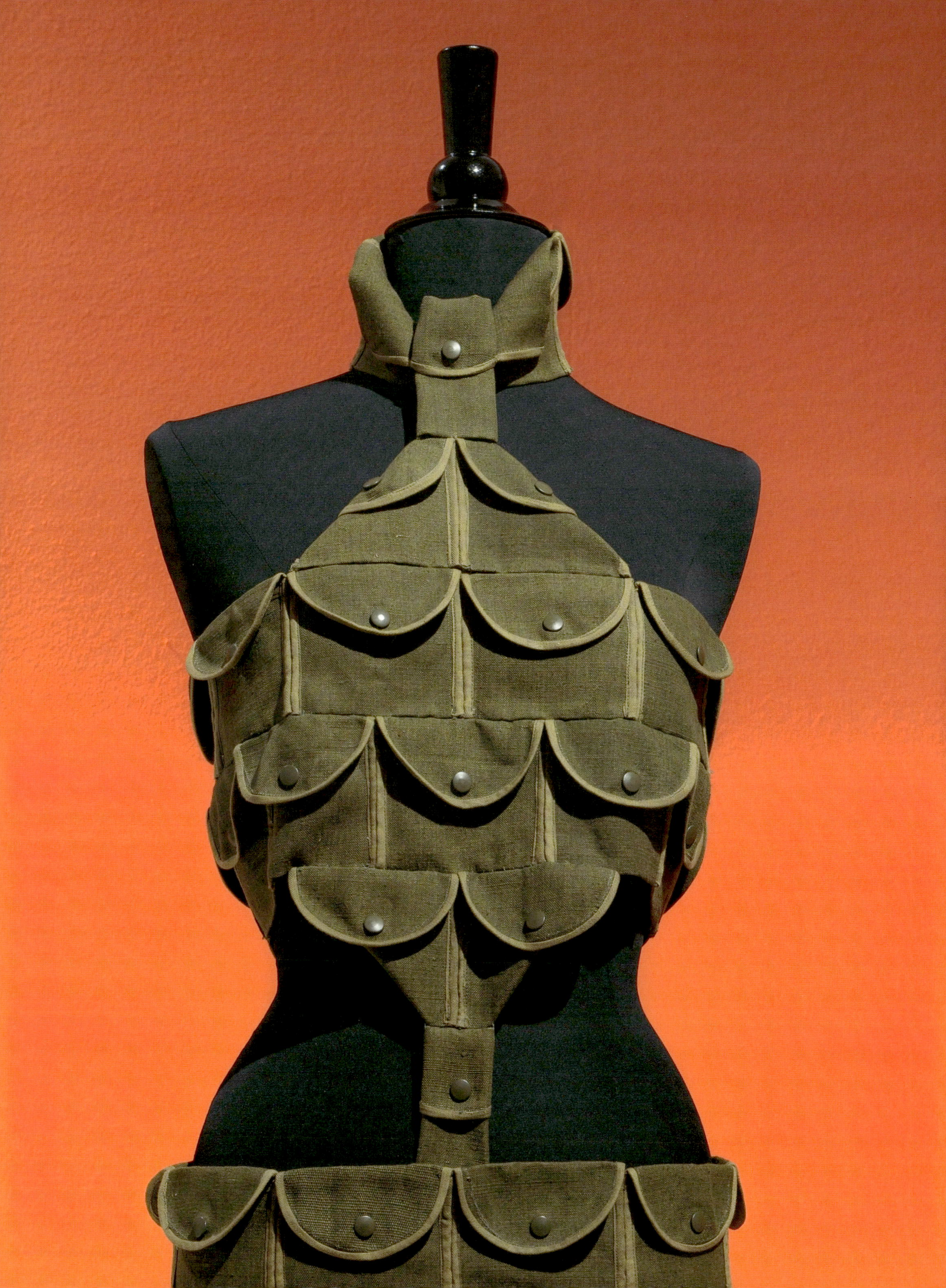

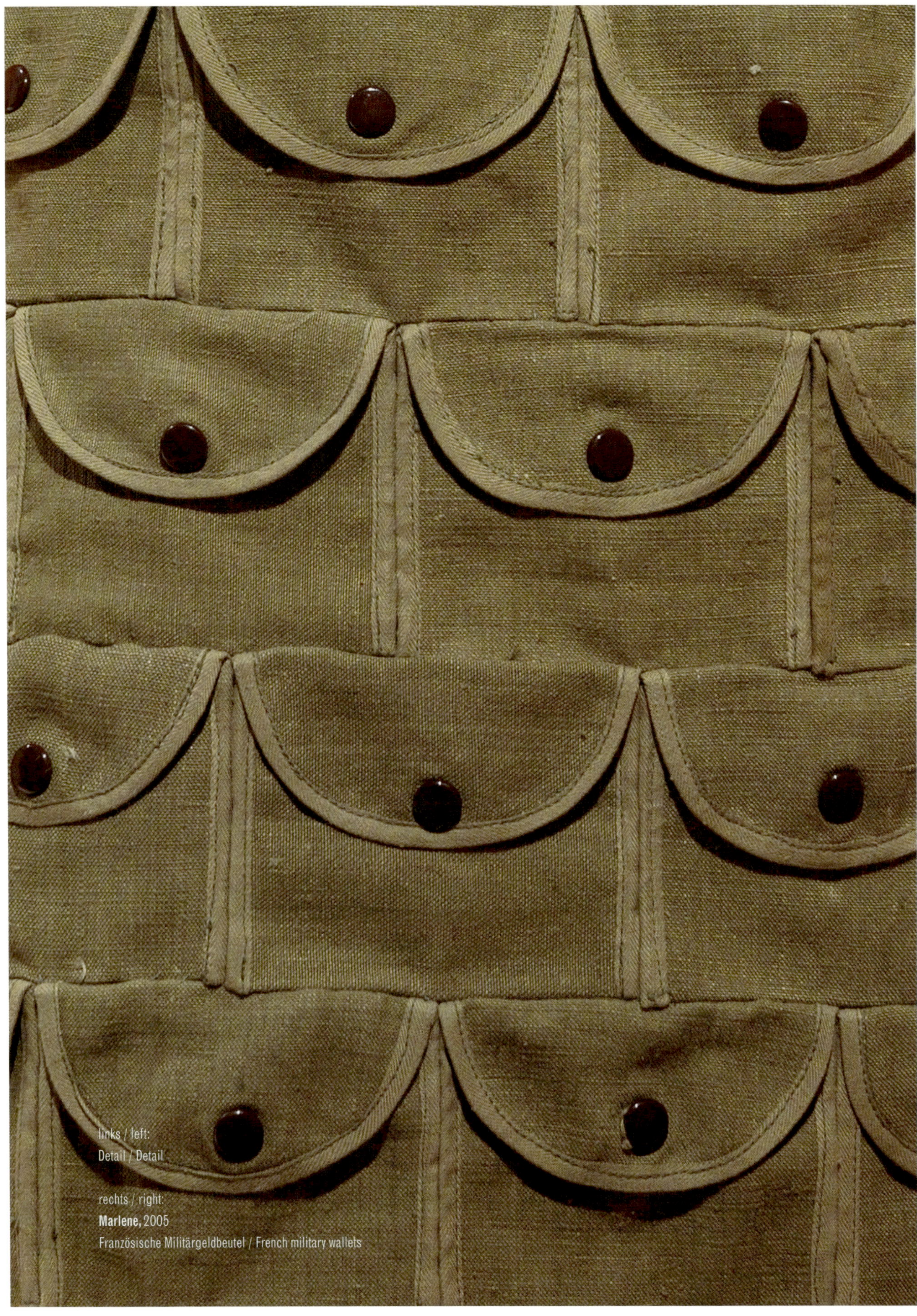

links / left:
Detail / Detail

rechts / right:
Marlene, 2005
Französische Militärgeldbeutel / French military wallets

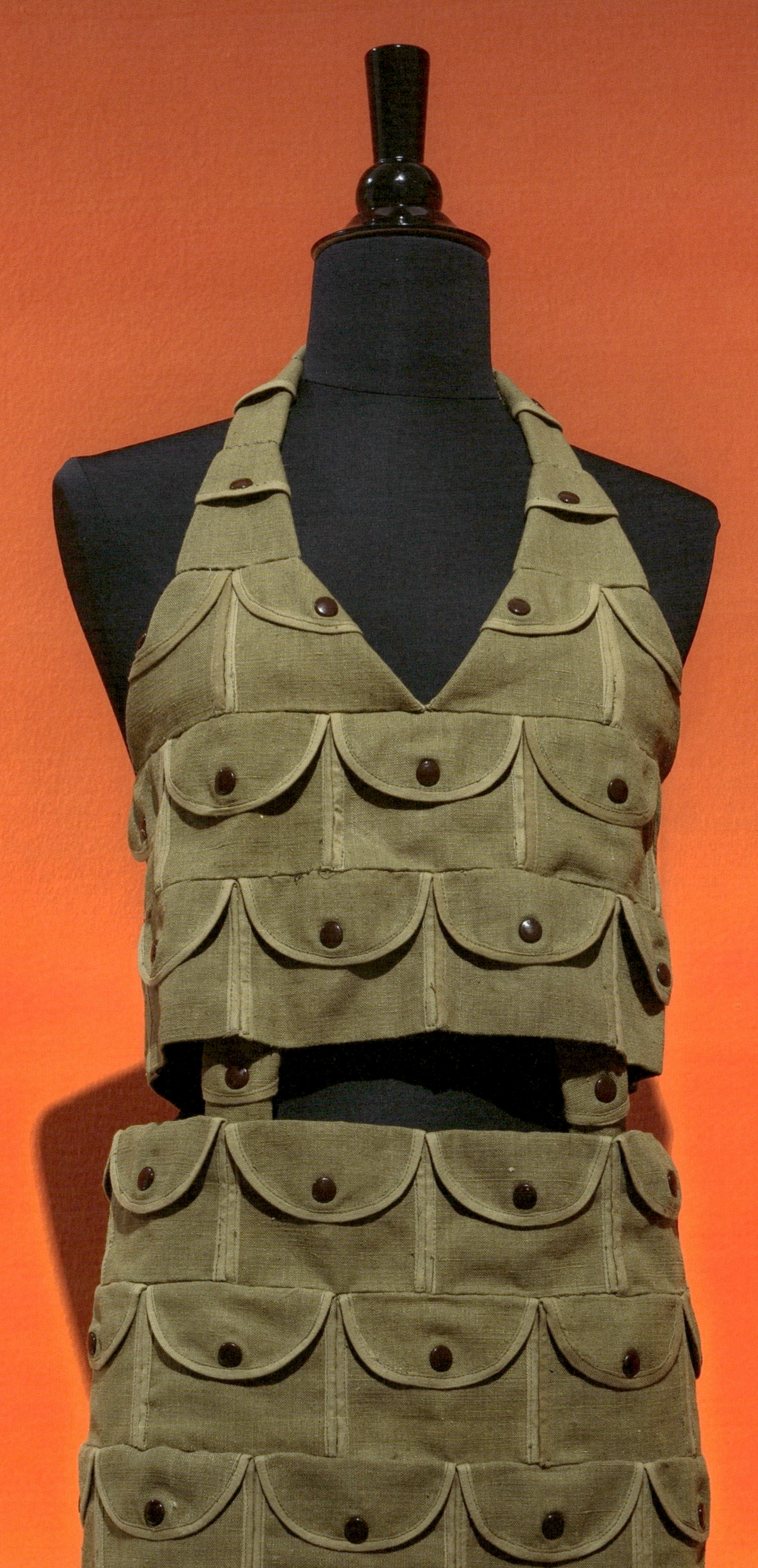

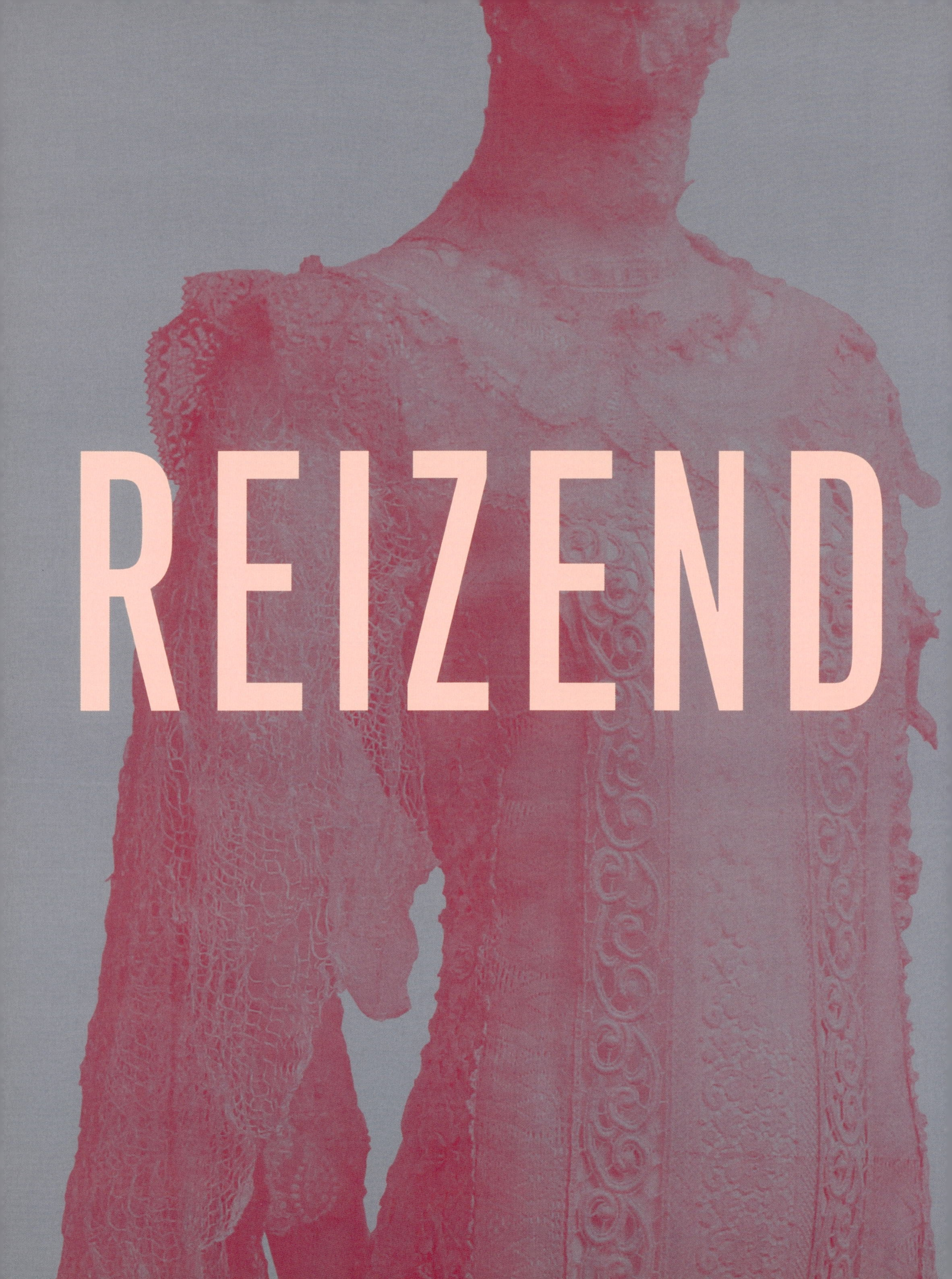
REIZEND

REIZEND

Die aus historischer Spitze gefertigten Kleider bieten einen besonderen Blickfang im künstlerischen Œuvre von Stephan Hann. Ihre Besonderheit liegt zunächst darin, dass sie gänzlich aus Spitze kreiert sind. Die ästhetische Wirkung verstärkt sich noch, wenn die Spitze wie bei „Fallen Angel" selbst das Gesicht der Figur umfängt.
Der Einsatz von dekorativer Spitze, die teils aus dem 18. Jahrhundert stammt, deutet zunächst auf eine exklusive textile Veredelung, die sich ehedem nur die reichsten Menschen leisten konnten.
Die jüngere Verwendung von Spitze im Bereich von Dessous und Nachtwäsche rückt diese stoffliche Verzierung in die Sphäre der Erotik. Schließlich vermittelt die immer filigrane — weil durchbrochene — Spitze den Eindruck von außerordentlicher Fragilität oder Verletzlichkeit. Bei Brautkleidern lässt die weiße Spitze an die körperliche wie geistige Integrität der sich in die Ehe begebenden Frau denken. Hanns Spitzenkleider jedenfalls stellen gleichermaßen verletzliche wie selbstbewusste Figuren dar, die sich eingedenk ihrer Reize ganz und gar auf die Welt eingelassen haben.

ENDEARING

The dresses made from historical lace hold a special attraction within the artistic oeuvre of Stephan Hann. Their uniqueness lies firstly in the fact that they are made entirely of lace. The aesthetic effect is strengthened when the lace covers even the face of the figure, as is the case with the work "Fallen Angel".
The use of decorative lace, which originates partly from the 18th century, points on the one hand to an exclusive textile refinement which only the richest people could once afford.
The more recent use of lace, on the other hand, in the realm of lingerie and nightgowns, places this textile decoration more in the sphere of eroticism. The delicate, perforated lace ultimately creates an impression of extraordinary fragility or vulnerability. In the case of wedding dresses, the white lace is a reference to both the physical and the spiritual integrity of the bride. Hann's lace dresses portray figures that are vulnerable and confident in equal measure, and which, mindful of their attractiveness, have opened themselves entirely to the world.

folgende Doppelseite / following pages:
Liz, 2017
Schwarze Spitze / Black lace

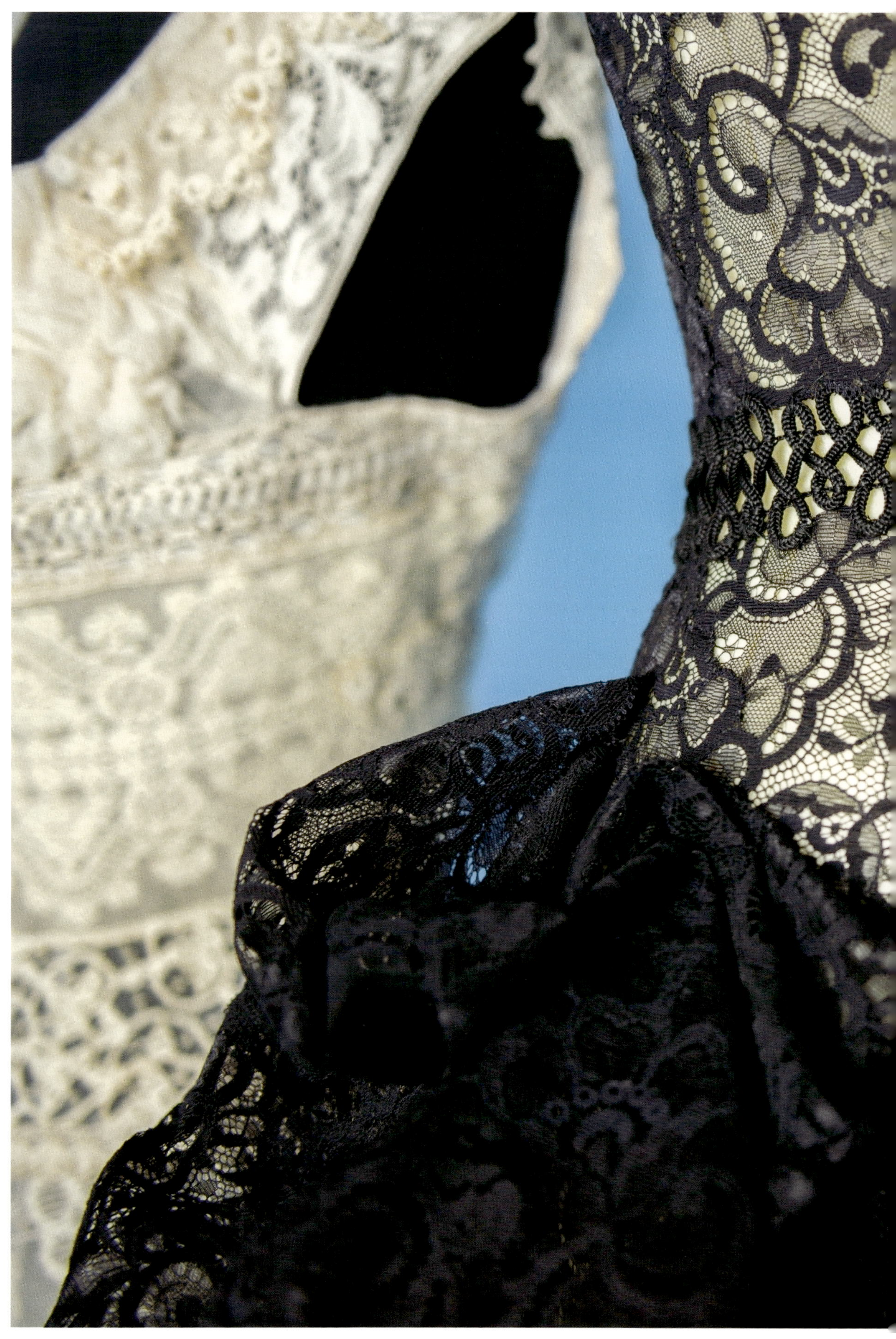

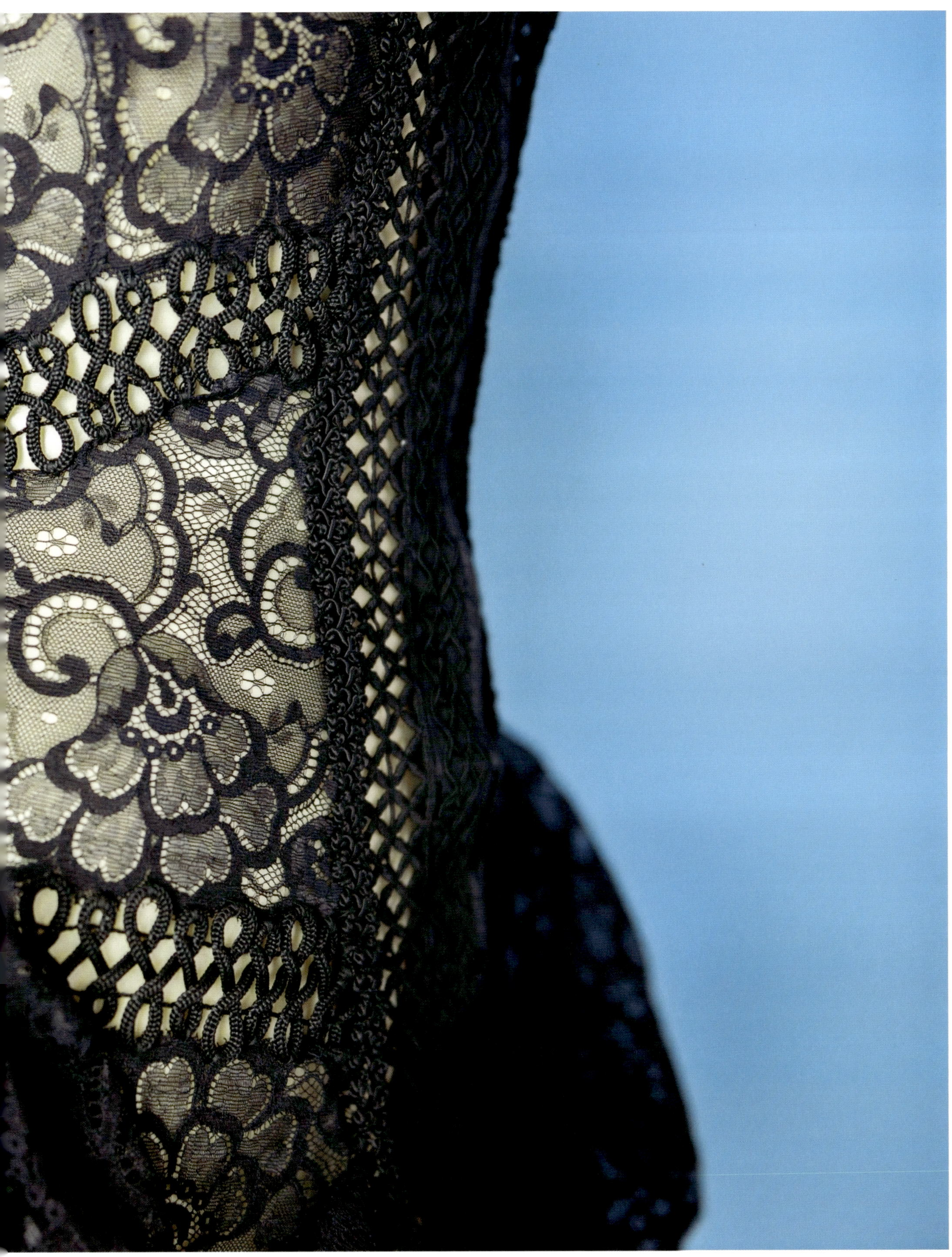

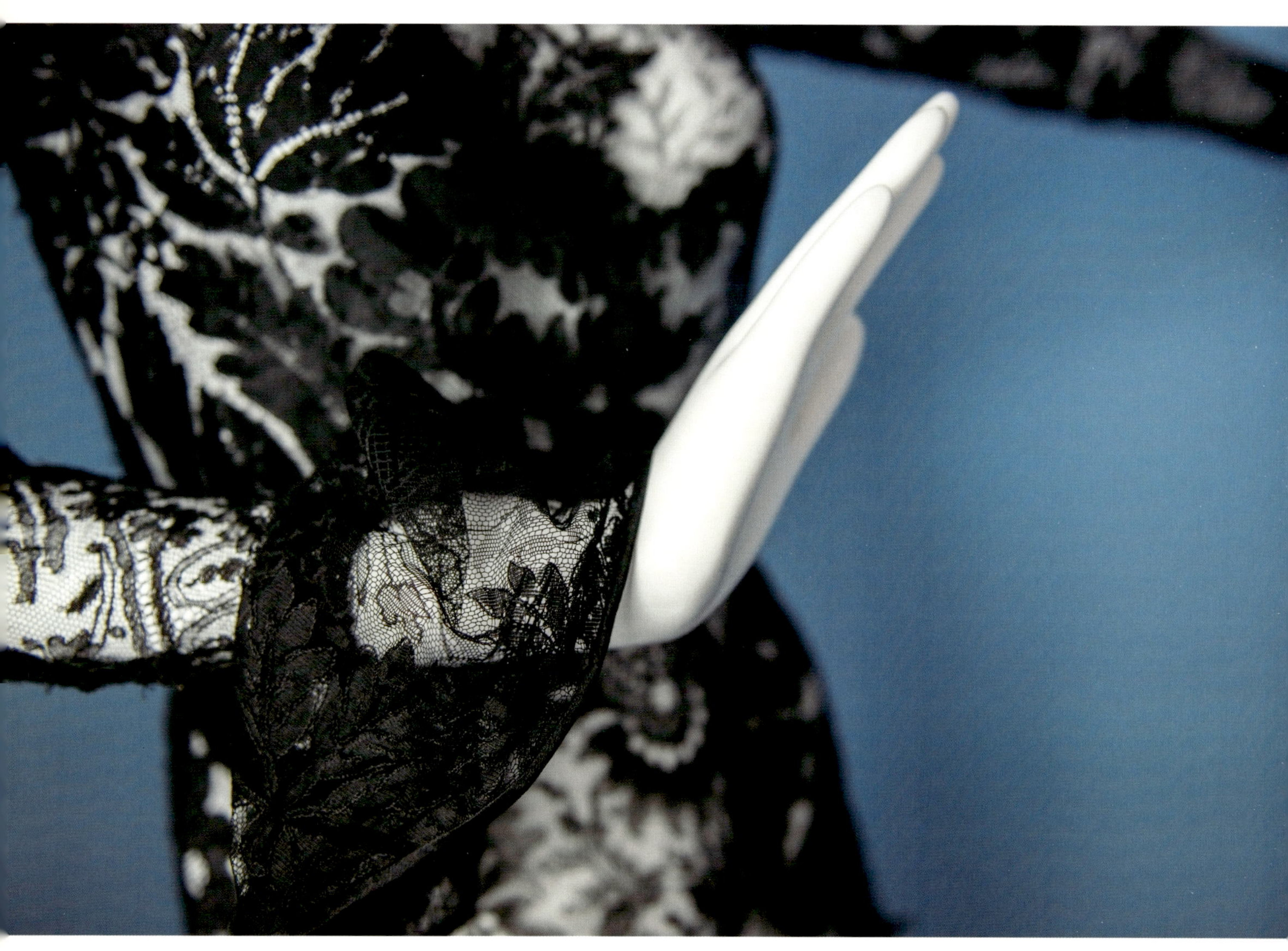

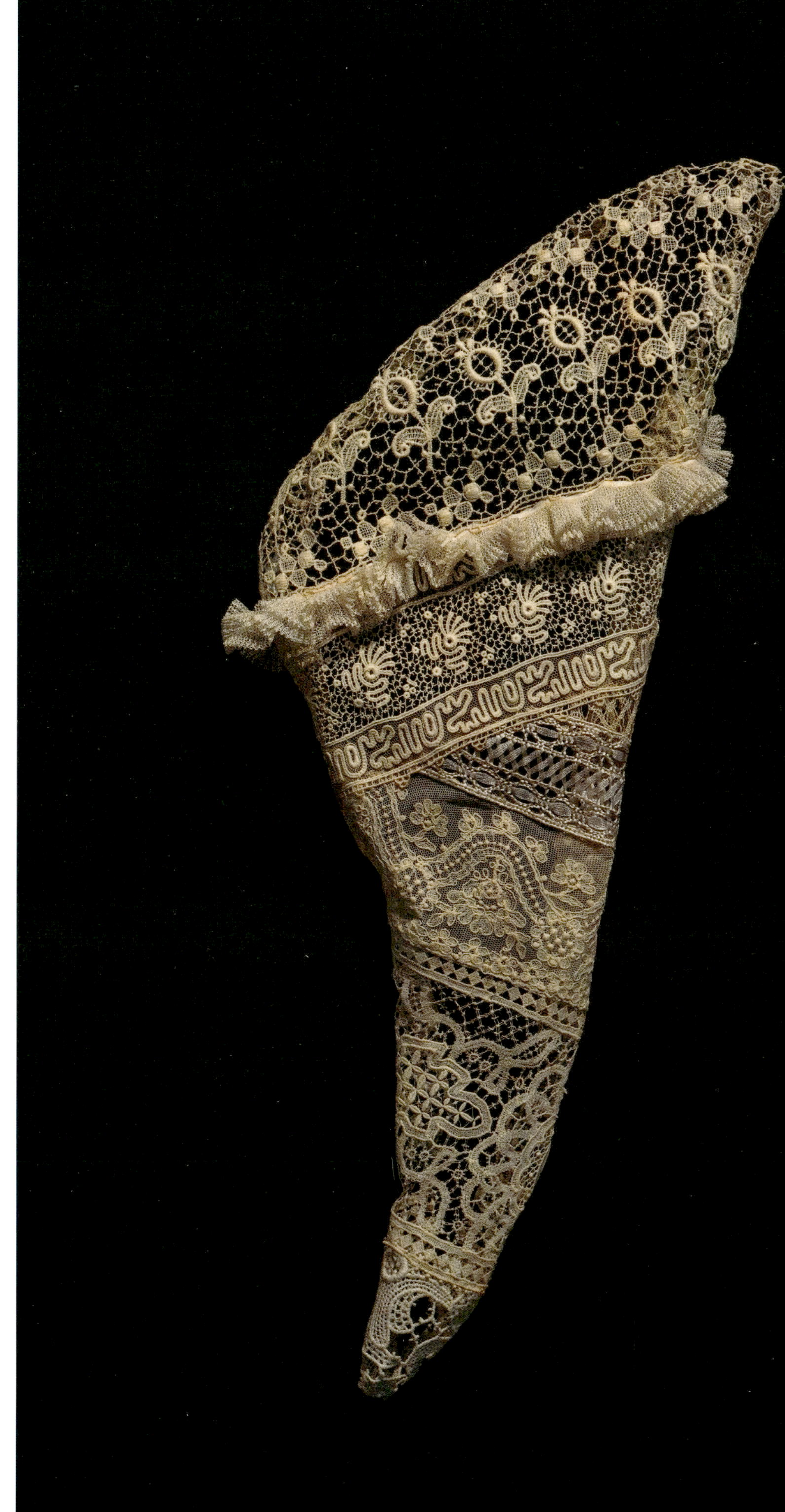

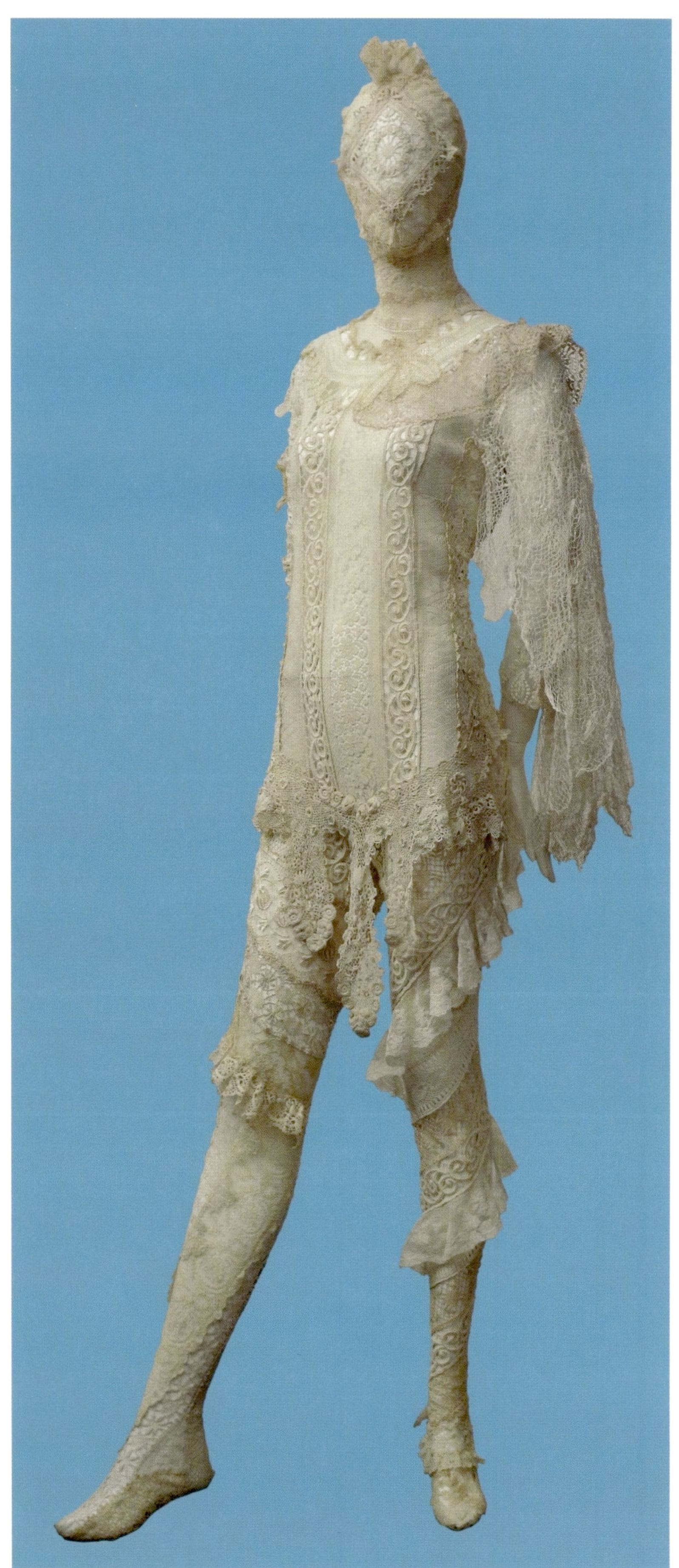

links / left:
Fallen Angel, 2016
Alte Spitze / Historic lace

rechts / right:
Detail / Detail

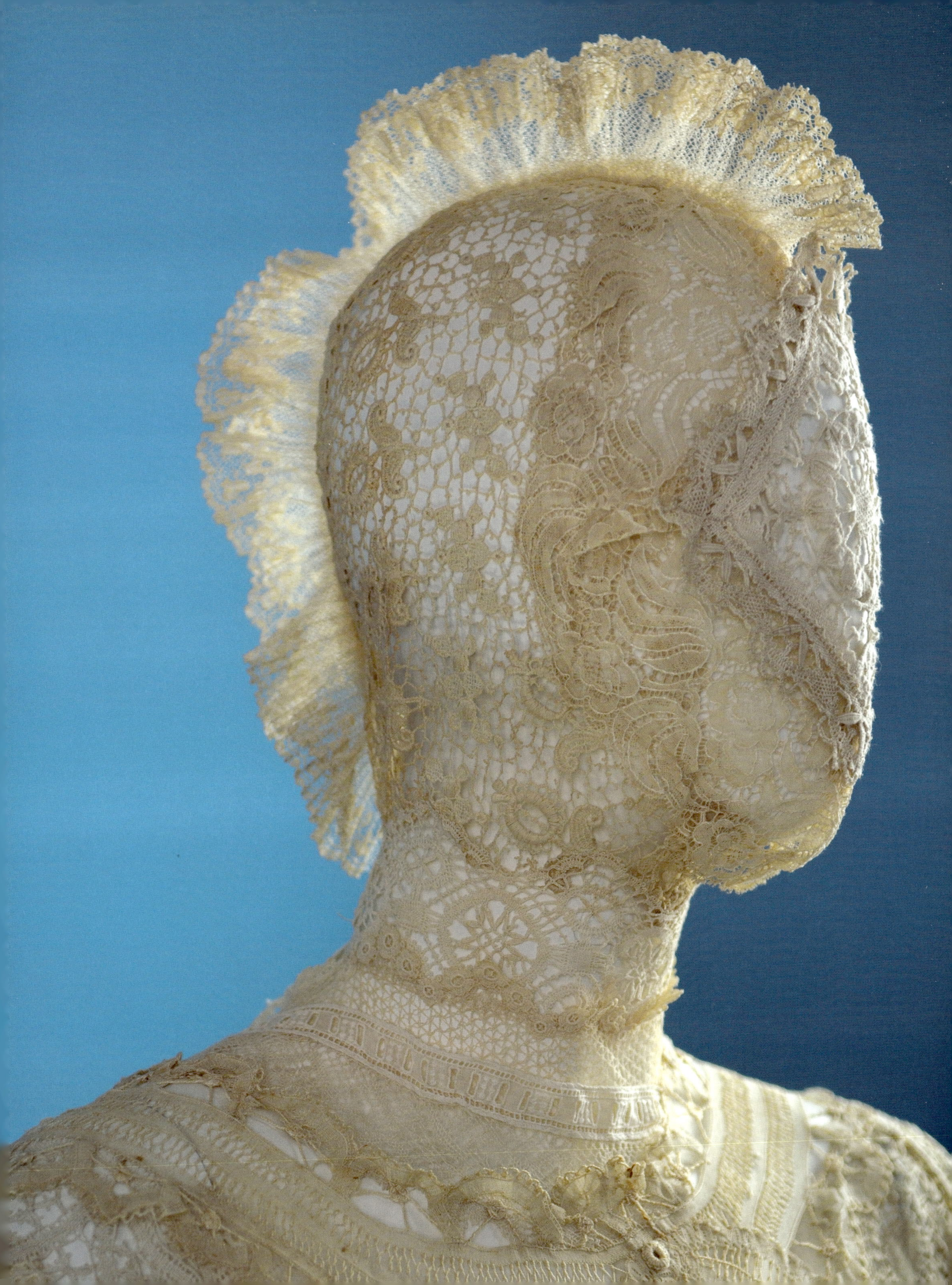

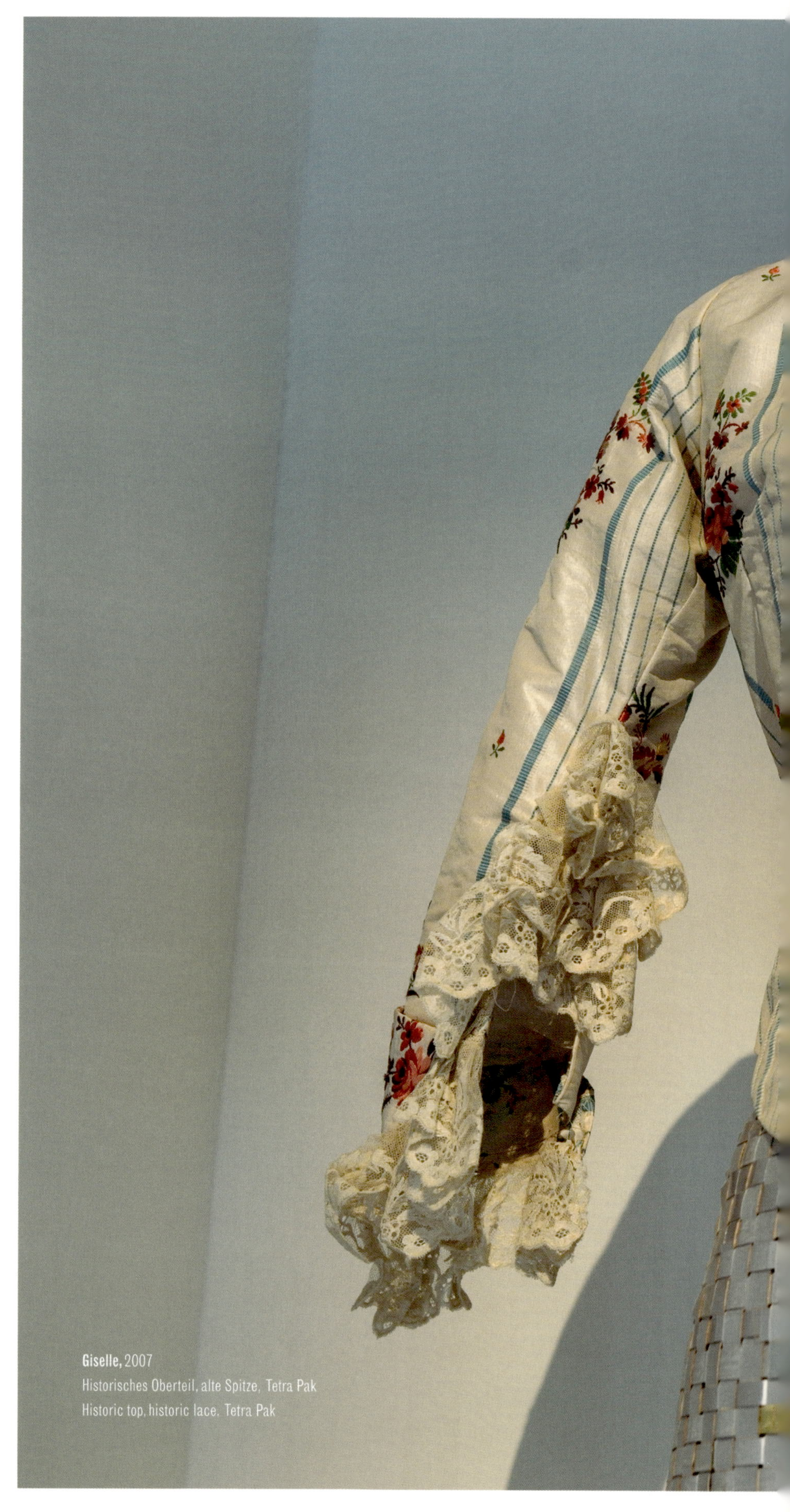

Giselle, 2007
Historisches Oberteil, alte Spitze, Tetra Pak
Historic top, historic lace, Tetra Pak

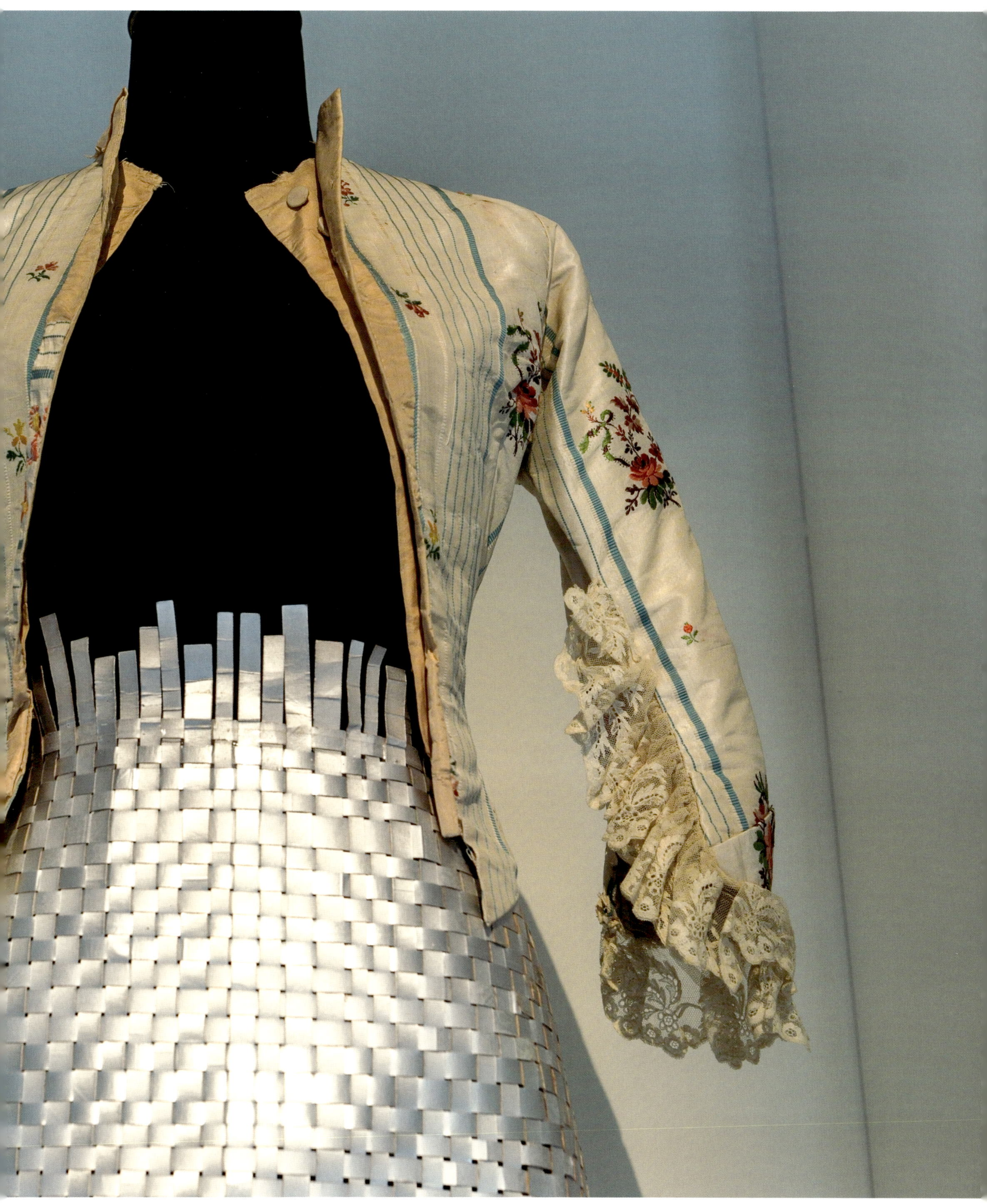

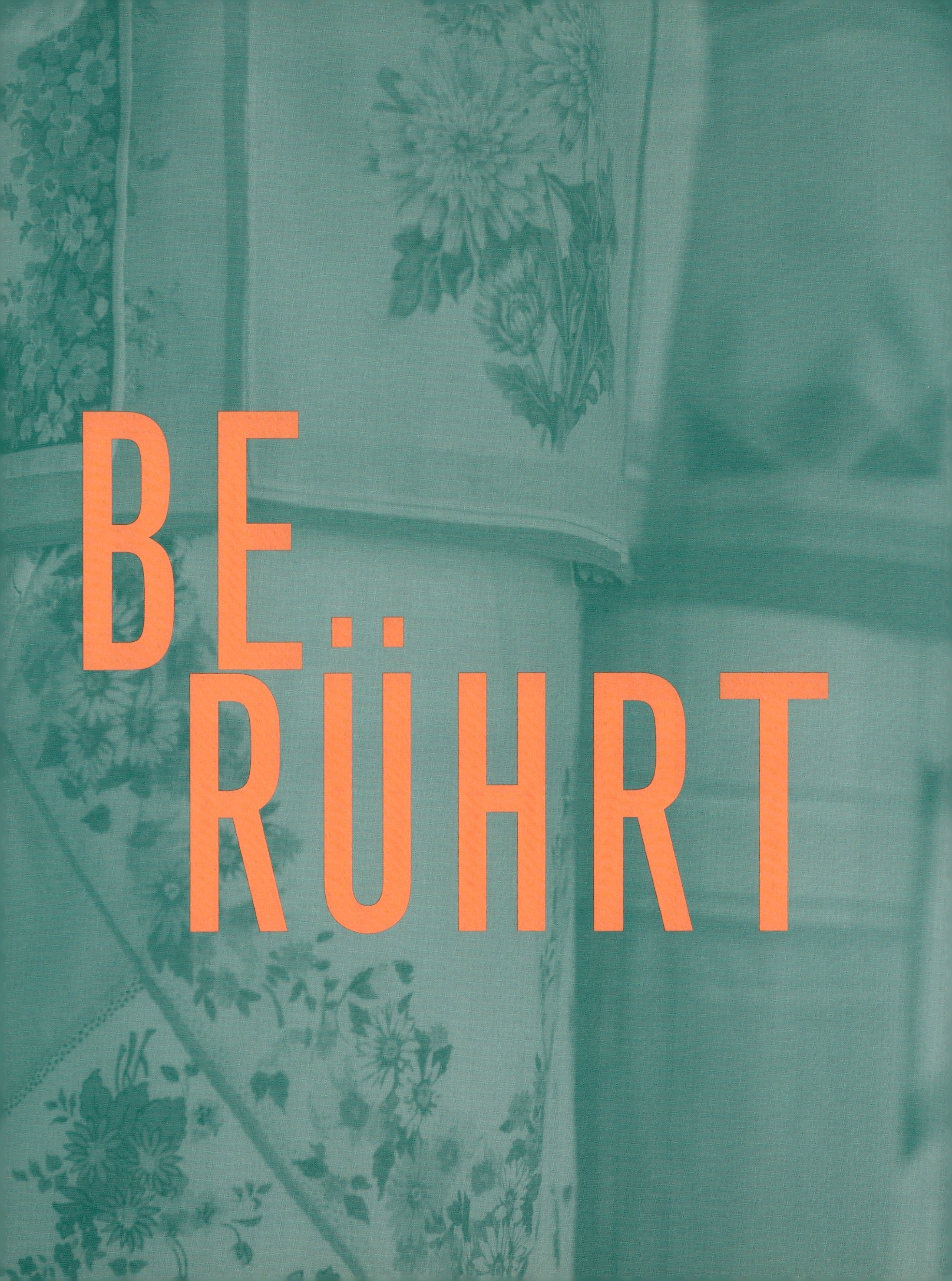
BE..
RÜHRT

BERÜHRT

Die unter dem Titel „Berührt" versammelten Kreationen sind allesamt aus Stofftaschentüchern gefertigt, die meist aus den 1950er Jahren stammen. Taschentücher dienen dazu, Tränen zu trocknen – gleich ob Tränen der Trauer oder Tränen der Freude. Ein zärtlich-dezentes Hilfsmittel, das dem Menschen erlaubt, mit seiner Emotionalität in der Öffentlichkeit zu haushalten. Selbst wer sich mit einem Taschentuch den Schweiß abtupft oder vor der Sonne schützt, nutzt dieses spezielle Textil, um seine Form zu wahren.

In der Kulturgeschichte begegnet das Taschentuch zudem als Liebespfand. Wer immer ein solches Taschentuch entgegennahm, versprach mit diesem Akt seine Treue. Hanns Taschentuch-Kleider sind Ausdruck intimer Emotionalität, die für den Menschen nach wie vor von existenzieller Bedeutung ist.

TOUCHED

The creations collected under the title „Berührt" (Touched) are all made of fabric handkerchiefs, mostly originating from the 1950s.

Handkerchiefs are designed to dry tears – be they tears of sadness or tears of joy. They are a delicate and subtle tool that allows people to control their emotionality in public. Even those who use a handkerchief to wipe away sweat or to protect themselves from the sun make use of this textile item to maintain their dignity.

In cultural history, we encounter the handkerchief as a bond of love. Whoever accepted such a handkerchief promised with this act to remain faithful. Hann's handkerchief dresses are an expression of intimate emotionality, which continues to be of existential importance for humankind.

Die Erinnerung
ist das Parfüm der Seele.

The perfume of the soul is memory.

George Sand (1804 - 1876)

Erika und Gisela / Erika and Gisela, 2008
Taschentücher / Handkerchiefs

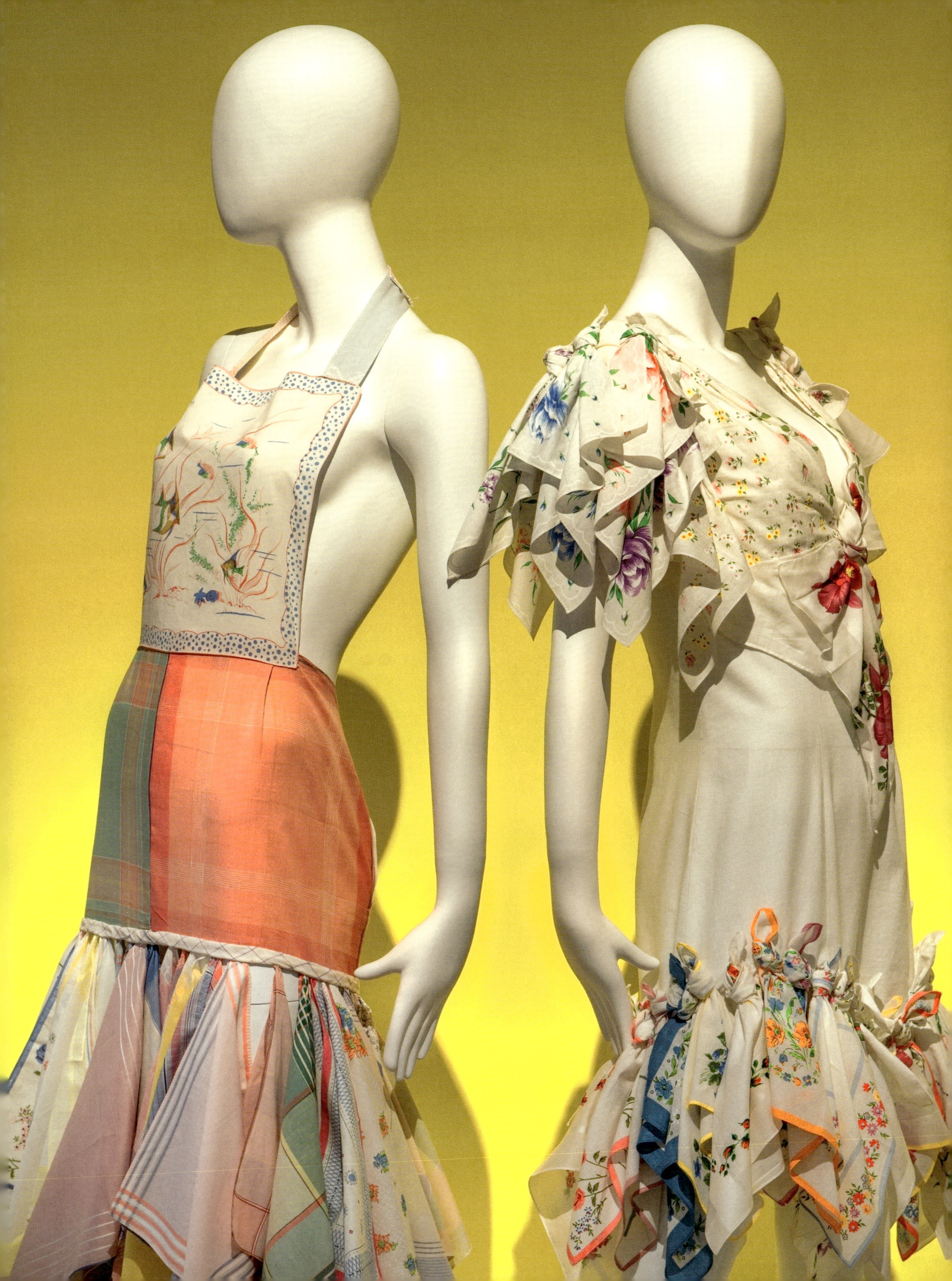

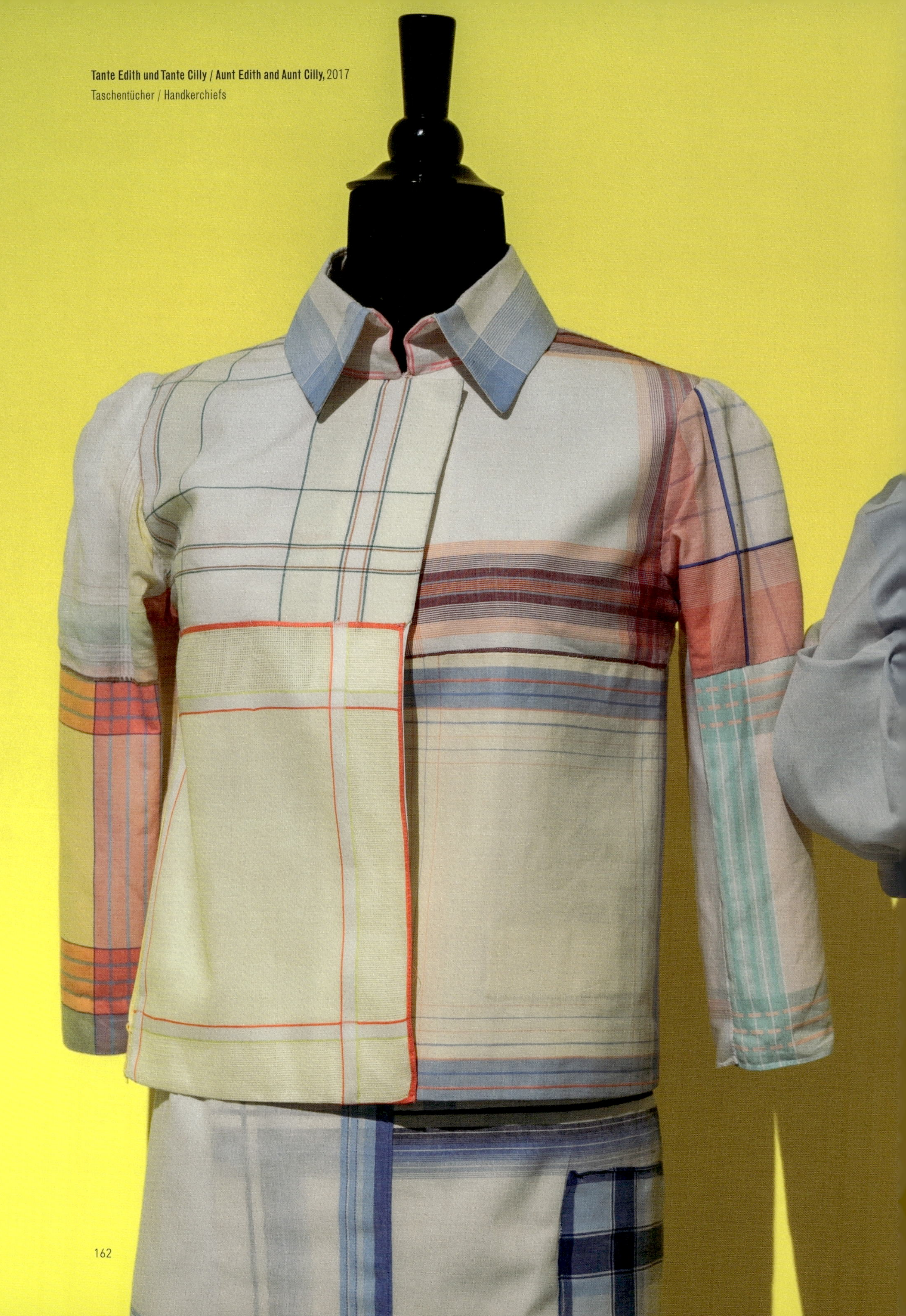Tante Edith und Tante Cilly / Aunt Edith and Aunt Cilly, 2017
Taschentücher / Handkerchiefs

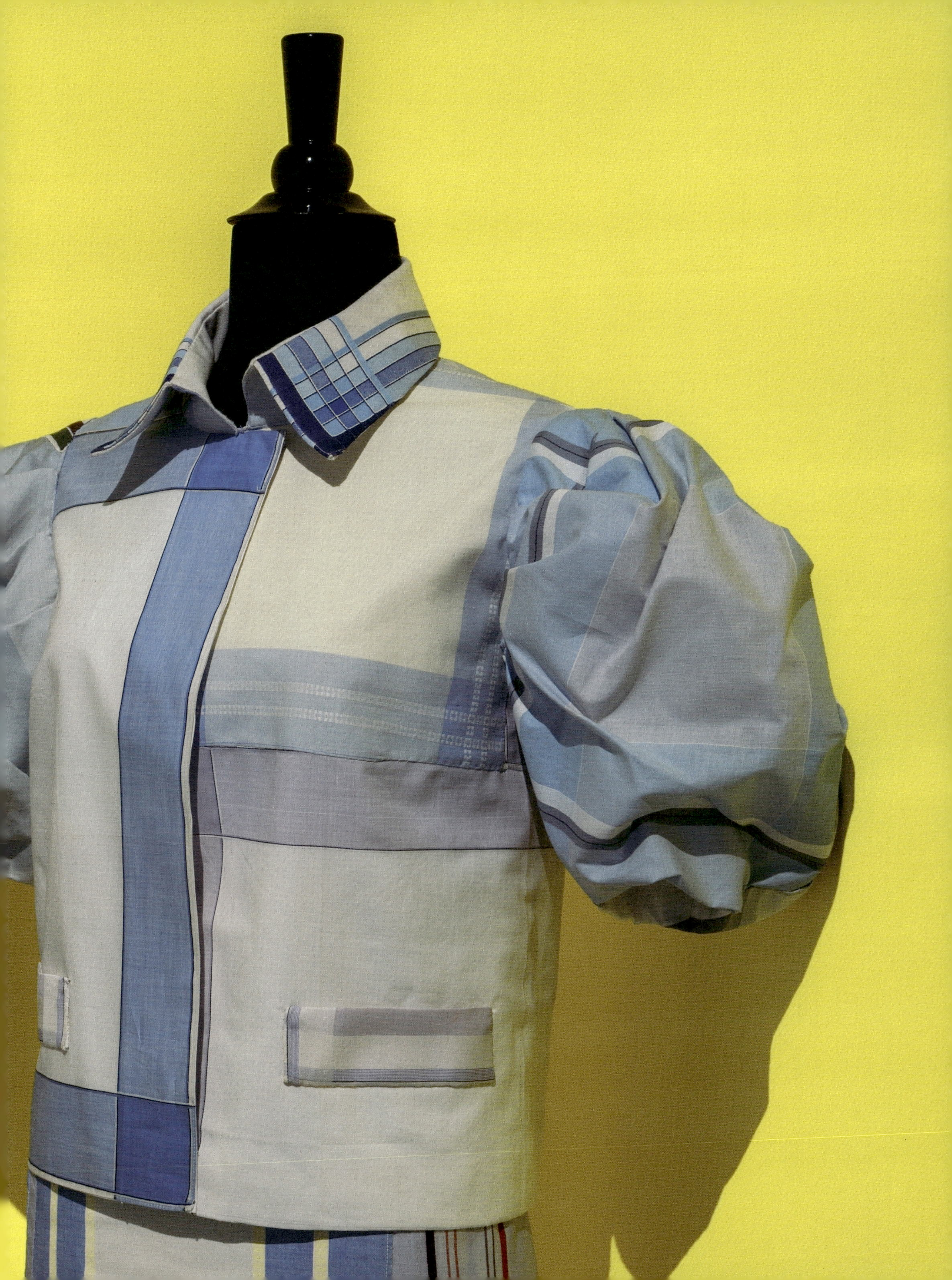

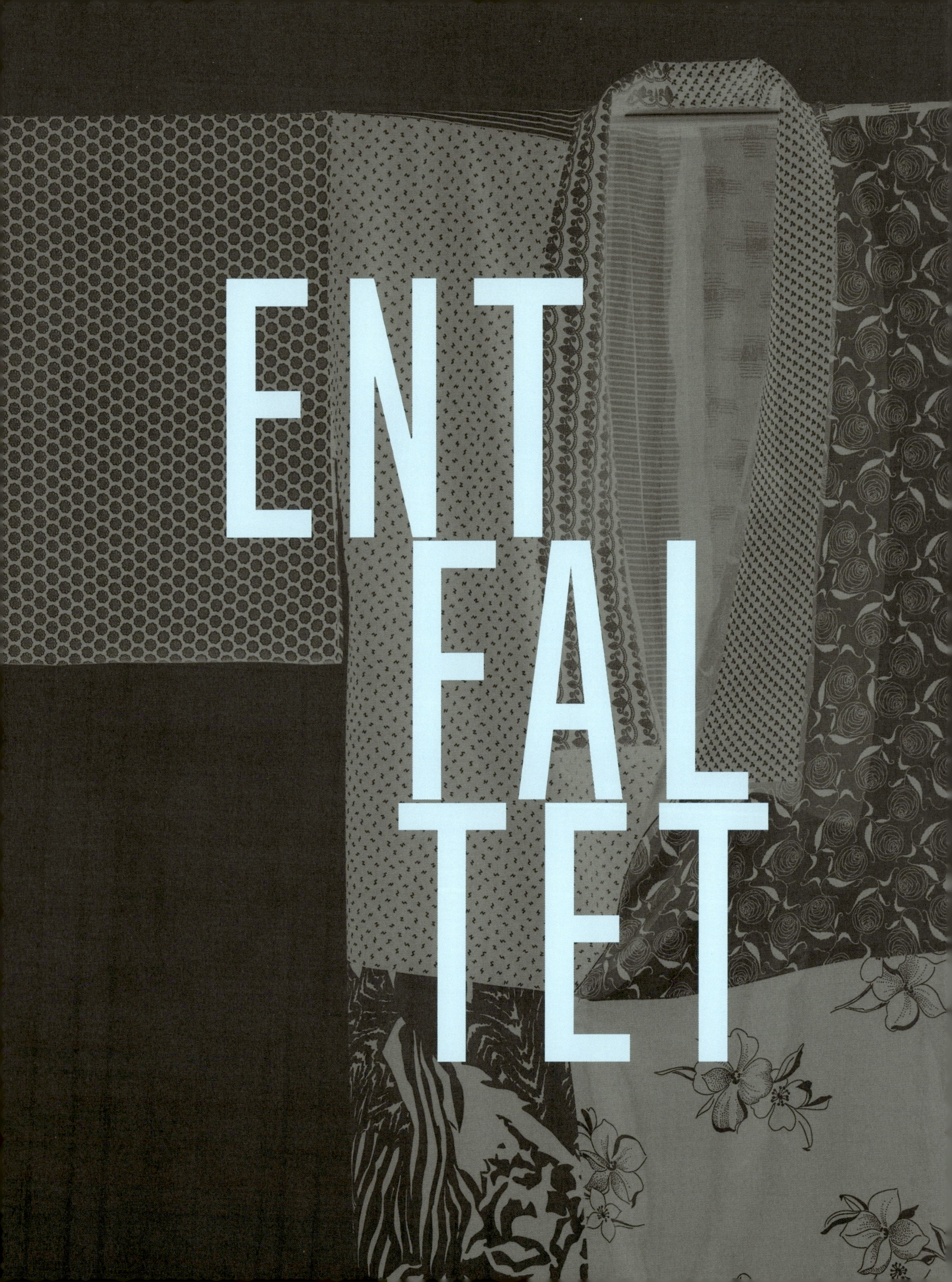
ENT
FAL
TET

ENTFALTET

Für die Augsburger Ausstellung hat Hann vier Kimonos aus historischen Augsburger Stoffen der 1950er Jahre geschaffen. Der für die Textilgeschichte Japans typische Kimono stellte niemals nur ein funktionales Kleidungsstück dar, sondern diente immer auch als Gelegenheit künstlerischen Ausdrucks. Ob mit Blumen-, Tiermotiven oder mit abstrakten Mustern verziert, der symbolische Reichtum des japanischen Kimonos umfasst selbst Farben und Farbstoffe. Die diesen zugeschriebenen Kräfte sollten sich auf die Trägerin oder den Träger übertragen. Und noch heute sind Kimonos anlassbezogene Kleider, die bei Feiern oder Festen gleichsam zeremoniell ausgeführt werden. In der westlichen Welt zieht der Kimono seit jeher eine orientalisch-exotische Sehnsucht auf sich.

In seinen Augsburger Kimonos spielt Hann mit der metaphorischen Vielfalt dieses traditionellen Kleidungsstücks. Aus Augsburger Stoffen Kimonos zu fertigen, stellt ein reizvolles Crossover kultureller Vielfalt dar. Schließlich erweckt Hann damit Stoffmuster zum Leben, die für sich oft unscheinbar wirken oder nur noch von historischem Wert sind. Der T-förmige Kimono mit seinen weit ausgeschnittenen Ärmeln lässt zudem an ein Wesen denken, das sich in die Lüfte erhebt — ein wiederkehrendes Motiv in Hanns künstlerischem Werk.

UNFOLDED

For the Augsburg exhibition, Hann created four kimonos from historical Augsburg fabrics of the 1950s. The kimono, typical for the textile history of Japan, was never simply a functional item of clothing, instead always serving as an opportunity for artistic expression. Whether decorated with flower, animal or abstract patterns, the symbolic richness of the Japanese kimono goes as far as to include colours and dyes. The powers attributed to these elements are said to be transferred to the wearer. Kimonos are still garments for special occasions today, ceremonially worn at celebrations and festivals. In the Western world, the kimono has always held an oriental-exotic fascination.

In his Augsburg kimonos, Hann plays with the metaphorical variety of this traditional garment. The creation of kimonos from Augsburg fabrics represents an exciting crossover of cultural richness. In doing so, Hann ultimately brings to life the fabric patterns which are often otherwise inconspicuous or only of historical value. The t-form kimono with its widely cut sleeves is reminiscent of a creature that rises up into the air — a repeated motive in Hann's artistic work.

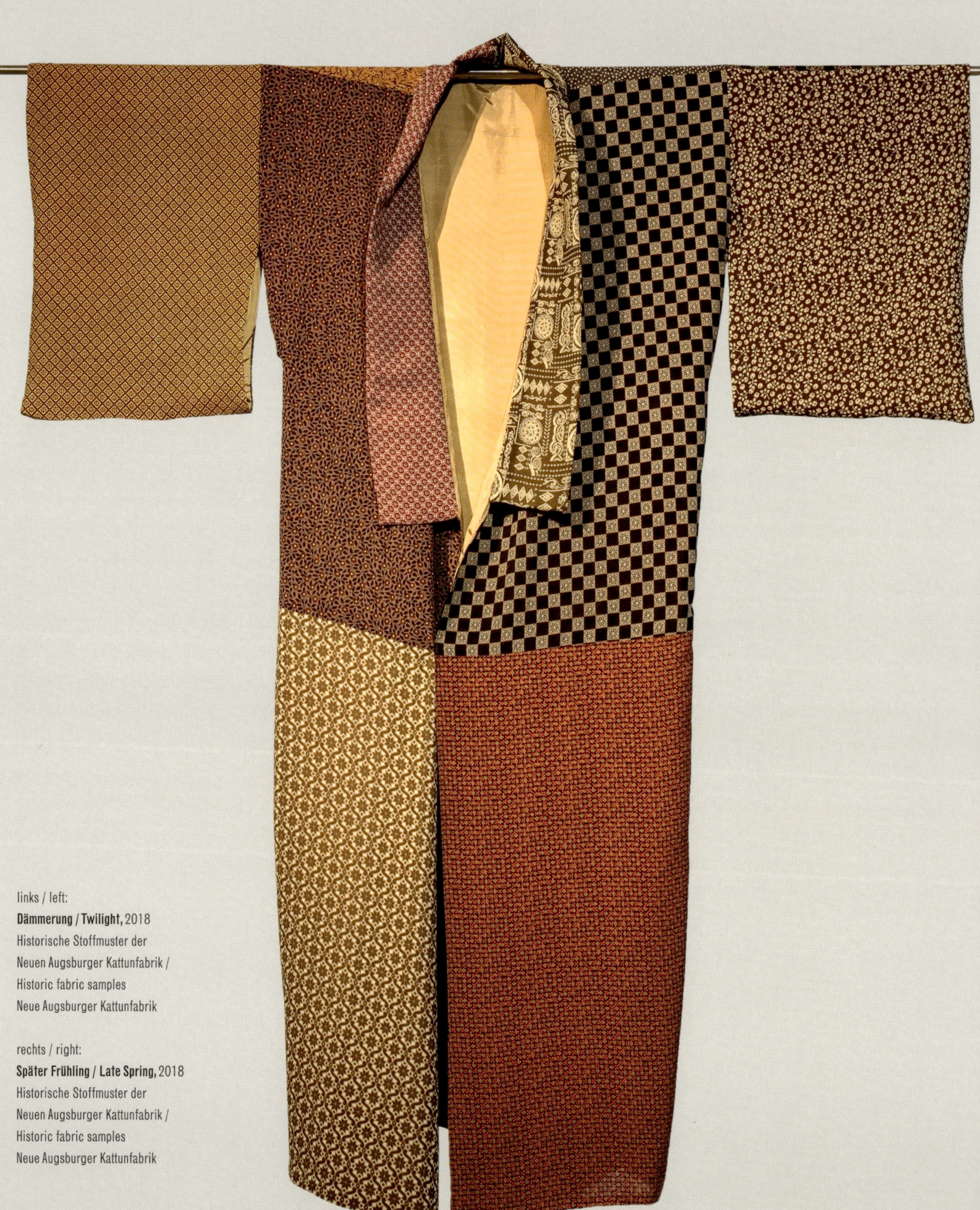

links / left:
Dämmerung / Twilight, 2018
Historische Stoffmuster der
Neuen Augsburger Kattunfabrik /
Historic fabric samples
Neue Augsburger Kattunfabrik

rechts / right:
Später Frühling / Late Spring, 2018
Historische Stoffmuster der
Neuen Augsburger Kattunfabrik /
Historic fabric samples
Neue Augsburger Kattunfabrik

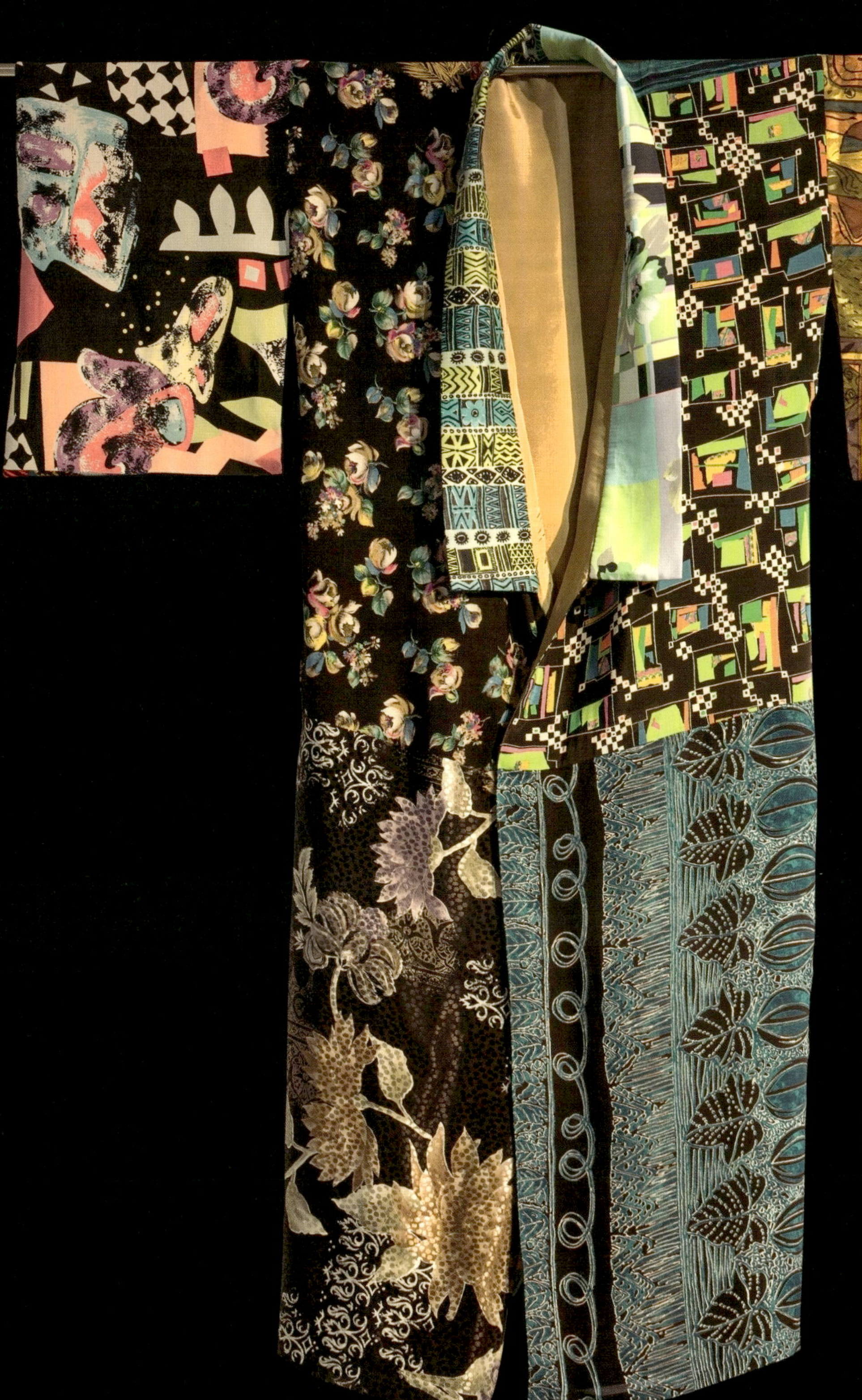

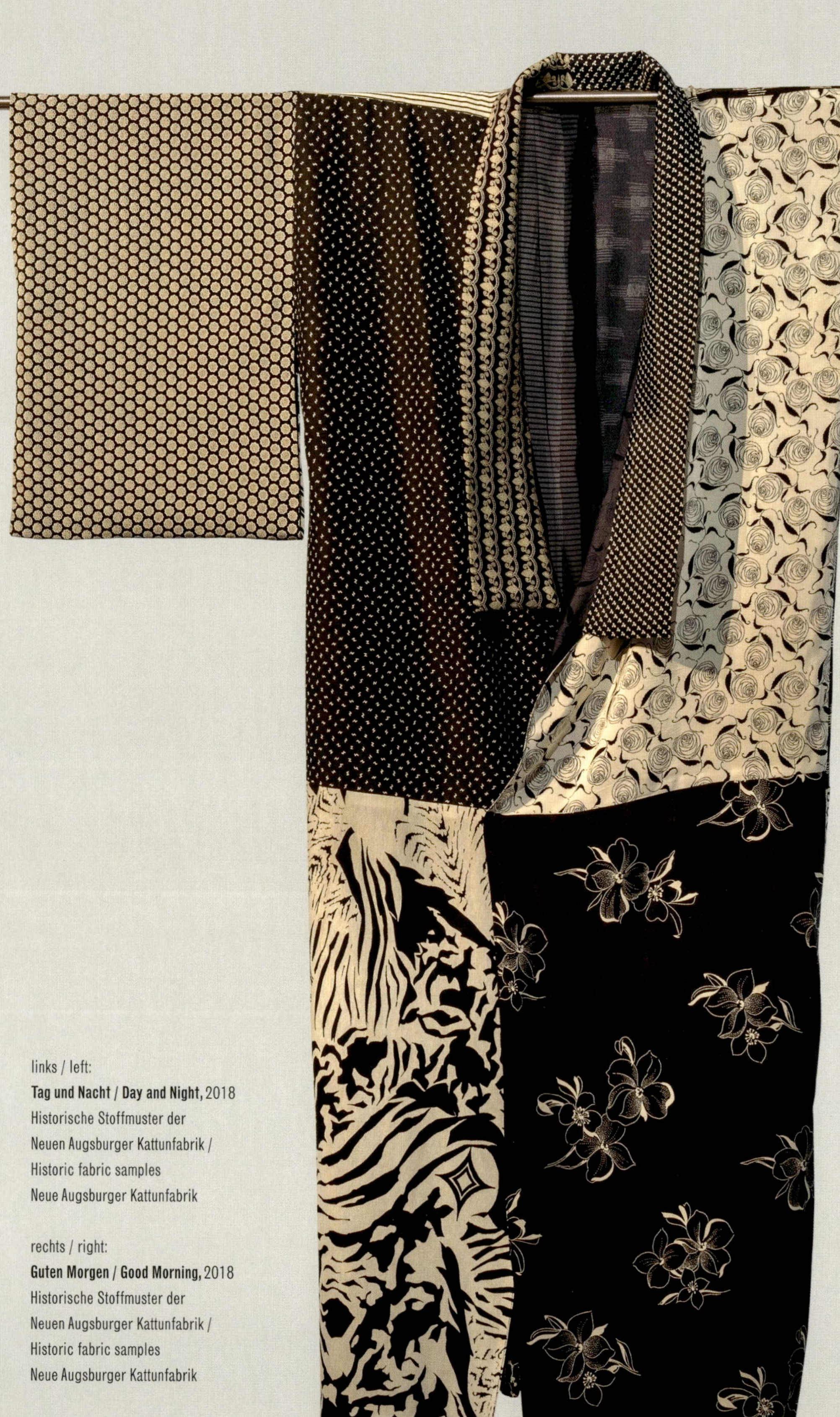

links / left:
Tag und Nacht / Day and Night, 2018
Historische Stoffmuster der
Neuen Augsburger Kattunfabrik /
Historic fabric samples
Neue Augsburger Kattunfabrik

rechts / right:
Guten Morgen / Good Morning, 2018
Historische Stoffmuster der
Neuen Augsburger Kattunfabrik /
Historic fabric samples
Neue Augsburger Kattunfabrik

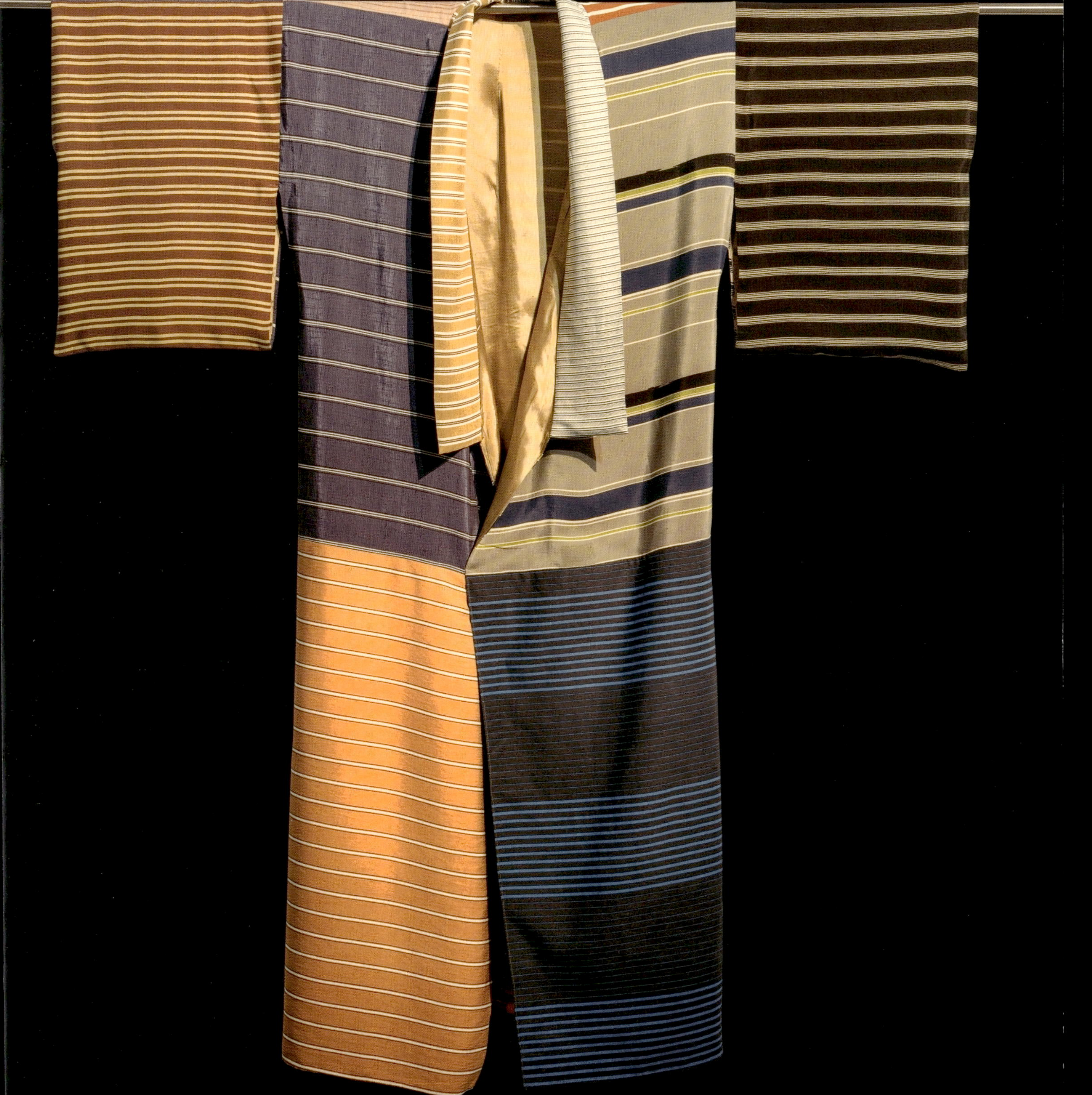

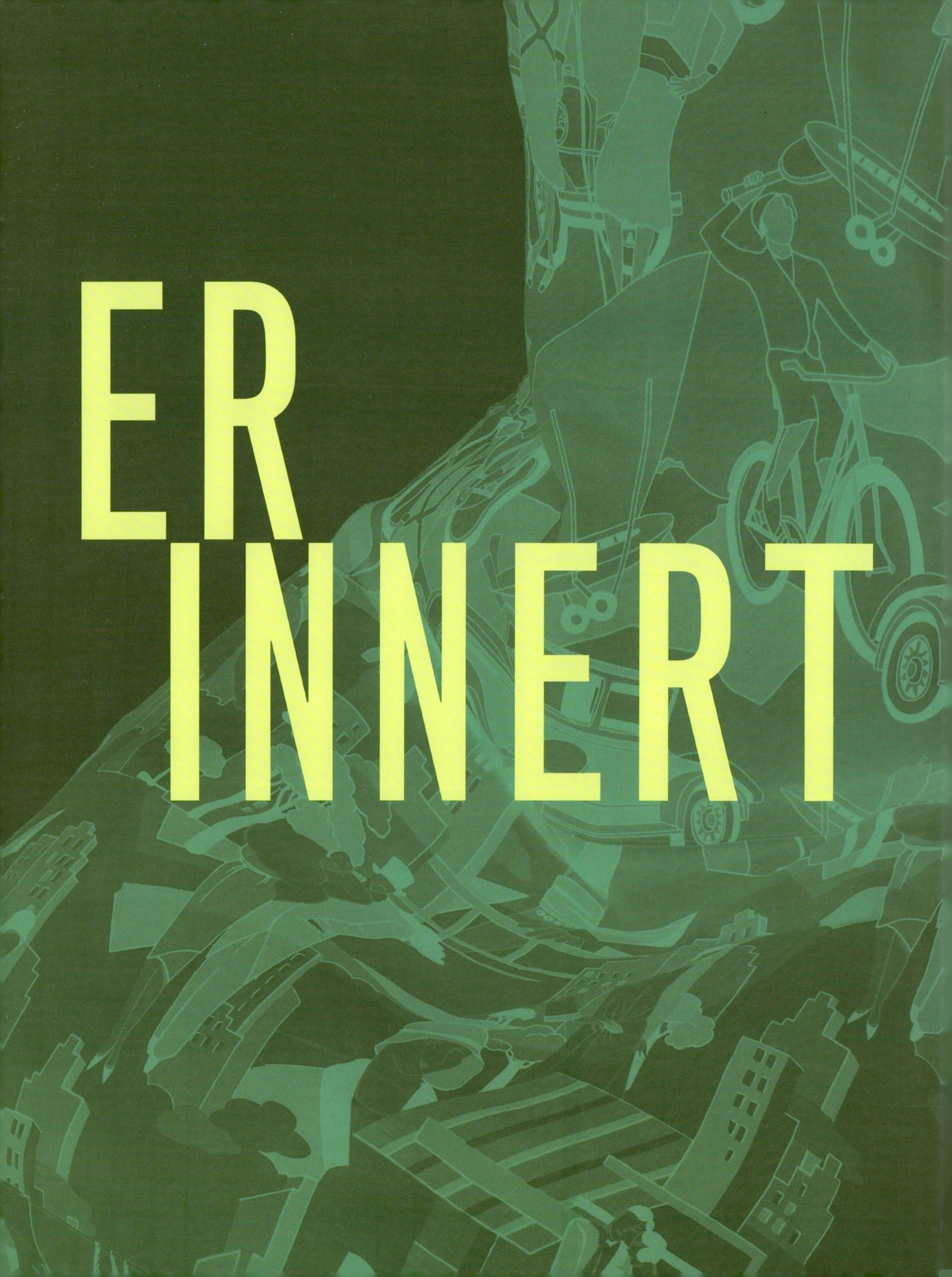

ER
INNERT

ERINNERT

Dieser Raum stellt eine Hommage an Elizabeth Amzallag-Augé dar, mit der Stephan Hann eine besondere Freundschaft verband. Aufgewachsen in einem großbürgerlichen Haushalt in Casablanca, ging Amzallag-Augé Anfang der 1960er Jahre zum Studium nach Paris. Nach einigen Jahren des Herumreisens mit einer freien Theatergruppe, in der sie auch ihren späteren Mann kennenlernte, gehörte sie zu den ersten 30 Mitarbeitern des Centre Georges-Pompidou, dieses einzigartigen Kunst- und Kulturzentrums, das 1977 in Paris eröffnet worden war. Mit großer freundschaftlicher Wärme erinnert sich Hann an Elizabeth Amzallag-Augé:

„Sie hat den innovativen Geist des Centre Georges-Pompidou gelebt. Als ich Elizabeth kennenlernte, arbeitete sie in der Éducation für Kinder. Sie schrieb Bücher über verschiedene Künstler und über Farben in der Kunst, die sie mit Beispielen aus dem Centre Pompidou veranschaulichte. Wenn wir uns trafen, sprach sie oft von den wundervollen Bildern, vor denen sie ihre Mittagspause verbracht und maßlos überzogen hat, einem Picasso, einem Matisse oder einer Neuerwerbung der Sammlung. Außerdem war sie immer wieder für das Centre Pompidou unterwegs, leitete Workshops in der ganzen Welt, in Italien, in Schweden, in Kalifornien. Dabei hat sie Stoffe laminiert und daraus Blumen gestaltet. Eines Tages schenkte sie mir eine dieser Blumen und meinte, ich sollte so etwas doch irgendwann auch einmal versuchen. Elizabeth ist im Jahr 2009 gestorben. Dieser Garten ist ihr gewidmet."

Hann hat weite Teile der künstlerischen Inszenierung des „Gartens der Elizabeth" aus historischen Augsburger Stoffen gefertigt. Die zentrale Raumskulptur ebenso wie die Bezüge der verschiedenen Sitzgelegenheiten bestehen aus Stoffen der Neuen Augsburger Kattunfabrik, die allesamt Blumenmotive zieren.

„Zwölf Porträts in Stoff" bieten schließlich liebevoll-empathische Erinnerungen an zwölf Bewohnerinnen der „Schrippenkirche", eines Berliner Altenheims, in dem Hann aufgewachsen war.

Dieser biographisch gewachsene Garten der Erinnerung, der letztlich von der Tugend Freundschaft wie auch von der Poesie der Großzügigkeit erzählt, lädt alle Besucherinnen und Besucher zum Verweilen ein.

REMEMBERED

This artistic garden represents a homage to Elizabeth Amzallag-Augé, with whom Stephan Hann had a special friendship. Raised in an upper-class household in Casablanca, Amzallag-Augé went to Paris at the beginning of the 1960s to study. After several years of travelling around with an independent theatre group, in which she met her subsequent husband, she was among the first 30 employees of the Centre Georges-Pompidou, the unique art and cultural centre, which opened in Paris in 1977. With great warmth of friendship, Hann recalls Elizabeth Amzallag-Augé:

„She lived the innovative spirit of the Centre Georges-Pompidou. When I met Elizabeth, she was working in the Éducation for children. She wrote books on various artists and on colours in art, which she explained using examples from the Centre Pompidou. When we spent time together, she would often speak of the wonderful pictures in front of which she had spent her lunch break that had been considerably extended – a Picasso, a Matisse or a new acquisition of the collection. In addition, she was often travelling for the Centre Pompidou, holding workshops all over the world, in Italy, in Sweden, in California. She laminated material and made flowers from it. One day, she gifted me one of these flowers and suggested I try something similar someday. Elizabeth died in 2009. This garden is dedicated to her."

Hann made large parts of the artistic design of the "Garden of Elizabeth" from historical Augsburg fabrics. The central room sculpture as well as the coverings of the various seating arrangements consist of fabrics from the New Augsburg Calico Factory, all of which are adorned with flower patterns.

Finally, "Twelve Portraits in Fabric" portray loving and empathetic memories of twelve female inhabitants of the „Schrippenkirche", the Berlin retirement home in which Hann was raised.

This biographically grown garden of remembrance, which ultimately tells generously of the virtues of friendship and poetry, invites all visitors to spend a quiet moment there.

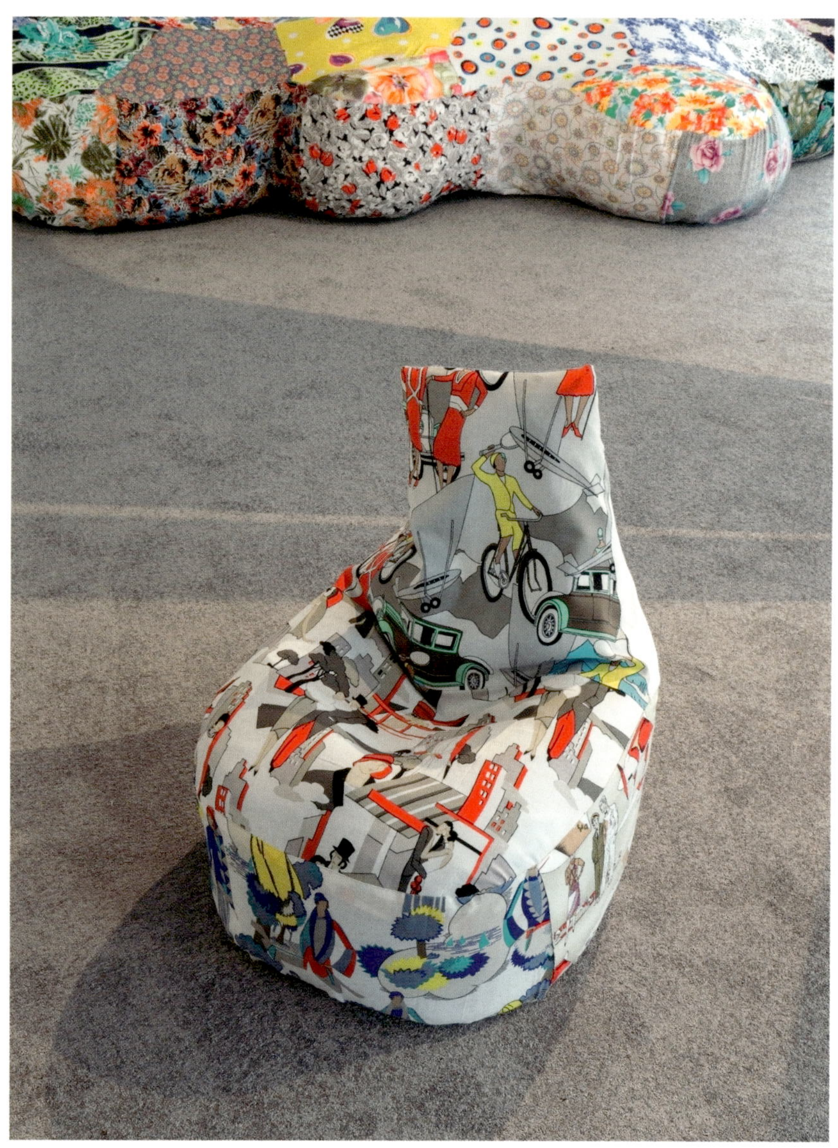

links / left:
Plouf, 2018
Historische Stoffmuster der
Neuen Augsburger Kattunfabrik /
Historic fabric samples
Neue Augsburger Kattunfabrik

rechts / right:
Erinnert / Remembered

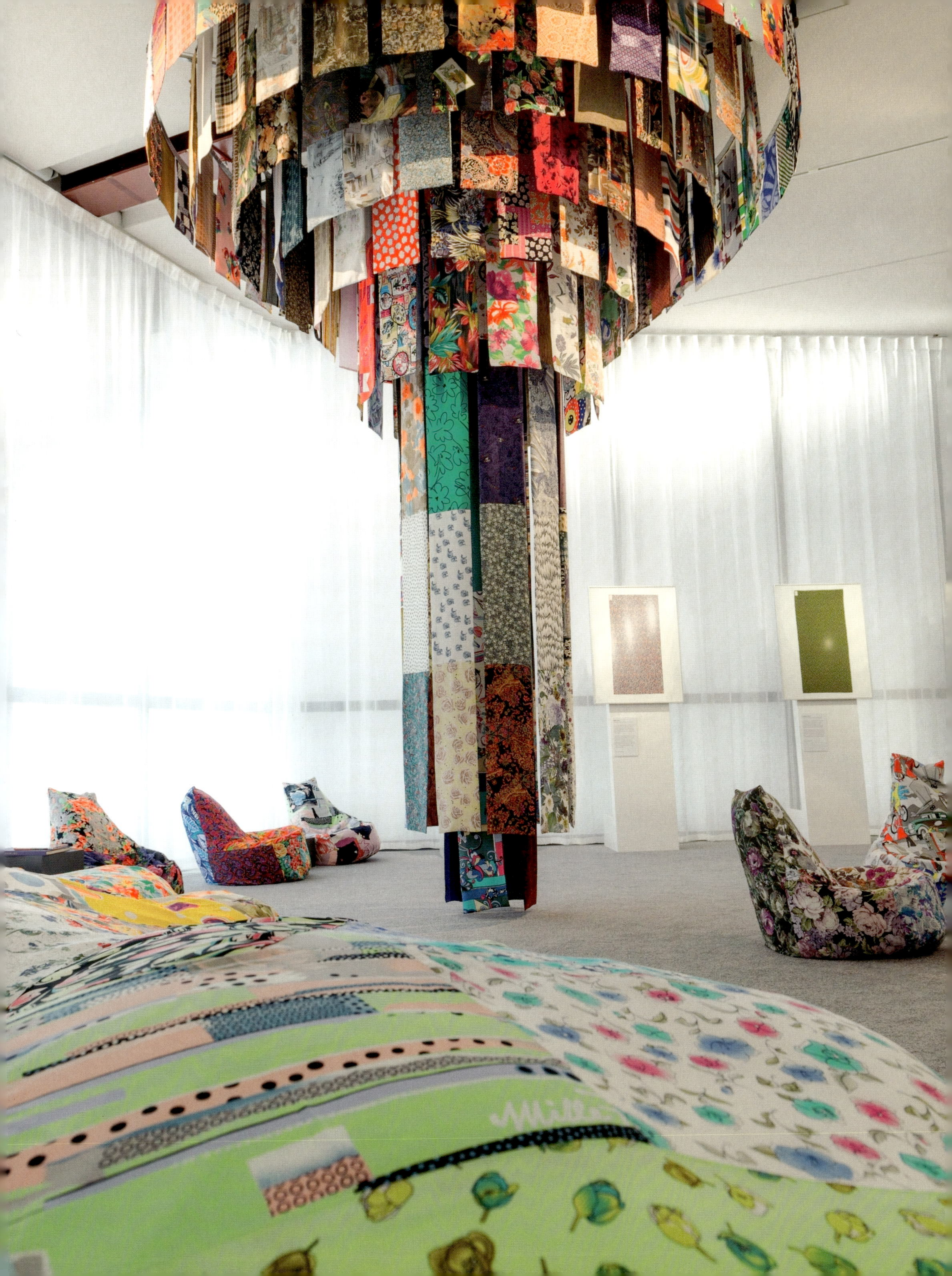

STEPHAN HANN

geboren 1970 in Berlin
1987 bis 1990 Herrenmaßschneiderlehre Deutsche Oper Berlin
1991 bis 1996 Studium der Szenografie und Mode Kunsthochschule Berlin-Weißensee
2000 bis 2006 Paris
2012 bis 2014 Wien

Ausstellungen (Auswahl)
1994   »Naturgewalten« Kunstgewerbemuseum Berlin
1997   »Photokleider« Museum für Kunst und Gewerbe Hamburg
2007   »Recycling Couture« Museum für Angewandte Kunst Wien
2008   »Couture Remixed« Kunstgewerbemuseum Berlin
2011   »Couture« Kunsthalle St. Annen Lübeck
2012   25 Jahre Deutsches Historisches Museum Berlin
2013   »Mode Medium Material« Badisches Landesmuseum Karlsruhe

Wichtige Kollektionen (Auswahl)
1985   Papierkollektion
1993   Naturkollektion
1997   Zelluloidkollektion Internationale Filmfestspiele Berlin
1998   Architekturkollektion Nederlands Architectuurinstituut Rotterdam
2000   Lexmark
2003   Tetra Pak
2004   Moët & Chandon
2007   Bertelsmann AG
2010   D. Swarovski & Co.

Mehr als 50 Modeobjekte in folgenden Sammlungen:
Germanisches Nationalmuseum Nürnberg
Kunstgewerbemuseum Berlin
Museum für Kunst und Gewerbe Hamburg
Deutsches Textilmuseum Krefeld
Bertelsmann Stiftung Gütersloh
Museum für Angewandte Kunst MAK Wien
Swarovski Kristallwelten, Wattens
Badisches Landesmuseum Karlsruhe
Nederlands Architectuurinstituut Rotterdam
LVR-Industriemuseum Ratingen
Kunsthalle St. Annen Lübeck
Museum Europäischer Kulturen Berlin
Deutsches Historisches Museum Berlin

STEPHAN HANN

born 1970 in Berlin
1987 to 1990 Apprenticeship as a men's tailor at the Deutsche Oper Berlin
1991 to 1996 Master in scenography and fashion design at the Kunsthochschule Berlin-Weißensee
2000 to 2006 Paris
2012 to 2014 Vienna

Exhibitions (selection)
1994   »Naturgewalten« Kunstgewerbemuseum Berlin
1997   »Photokleider« Museum für Kunst und Gewerbe Hamburg
2007   »Recycling Couture« Museum für Angewandte Kunst Vienna
2008   »Couture Remixed« Kunstgewerbemuseum Berlin
2011   »Couture« Kunsthalle St. Annen Lübeck
2012   25-Year-Anniversary Deutsches Historisches Museum Berlin
2013   »Mode Medium Material« Badisches Landesmuseum Karlsruhe

Important Collections (selection)
1985   Paper Collection
1993   Nature Collection
1997   Celluloid Collection International Film Festival Berlin
1998   Architecture Collection Nederlands Architectuurinstituut Rotterdam
2000   Lexmark
2003   Tetra Pak
2004   Moët & Chandon
2007   Bertelsmann AG
2010   D. Swarovski & Co.

More than 50 fashion objects in the following collections:
Germanisches Nationalmuseum Nürnberg
Kunstgewerbemuseum Berlin
Museum für Kunst und Gewerbe Hamburg
Deutsches Textilmuseum Krefeld
Bertelsmann Stiftung Gütersloh
Museum für Angewandte Kunst MAK Vienna
Swarovski Kristallwelten, Wattens
Badisches Landesmuseum Karlsruhe
Nederlands Architectuurinstituut Rotterdam
LVR-Industriemuseum Ratingen
Kunsthalle St. Annen Lübeck
Museum Europäischer Kulturen Berlin
Deutsches Historisches Museum Berlin

IMPRESSUM / IMPRINT

Dieser Katalog erscheint zur Ausstellung

PHOENIX – Modewelten von Stephan Hann /
PHOENIX – Fashion Worlds of Stephan Hann

vom 7. April bis 29. Juli 2018 / from 7th April to 29th July 2018
im Staatlichen Textil- und Industriemuseum Augsburg (tim) /
held at the Staatliches Textil- und Industriemuseum Augsburg (tim)

Projektleitung / Project Management
Dr. Michaela Breil

Kuration / Curatorial Team
Dr. Karl Borromäus Murr
Dr. Michaela Breil

Texte / Texts
Dr. Karl Borromäus Murr

Ausstellungsarchitektur / Scenography
Stephan Hann, Sebastian Schubert

Ausführungsplanung / Planning of Execution
Atelier Hackel

Ausstellungsgrafik / Exhibition Graphic Design
Atelier Hackel

Ausstellungstechnik / Exhibition Infrastructure
Arthur Geh, Dimitri Reich, Silvia Zerle

Exponatmontage / Mounting Team (art objects)
Florian Hoyer, Daniel Scherzer, Ernst Höntze, Sebastian Schubert,
Joachim Schubert, Petra Murr, Monika Paintner

Montage Modeobjekte / Mounting Team (fashion objects)
Eva Mosch, Irene Packheiser, Anke Pfeiffer, Kathrin Hoetzel,
Nikolas Thum, Barbara Kolb, Ekaterina Richard

Licht / Light Design
Wieland Müller-Haslinger; Katja Cox (Assistenz/Assistance)

Presse- und Öffentlichkeitsarbeit / PR
Robert Allmann, Jan Apel

Katalog / Catalogue
Erschienen im / published by
Hirmer Verlag
Nymphenburger Straße 84
80636 München

Herausgeber / Editor
Karl Borromäus Murr

Übersetzung / Translation
Kerry Jago
Deutsches Lektorat und Korrektorat /
German copy editing and proof reading
Michaela Breil, Ernst Höntze, Karl Borromäus Murr
Englisches Lektorat und Korrektorat /
English copy editing and proof reading
Karl Borromäus Murr

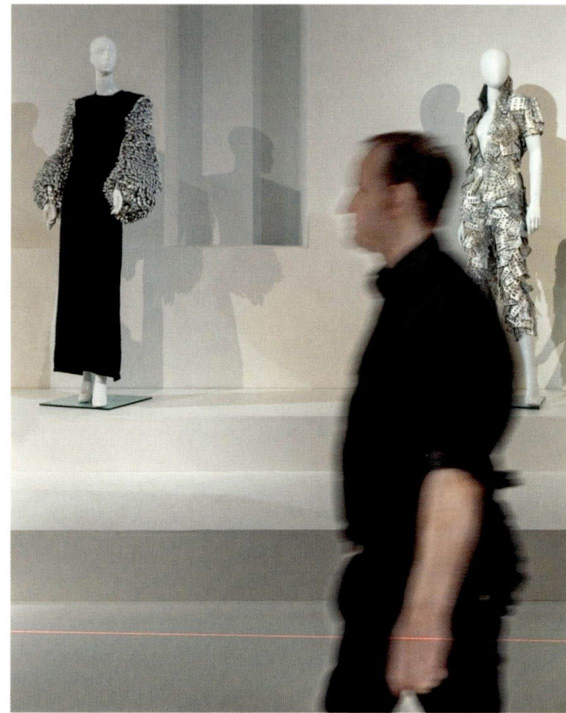

Bildnachweis / Picture credits
Alle Werke von / all works by Stephan Hann: © VG Bild-Kunst, Bonn 2018
Fotografien von / Photographs by: Felix Weinold,
außer / except: Titelfoto und S. / title and page 109 (Maik Kern); Seiten / pages 9, 58,
88, 92, 106, 114, 127, 128, 148, 154 (Stephan Hann), Seite / page 20 (Itai Margula)

Hirmer Projektmanagement /
Hirmer project management
Rainer Arnold
Gestaltung und Satz / Layout and typesetting
Waldmann & Weinold Kommunikationsdesign
Lithografie / Pre-press
Reproline Genceller
Druck und Bindung / Printing and binding
Westermann Druck Zwickau GmbH
Papier / Paper
Gardamatt ultra 150 g/m²
Printed in Germany

Bibliografische Information der Deutschen Nationalbibliothek
Die Deutsche Nationalbibliothek verzeichnet diese Publikation
in der Deutschen Nationalbibliografie; detaillierte bibliografische
Daten sind im Internet über http://www.dnb.de abrufbar.

Bibliographic information published by the Deutsche Nationalbibliothek
The Deutsche Nationalbibliothek lists this publication in the
Deutsche Nationalbibliografie; detailed bibliographic data is available
on the Internet at http://www.dnb.de.

© 2018 Hirmer Verlag GmbH, München;
Staatliches Textil- und Industriemuseum Augsburg (tim).

www.hirmerverlag.de
www.hirmerpublishers.com

ISBN 978-3-7774-3174-1